Richter
12/08

Werner Haupt
Deutsche Spezialdivisionen 1935–1945

Werner Haupt

Deutsche Spezialdivisionen 1935–1945

Gebirgsjäger, Fallschirmjäger und andere

DÖRFLER
ZEITGESCHICHTE

Genehmigte Lizenzausgabe für Edition DÖRFLER
im NEBEL VERLAG GmbH, Eggolsheim

Alle Rechte vorbehalten.
Kein Teil des Werkes darf in irgendeiner Form (durch
Fotokopie, Mikrofilm oder ein ähnliches Verfahren)
ohne die schriftliche Genehmigung des Verlages
reproduziert oder unter Verwendung elektronischer
Systeme verarbeitet, vervielfältigt oder verbreitet
werden.

Verantwortlich für den Inhalt ist der Autor.

4 5 6 7 8   9 8 7 6 5

INHALT

Einführung   6

Die Gebirgstruppe   7

Bildteil Gebirgstruppe   49

Die Fallschirmjäger   65

Bildteil Fallschirmjägertruppe   97

Divisionen der Waffen-SS   128

Bildteil Divisionen der Waffen-SS   177

Abkürzungs-Verzeichnis   205

Einführung

In Heer, Luftwaffe und in der Waffen-SS existierten Verbände in Divisionsstärke, an die zumeist bis Ende des Kriegsjahres 1941 ganz besondere Anforderungen gestellt wurden.
Den in diesem Buch benannten Truppen wurden schon bei ihrer Aufstellung in Friedenszeiten spezielle Aufgaben zugedacht und somit eine besondere Ausbildung zuteil, die sie auf ihre künftigen Dienst- und Kampfaufgaben vorbereitete.
Die Gebirgstruppe wurde ausgebildet und bewaffnet für den Kampf im Hochgebirge; die Fallschirmjägertruppe wurde ausgebildet und bewaffnet für den Sprungeinsatz hinter den feindlichen Linien; die Waffen-SS wurde ausgebildet und bewaffnet für ihren Auftrag zum Schutz von Persönlichkeiten des In- und Auslandes.
Unter diesem Aspekt kann man durchaus die Bezeichnung »Spezialdivisionen« für die Friedenszeit und die ersten Kriegsjahre benutzen. Erst im Verlaufe des Zweiten Weltkrieges wurden diese Verbände im normalen Fronteinsatz - besonders nach der Vermehrung ihrer Anzahl - wie normale Kampfdivisionen verwendet und waren allen übrigen Einheiten des Heeres, der Luftwaffe und der Waffen-SS (letztere war kein eigener Wehrmachtteil) gleichrangig.

Waiblingen, im Sommer 1995   Werner Haupt

Die Gebirgstruppe

Geschichte bis Kriegsausbruch

Die deutsche Armee verzeichnete in der Friedenszeit vor Beginn des Ersten Weltkrieges keinen Truppenteil, der als besondere Einheit für den Krieg im Hochgebirge ausgebildet gewesen war. Erst als die österreichische k.u.k.-Armee um Unterstützung im Abwehrkampf in den Tiroler Alpen bat, stellte die bayerische Armee das sogenannte »Alpenkorps« unter Führung des späteren Generalleutnants Ritter von Tutschek auf. Zu diesem Korps gehörten anfangs das bayerische Infanterie-Leibregiment und das bayerische Jäger-Regiment 1. Später entstanden dann bayerische Gebirgsartillerieabteilungen und Gebirgs-Maschinengewehrbataillone.

Die königlich-württembergische Armee bildete im Herbst 1915 aus ihren Truppenteilen das württembergische Gebirgsbataillon unter Führung von Major Sproesser. Das Bataillon bestand aus sechs Kompanien. Im weiteren Verlauf des Krieges - als sich die Fronten bis zum Balkan ausdehnten - wurden von verschiedenen Kontingenten Gebirgsartillerieregimenter, -Maschinengewehrbataillone und weitere -truppeneinheiten einschließlich Fuhrparkbataillone gebildet und eingesetzt.

Diese Truppenteile standen vorrangig auf dem Balkan- und auf dem italienischen Kriegsschauplatz mit Erfolg in vorderster Front. Zwei junge Offiziere, die im 2. Weltkrieg zu Feldmarschällen befördert wurden, erwarben sich dabei den »Pour-le-mérite«: der Bayer Schörner und der Württemberger Rommel.

Das deutsche Heer der Weimarer Republik durfte aufgrund der Versailler Vertragsbestimmungen keine Gebirgstruppen besitzen. Erst mit Einführung der Wehrhoheit im Frühjahr 1935 entstand in Mittenwald das Infanterieregiment 98, das zum ersten Gebirgsjägerregiment der neuen deutschen Wehrmacht ausgerüstet und ausgebildet wurde.

Mit weiteren Gebirgseinheiten bildete sich am 1. Oktober 1936 in Garmisch-Partenkirchen die 1. Gebirgsbrigade, deren Führung Oberst Kübler übernahm. Der aus dem bayerischen 19. Infanterieregiment hervorgegangene Offizier hatte im früheren Reichswehrministerium am Aufbau einer Gebirgstruppe gearbeitet. Er übernahm bei Aufstellung der 1. Gebirgsdivision am 1. März 1938 als Generalmajor deren Kommando. (General Kübler wurde 1947 in Jugoslawien gleichzeitig mit seinem Bruder grausam ermordet.)

Die neue Gebirgsdivision besaß dieselben Verbände und Truppenteile wie eine Infanteriedivision. Sie unterschied sich lediglich in Gliederung und Bewaffnung ihrer Divisionstruppen sowie in Kleinigkeiten bei der Uniformierung. So besaß zum Beispiel das Gebirgsartillerieregiment anstelle der leichten und schweren Feldhaubitzen das 7,5-cm-Gebirgsgeschütz 15, das 1938 vom 7,5-cm-Gebirgsgeschütz 36 (gebaut bei Rheinmetall-Borsig) abgelöst wurde; später erfolgte die Ausrüstung mit der 10,5-cm-Gebirgshaubitze 40, die von der ostmärkischen Firma Böhler entwickelt und gebaut wurde. Die Geschütze sowie andere schwere Waffen konnten zerlegt und auf Maultiere verlastet transportiert werden.

Der erste Einsatz der neuen Division erfolgte schon kurz nach ihrer Aufstellung mit der Besetzung Österreichs im März 1938. Zwei motorisierte Voraustrupps der Division erreichten als erste Einheiten des deutschen Heeres die italienische und jugoslawische Grenze. Die Führer dieser Vorauskommandos waren die Obersten Dietl und Schörner.

Das Oberkommando des Heeres (OKH) bildete nach der Eingliederung der österreichischen Armee in das deutsche Heer zwei weitere Gebirgsdivisionen. Die Gliederung und Stellenbesetzung der drei Divisionen zeigte im Frühjahr 1939 folgendes Bild:

1. Gebirgsdivision (Wehrkreis VII München)

Div.Stab		(Garmisch-P.)	Kdr.: Generalmajor Kübler
			Ia: Major i. G. Pemsel
Geb.Jäg.R.	98	(Mittenwald)	Oberstleutnant Schörner
Geb.Jäg.R.	99	(Füssen)	Oberstleutnant Kress
Geb.Jäg.R.	100	(B. Reichenhall)	Oberstleutnant Lanz
Geb.AR.	79	(Garmisch)	Oberst Wintergast
Geb.Pz.Abw.	44	(Murnau)	Major Lang
Geb.Pi.Btl.	54	(Mittenwald)	Oberstleutnant Zimmer
Geb.NA.	54	(Oberammergau)	Oberstleutnant Kleinschroth
Geb.San.Abt.	41	(Garmisch)	Ob.Arzt Dr. Bingler

2. Gebirgsdivision (Wehrkreis XVIII Salzburg)

Div.Stab		(Innsbruck)	Kdr.: Generalmajor Feurstein
			Ia: Major i. G. Degen
Geb.Jäg.R.	136	(Innsbruck)	Oberst Eglseer
Geb.Jäg.R.	137	(Lienz)	Oberst Schlemmer
Geb.AR.	111	(Hall)	Oberstleutnant Kammel
Geb.Pz.Abw.	47	(Hall)	Hauptmann Haidlen
Geb.Pi.Btl.	82	(Schwaz)	Hauptmann Drück
Geb.NA.	67	(Innsbruck)	Hauptmann Fuhrmann
Geb.San.Abt.	42	(Innsbruck)	Ob.Arzt Dr. Lipf

3. Gebirgsdivision (Wehrkreis XVIII Salzburg)

Div.Stab		(Graz)	Kdr.: Generalmajor Dietl
			Ia: Oberstleutnant Ringel
Geb.Jäg.R.	138	(Leoben)	Oberstleutnant Weiß
Geb.Jäg.R.	139	(Klagenfurt)	Oberst Windisch
Geb.AR.	112	(Graz)	Oberstleutnant Meindl
Geb.Pz.Abw.	48	(Graz)	Major Allmendinger
Geb.Pi.Btl.	83	(Graz)	Major Klatt
Geb.NA.	68	(Graz)	Oberstleutnant Mueller
Geb.San.Abt.	43	(Graz)	Ob.Arzt Dr. Hinteregger

Die notwendigen Versorgungs- und Fahrtruppen wurden erst bei Beginn des 2. Weltkrieges aufgestellt.

Die Personalstärke der drei Divisionen betrug:

	1. Geb.D.	2. und 3. Geb.D.
Offiziere	640	je 459
Beamte	91	je 85
Unteroffiziere	3032	je 2128
Mannschaften	21193	je 14516

Die Personalstärke aller drei Divisionen belief sich auf 1558 Offiziere, 261 Beamte, 7288 Unteroffiziere und 50225 Mann.
Die Bewaffnung der drei Divisionen bestand - um hier nur einige der vorhandenen Waffen anzuführen - aus 28 schweren Feldhaubitzen, 68 Gebirgsgeschützen, 42 leichte Gebirgs-Infanteriegeschützen, 126 mittlere Granatwerfern, 213 leichte Granatwerfern u.a.m. Die vorhandenen Tragtiere der drei Divisionen erreichten die Zahl 8500, Zugpferde 4340 u.a.m.
Mit Beginn der »geheimen Mobilmachung« am 26. August 1939 entstanden für alle drei Divisionen vier Gebirgs-Fahrkolonnen, 12 kleine Kraftwagenkolonnen, 7 leichte motorisierte Infanteriekolonnen, 3 kleine Betriebsstoffkolonnen, 3 motorisierte Werkstattkompanien und 3 Nachschubkompanien.
Dann begann der Zweite Weltkrieg!

Der Zweite Weltkrieg

Die drei deutschen Gebirgsdivisionen wurden nach Beendigung ihrer Mobilmachungsvorbereitungen am 27. August 1939 durch das Protektorat Böhmen-Mähren in die Slowakei transportiert. Die 3. Geb.D. erreichte als erste Einheit ihren Bereitstellungsraum dicht westlich der Hohen Tatra, die

2. Geb.D. befand sich am Tag vor Kriegsbeginn auf dem Bahntransport Richtung Presow, während die 1. Geb.D. noch weit zurück zwischen Wien und dem Jablunka-Paß im Antransport war.

Die drei Divisionen unterstanden der im Raum Südpolen führenden 14. Armee und hatten den Auftrag, am rechten Flügel dieser Armee die Grenze zwischen Jablunka-Paß links und dem Dukla-Paß rechts zu überschreiten. Die vorgegebenen Ziele waren die Überwindung der Karpathen, Einnahme von Przemysl und Lemberg.

Die 3. Geb.D. ging bereits am ersten Kriegstag über die Grenze und nahm Neumarkt, die anderen beiden Divisionen befanden sich noch im Antransport. Acht Tage später standen alle drei Divisionen nebeneinander (von rechts nach links: 1., 2. und 3. Geb.D.) im Vormarsch südwestlich von Przemysl. Der polnische Widerstand zeigte sich sehr stark im Raum Sanok. Hier wurde die 3. Geb.D. angehalten und nach Süden eingedreht, während die beiden anderen Divisionen im Vormarsch nach Osten verblieben. Während den Schutz des rechten Heeresflügel die 5. Pz.D. und zwei ID's übernahmen, stürmten 1. und 2. Geb.D. auf Lemberg vor. Kampfgruppen der 1. Geb.D. drangen nach Überwindung schweren Widerstands in Lemberg ein.

Die Gebirgsjäger mußten sich aufgrund des deutsch-russischen Vertrages aus der Stadt zurückziehen, die in die Hand der »Roten Armee« fiel. Der Kommandeur der 1. Geb.D., Generalmajor Kübler, wurde am 27. Oktober 1939 als erster Soldat der Gebirgstruppe mit dem Ritterkreuz des Eisernen Kreuzes ausgezeichnet.

Nach dem Polenfeldzug dachten die kriegführenden Staaten nicht daran, die Streitigkeiten auf politischem Wege zu erledigen. Das Deutsche Reich begann mit der Neuaufstellung von Verbänden des Heeres, der Luftwaffe und Kriegsmarine. Die inländische Industrie wurde ganz auf Rüstung umgestellt. Die alliierte Diplomatie suchte nach Verbündeten und fand diese in den Nachbarländern Deutschlands.

Die militärischen Vorbereitungen des Reiches zur Niederschlagung des vorläufigen einzigen Gegners auf dem Festland - Frankreich - liefen zwar an, konnten aber infolge der im Herbst 1939 einsetzenden Schlechtwetterperiode, der zaghaften Entscheidungsfreiheit des Obersten Befehlshabers und der politischen Entschlossenheit besonders der Briten nicht voll durchgeführt werden. So wurde deutscherseits die Angriffsvorbereitung zum Feldzug gegen Frankreich bis zum Frühjahr 1940 verschoben.

Da wurden seit der am 5. Februar 1940 erfolgten Sitzung des Alliierten Kriegsrates in Paris die Pläne in Gang gebracht, die zu einer Besetzung Nordnorwegens führen sollten. Britische Kriegsschiffe patrouillierten in der nördlichen Nordsee, denen u. a. das deutsche Troßschiff »Altmark« zum Opfer fiel.

Doch seit 21. Februar setzten die deutschen Vorbereitungen zu entsprechenden Gegenmaßnahmen ein, und Hitler unterschrieb schon am 1. März 1940 die notwendigen Operationspläne. Er befahl am 2. April den Beginn des

»Unternehmens Weserübung« für den 9. April: Besetzung von Dänemark und Norwegen.
Die 3. Geb.D. mußte deshalb bereits im März ihre Kasernen verlassen und in den Raum Nauen-Döberitz-Fronau-Werneuchen-Bernau verlegen. Das schwere Material an Waffen und Material wurde verladen und auf Transportschiffe gebracht. Einige Verbände blieben zurück, wurden zu anderen Heereseinheiten verlegt und auch der 2. Geb.D. unterstellt, die gleichfalls nach Norddeutschland transportiert worden war.
Die Gebirgsjägereinheiten wurden am 6. April nach Bremen gebracht. Stab 3. Geb.D. und Geb.Jäg.R. 139 stiegen auf Schiffe der 1. Zerstörerflottille (Kapitän zur See Bonte) und die Truppen der 2. Geb.D. auf den Kreuzer »Blücher« und weitere Schiffen der Kriegsmarine um. Die Schiffe verließen die Häfen bei Windstärke 9 zur unruhigen Fahrt in die nördliche Nordsee. Das Unwetter der nächsten Tage brachte die ersten Verluste; 10 Jäger wurden durch den Orkan über Bord gespült.

Pünktlich am 9. April 1940 gingen Truppen der 2. Geb.D. in Oslo (darunter auch Geb.Jäg.R. 138 der 3. Geb.D.) an Land. Die 3. Geb.D. selbst wurde in Narvik ausgeladen. Damit begann hier auf dem nördlichsten Kriegsschauplatz Europas der erbitterte Kampf um Narvik und die sogenannte Erzbahn. Die Jäger mußten nun im eiskalten Winterwetter gegen eine menschen- und materialmäßige Überlegenheit norwegischer und alliierter Truppen (Briten, Franzosen, Polen) einen erbitterten und blutigen Kampf führen.
Erst einen Monat später - die 2. Geb.D. war inzwischen nach Drontheim vorgestoßen - begann der Entsatzversuch für die von alliierten Verbänden eingeschlossenen Soldaten um Narvik. Die feindlichen Truppen - insgesamt 28000 Mann - räumten Ende Mai die von ihnen besetzte Stadt und gaben die Schlacht verloren.
Der Feldzug war beendet. Die deutsche Gebirgstruppe hatte unter unvorstellbaren Schwierigkeiten, in einem trostlosen Gebirgsgelände, bei fehlendem Nachschub und trotz hoher Verluste ihren Auftrag erfüllt. Sieben Offiziere beider Divisionen wurden mit dem Ritterkreuz des Eisernen Kreuzes ausgezeichnet.
Das Oberkommando des Heeres (kurz OKH genannt) beschloß aufgrund der Erfahrungen und Erkenntnisse eine Neugliederung der in Norwegen stehenden Gebirgstruppe. Die Truppen der Waffengattung sollten zu einem Gebirgskorps zusammengefaßt werden. Dafür sollte in der Heimat eine neue Geb.D. mit Nummer 5 aus den in der Heimat zurückgebliebenen Teilen der 3. Geb.D. gebildet werden. Diese Aufstellung wurde aber bereits im Juni abgebrochen, da sich die militärische Lage durch den Westfeldzug grundlegend geändert hatte. Das neugebildete Gebirgskorps unter Generalleutnant Dietl übernahm die Führung der in Nordnorwegen verbliebenen deutschen Truppen. Eine neue Geb.D. mit Nummer 6 war inzwischen im Reich entstanden,

und diese war noch in den letzten Kriegstagen am Kampf in den Vogesen eingesetzt.

Denn während die Schlacht um Norwegen noch anhielt, trat inzwischen am 10. Mai 1940 die deutsche Wehrmacht zum Feldzug gegen die Niederlande, Belgien, Frankreich und die gelandeten britischen Truppen an. Von der Gebirgstruppe nahm an diesem Feldzug nur die 1. Geb.D. teil.

Die Division unter Generalleutnant Kübler unterstand bei Feldzugsbeginn dem XVIII. Armeekorps (AK.) der 12. Armee, die den Auftrag hatte, die Flanke der durch Nordfrankreich zum Kanal vorstoßenden Panzertruppen zu sichern. Die 1. Geb.D. stieß hierbei am 14. Mai bis zur Maas bei Fumay südlich Sedan vor, erreichte drei Tage später den Oise-Aisne-Kanal und schützte zusammen mit dem Maschinengewehr-Bataillon 2 eine 35 km breite Front.

Die Division ging in der zweiten Phase des Feldzuges am 5. Juni über den Oisne-Aisne-Kanal, wobei schwere Verluste zu verzeichnen waren. Jetzt stand sie unter dem XXXXIV. AK. der 6. Armee. Die Gebirgsjäger überwanden die Stellungen am Chemin des Dames, die Marne und Seine und drangen bis Gien an der Loire vor. Drei Offiziere der Division erwarben sich in diesem Feldzug das Ritterkreuz des Eisernen Kreuzes.

Die noch während des Feldzuges aufgestellte 6. Geb.D. unter Führung von Oberst Schörner wurde in den letzten Kriegstagen eingesetzt. Sie unterstand vorerst als Reserve der 7. Armee, ging über den Oberrhein und stieß in den letzten Feldzugstagen bis in die Vogesen.

Da nach dem Westfeldzug kein Friedensschluß in Aussicht stand, wurde die Wehrmacht enorm vergrößert und die dazu notwendige Kriegswirtschaft intensiviert. Zu neuen Aufstellungen des Heeres gehörte auch die Verstärkung der Gebirgstruppe, da diese vorerst zur Invasion und später zur geplanten Eroberung von Gibraltar gebraucht werden sollte. Als sich beide Pläne nicht verwirklichten und sich die obersten deutschen Führungsstellen mit dem Feldzug gegen die Sowjetunion beschäftigten, wurden noch einmal zwei neue Gebirgsdivisionen gebildet.

So entstanden im Sommer 1940 - vornehmlich auf dem Truppenübungsplatz Heuberg - die 4. und 5. Geb.D. Die hierzu notwendigen Einheiten wurden von den Infanteriedivisionen genommen, die entweder zu Panzer- bzw. leichten Divisionen umgebildet worden waren.

Beide Divisionen wurden nach entsprechender Ausbildung und den notwendigen Verbandsübungen im März 1941 als sogenannte »Lehrtruppen« nach Bulgarien verlegt. Mit Beginn des Balkanfeldzuges am 6. April 1941 nahmen 4., 5. und 6. Geb.D. am Krieg gegen Jugoslawien und Griechenland teil.

Während die 4. Geb.D. gegen die jugoslawische Armee im Kampf stand, drang die 6. Geb.D. gegen die Metaxas-Linie in Nordgriechenland vor, und die 5. Geb.D. nahm an der Eroberung der Insel Kreta teil.

Die Schlacht um die Mittelmeerinsel wurde in der Kriegsgeschichte zum Beispiel der Zusammenarbeit von Gebirgsjägern mit der Fallschirmjägertruppe.

Teile der 5. Geb.D. unter Führung von Generalmajor Ringel - der das Kommando über alle im Westteil Kretas gelandeten deutschen Truppen übernahm - konnten trotz hoher Verluste die Hauptstadt Kretas stürmen und die gelandeten neuseeländischen Truppen bis ins Meer zurückdrängen.
Während der Waffenlärm im Mittelmeerraum verklang, bereitete sich die Wehrmacht zum Feldzug gegen die Sowjetunion vor. Die deutsche Gebirgstruppe stand mit Ausnahme der 5. Geb.D. auf Kreta mit den übrigen fünf Divisionen »marschbereit«.
Die 1. und 4. Geb.D. gehörten zur Heeresgruppe Süd, die mit ihrer 17. Armee in Südostpolen und der Slowakei ihre Bereitstellung bezogen hatte. Die ihr unterstellten Gebirgsdivisionen unterstanden dem neugebildeten XXXXIX. Gebirgskorps, das ostwärts des San an der deutsch-russischen Grenze die Ausgangsstellungen einnahm. Die 1. Geb.D. dabei in vorderster Front, während 4. Geb.D. noch als Reserve zurückgehalten wurde.
Das Gebirgskorps Norwegen mit 2. und 3. Geb.D. befand sich zur gleichen Zeit in der nördlichsten Gegend des Landes, direkt am Nordmeer. Der Auftrag für das Gebirgskorps lautete: Vorstoß entlang der Eismeerküste zur Eroberung des wichtigen Hafens Murmansk.
Als in den frühen Morgenstunden des 22. Juni 1941 der Ostfeldzug begann, trat die 1. Geb.D. zum zweitenmal seit 1939 zum Angriff auf Lemberg an. Zwei Tage später folgten die Bataillone und Abteilungen der 4. Geb.D., und vom 28. Juni an begannen beide Divisionen den Sturm auf die ukrainische Stadt. Während die 4. Geb.D. direkt frontal von Westen her gegen Lemberg vorging, stürmten die Jäger der 1. Geb.D. in einem kühnen Raid von Nordwesten her in die Stadt und hißten am 30. Juni die Reichskriegsflagge auf dem Zentralgebäude der Sowjets.
Der Angriff im Polargebiet wurde durch den Bericht des Oberkommandos der Wehrmacht (OKW) gegeben:
»Am 29. Juni 1941, 0.00 Uhr, traten deutsche Gebirgsjäger im Scheine der Mitternachtssonne über noch schneebedeckte Tundren zum Angriff Richtung Murmansk an!«
Die deutsch-finnische Offensive entlang der finnisch-russischen Grenzen lief sich nach Anfangserfolgen fest. Das Geb.K. unter Führung von General d. Geb.Truppen Dietl kam nach wechselvollen und sehr harten Kämpfen in einem Brückenkopf ostwärts der Liza zum Stehen. Die Front an der Eismeerküste erstarrte im Stellungskrieg. Die schwer ausgeblutete 3. Geb.D. wurde im September durch die aus dem Reich herantransportierte 6. Geb.D. abgelöst. Lediglich das Geb.R. 139 - das ein Jahr vorher Narvik besetzte und verteidigte - blieb im Norden.
Das Oberkommando der Wehrmacht (OKW) organisierte im folgenden Winter die Landstreitkräfte in Norwegen um. Das bisherige Geb.K. Norwegen erhielt die Bezeichnung Armeeoberkommando Lappland und wurde am 22. Juni 1942 in Oberkommando der 20. Gebirgsarmee umgebildet. Generaloberst Dietl blieb Oberbefehlshaber.

Die beiden anderen Divisionen der Gebirgstruppe - 1. und 4. - standen weiterhin unter dem Befehl der 17. Armee. Sie nahmen am rasanten Vormarsch des Heeres 1941 durch die Ukraine teil. Die Gebirgsjäger stürmten in der Sonnenglut über staubbedeckte Straßen und Felder an Winniza und Kirowograd vorbei, waren an der Kesselschlacht von Uman beteiligt, stießen über den Dnjepr, erreichten das Asowsche Meer und marschierten unter Kämpfen durch Morast und Schneematsch bis zum Mius. Dann kam der schreckliche russische Winter und der endgültige Halt des Ostheeres.

Als die winterliche Witterung im Frühjahr 1942 abflaute und der Frühling ins Land zog, setzte das Ostheer in der Ukraine noch einmal zu einer gewaltigen Offensive an. Der Befehl für die Heeresgruppe A - dem das XXXXIX. Geb.K. (General d. Geb.Truppen Konrad) mit 1. und 4. Geb.D. unterstellt war - lautete auszugsweise:

»... die gesamte Ostküste des Schwarzen Meeres in Besitz zu nehmen ... mit einer weiteren Kräftegruppe ... über den Westteil des Kaukasus vorzugehen, die Schwarzmeerküste zu nehmen ...!«

Der Raum, den die deutschen Truppen damit zugewiesen bekamen, gehörte bereits zu Asien. Weite Steppen, zahlreiche Flüsse, wenige Trinkwasserstellen, glühende Hitze bis 40 Grad, Sandstürme, Steppenbrände, Gewittergüsse und unendlicher Staub - das waren die unwirtlichen Gegebenheiten, durch die sich nun Infanteristen, Panzerleute und Gebirgsjäger quälen mußten. Dann tauchte vor ihnen die schneebedeckte Bergwelt des Kaukasus auf.

Das am linken Flügel der 17. Armee in dieses Gebirge eindringende XXXXIX. Geb.K. (General d. Geb.Tr. Konrad) mit zwei Infanterie- und 1. und 4. Geb.D. überwand die mehrere tausend Meter hohen Berge, und am 17. August stürmte eine Kampfgruppe der 1. Geb.D. das »Elbrushaus« in 4200 m Höhe. Nur vier Tage später stand eine gemischte Kampfgruppe der 1. und 4. Geb.D. auf dem 5633 m hohen Gipfel des Elbrus und hißte die Reichskriegsflagge.

Dann ging es weiter nach Süden - doch 28 km vor dem erstrebten Ziel Ssuchum mußte jeder weitere Angriff infolge stärkster Feindabwehr und fehlendem Nachschub eingestellt werden. Die beiden Gebirgsdivisionen richteten sich beiderseits des Elbrusgebirges zur Verteidigung ein.

Die sieben Geb.Divisionen befanden sich zu dieser Zeit an allen Frontabschnitten der Ostfront. Die 1. Geb.D. stand im Abwehrkampf im Kaukasus; die 2. Geb.D. kämpfte in der Tundra Nordfinnlands, die 3. Geb.D. rollte von Norwegen im Transport an die Ostfront, wo sie im Oktober eintraf; die 4. Geb.D. wehrte sich im Kaukasus gegen die angreifenden Sowjets; die 5. Geb.D. war nach erfolgter Auffrischung im April an die Front vor Leningrad herangebracht worden, und die 6. Geb.D. lag seit November 1941 am äußersten linken Flügel an der Eismeerküste. Die 7. Geb.D. - im November 1941 aus Umbildung der bisherigen 99. leichten Division entstanden - befand sich seit Februar 1942 im Frontgebiet Mittelfinnlands.

Das Kriegsjahr 1943 brachte dann die Wende im Ostfeldzug. Die »Rote Armee« begann ihre Großoffensive im Südabschnitt der Front. Der Fortgang dieser gewaltigen Angriffe konnte nur für kurze Zeit unterbrochen werden, als das »Unternehmen Zitadelle« - die deutscherseits versuchte Umfassung sowjetischer Armeen im Frontbogen von Kursk, an der die Gebirgstruppe nicht beteiligt war - seinen Anfang nahm und schließlich scheiterte.

Der Rückzug aus dem Kaukasus erfolgte seit 1. Januar 1943, und vier Tage später räumten auch beide Gebirgsdivisionen ihre Stellungen im Kaukasus. Für die Jäger bedeuteten die nächsten Wochen und Monate ungeheure Strapazen. Die Truppe mußte ihre seit Monaten eingebauten schweren Waffen nicht nur abbauen, sondern diese mit Maultierkolonnen über die vereisten und später verschlammten Gebirgspässe abtransportieren. Erst von diesen Pässen an - die immer noch eine Höhe von 4500 m aufwiesen - war ein besserer Abtransport mit Schlitten, später mit Zugmaschinen möglich. Es gelang schließlich der Führungskunst der Kommandeure, sowie der Zähigkeit von Offizieren, Unteroffizieren und Mannschaften, den Rückzug so durchzuführen, daß kaum ein Geschütz in Feindeshand fiel.

Die deutschen Truppen konnten sich trotz Feldüberlegenheit der »Roten Armee« einigermaßen geordnet zurückziehen, wobei der rechte Flügel des Ostheeres sich in den sogenannten »Kuban-Brückenkopf« absetzte, wo sich 1. und 4. Geb.D. im Sumpfgelände zur Verteidigung einrichteten. Während die 4. Geb.D. weiterhin im Südabschnitt bis Kriegsende verblieb, wurde 1. Geb.D. im März/April 1943 aus diesen Stellungen abgezogen und zu den Sicherungskräften auf den Balkan verlegt.

Die übrigen Divisionen der Gebirgstruppe verblieben im Jahr 1943 in den bisher von ihnen gehaltenen Frontabschnitten in der Sowjetunion und Finnland. Lediglich die 5. Geb.D. mußte im Winter 1943/44 ihre Stellung vor Leningrad verlassen und wurde nach Italien transportiert.

Hier war ein neuer Kriegsschauplatz entstanden, nachdem die Alliierten in Sizilien gelandet und danach auf das italienische Festland übergesetzt waren. Das deutsche Heer hatte bis zum Frühjahr 1944 Süditalien aufgeben müssen und stand im Abwehrkampf vom Monte Cassino (rechts) bis zur Adriaküste (links).

Die 5. Geb.D. kämpfte als einzige Gebirgstruppe vorerst im Gari-Abschnitt unweit Monte Cassino, verlegte dann zum Adria-Abschnitt und gelangte im September 1944 in den für sie geschaffenen Gebirgsraum zwischen Kleinen und Großen St. Bernhard und dem Mont Cenis. Hier in diesem zwischen 3500 und 4500 m Höhe liegenden italienisch-französischem Grenzgebiet - bei ewigem Eis und Schnee - verblieb die 5. Geb.D. Mit ihr Seite an Seite kämpfte in den letzten Kriegsmonaten die im Spätherbst 1942 aufgestellte 157. Reserve-D., die im Februar 1945 in 8. Geb.D. umbenannt wurde.

Beide Gebirgsdivisionen erlebten das Kriegsende zwischen dem Po und Aosta.

Für die deutsche Gebirgstruppe gab es in den letzten Kriegsjahren nur zwei Kampfgebiete, für die die Soldaten ausgerüstet worden waren. Da war einmal der finnisch-russische Kriegsschauplatz, auf dem 1943-45 drei Gebirgskorps (XVIII., XIX., XXXVI.) und drei Gebirgsdivisionen des Heeres (2., 6. und 7.) und eine Gebirgsdivision der Waffen-SS (7.) im Einsatz bis Kriegsende verblieben.

Der zweite Kriegsschauplatz mit gewaltigen, hohen, schneebedeckten Bergen, tiefen und engen Gebirgspässen, kleinen und armseligen Dörfern, für die die Gebirgstruppen einst ausgebildet waren, blieben der Karpatenraum und die Berge und Schluchten des Balkans. Während die 3. Geb.D. um die Karpatenpässe kämpfte, stritt die 1. Geb.D. seit Frühjahr 1943 gegen die Tito-Partisanenarmee in Serbien, Albanien und Montenegro.

Hier auf dem Balkankriegsschauplatz focht noch die letzte deutsche Geb.D. mit der hohen »Hausnummer« 188. Diese im Oktober 1943 in Italien aufgestellte Reserve-D. unterstand anfangs dem Befehlshaber Adriatisches Küstengebiet und wurde im August 1944 nach Istrien verlegt. Die Division erhielt im Februar 1945 ihre Umgliederung zur 188. Geb.D. und verblieb im Kampf gegen Partisanen bis Kriegsende.

Nachdem im Norden Finnland kapitulierte und seine Armee Seite an Seite mit der »Roten Armee« kämpfte, mußte das deutsche Heer den finnischen Kriegsschauplatz räumen und sich nach Norwegen absetzen. Die bis Ende 1944 im äußersten Norden gelegene 2. Geb.D. hatte das Land am Jahreswechsel 1944/45 verlassen und mußte im Eiltransport in den elsässisch-lothringischen Raum verlegen. Diese Geb.D. war die einzige ihrer Art, die gegen die Westalliierten kämpfte.

Die letzte Kriegsgliederung des OKH vom 12. April 1945 ergab folgende Einsatzräume für die Gebirgsdivisionen:

Ostfront: Heeresgruppe Süd: 1. Geb.D.
              Heeresgruppe Mitte: 3. und 4. Geb.D.
Norwegen: 20. Gebirgsarmee: 6., 7. Geb.D. und Geb.Brigade 139.
Balkan: Heeresgruppe E: 188. Geb.D.
Italien: Heeresgruppe C: 5. und 8. Geb.D.
Westfront: Heeresgruppe G: 2. Geb.D.

Die höheren Kommandobehörden

Armeeoberkommando: 20. Gebirgsarmee.
Die Befehlsstelle des Geb.K. »Norwegen« wurde im Januar 1942 zum Armeeoberkommando (AOK) »Lappland« (zeitweise auch AOK »Norwegen« oder Stab »Finnland« bezeichnet) gebildet. Umbenannt am 20. Juni 1942 in AOK 20. Gebirgsarmee. Verantwortlich für den Kriegsschauplatz Finnland-Norwegen.

Oberbefehlshaber (OB.):
Generaloberst Dietl; (ab Juli 1944) Generaloberst Rendulic; (ab Januar 1945) General d. Geb.Truppen Böhme.
Chef des Generalstabes:
Generalleutnant Jodl, F.; (ab März 1944) Generalleutnant Hölter.

Generalkommandos der Gebirgskorps (Geb.K.):

Nr.	Aufstellung	Kommandierender General
XV.	1943	Gen.d.Inf. Lüters; Gen.d.Inf. von Leyser; Gen.d.Pz.Tr. Fehn.
XVIII.	1941	Gen.d.Inf. Böhme; Gen.d.Geb.Tr. Eglseer; Gen.d.Inf. Hochbaum.
XIX.	1941	Gen.d.Geb.Tr. Schörner; Gen.d.Geb.Tr. Jodl.
XXI.	1941	Gen.d.Art. Bader; Gen.d.Pz.Tr. Fehn; Gen.d.Inf. von Leyser; Generalleutnant Ludwiger.
XXII.	1943	Gen.d.Geb.Tr. Lanz.
XXXVI.	1941	Geb.d.Inf. Weisenberger; Gen.d.Geb.Tr. Vogel.
XXXXIX.	1941	Gen.d.Geb.Tr. Kübler; Gen.d.Geb.Tr. Konrad; Gen.d.Art. Hartmann; Gen.d.Geb.Tr. von le Suire.
LI.	1943	Gen.d.Geb.Tr. Feurstein.

Die dem Generalstab eines Korpskommandos unterstellten Einheiten in Bataillons- oder Kompaniestärke gehörten verschiedenen Waffengattungen an, sie trugen mit Ausnahme des Artilleriekommandeurs dieselbe Nummer.

Korps	Korpstruppen	Artilleriekommandeur	Ersatz-Wehrkreis
XV.	415	415	XVIII.
XVIII.	418/449	418/449	XVIII.
XIX.	419	463	XVIII.
XXI.	421	421	XIII.
XXII.	422	422	VII.
XXXVI.	436	109	VIII.
XXXXIX.	449	132	VII und Böhmen/Mähren
LI.	451	451	XVII.

Die Divisionen

1. Gebirgsjägerdivision

Als am 12. Oktober 1935 das Gebirgsjägerregiment (Geb.Jäg.R.) 98 aufgestellt wurde und in die neuerbauten Kasernen von Mittenwald mit Regimentsstab, III. Bataillon (Btl.) und der Panzerabwehrkompanie einzog, begann die Geschichte der deutschen Gebirgsjägertruppe. (Das I. Btl. wurde in Garmisch-Partenkirchen, das II. in Lenggries und das Ersatz-Btl. in Memmingen stationiert.)
Die weiteren Einheiten der neuen Gebirgstruppe - Geb.Jäg.R. 99, 100, Geb.Artillerie-Regiment (Geb.AR.) 79, Panzerabwehr-Abteilung (Pz.Abw. Abt.) 44, Gebirgs-Pionierbataillon (Geb.Pi.Btl.) 54 und die übrigen Divisionstruppen mit Nr. 54 - bildeten ab 9. April 1938 die erste deutsche Gebirgsdivision.
Der Divisionsstab unter Führung von Generalmajor Kübler lag in Garmisch-Partenkirchen. Geb.Jg.R. 99 in Füssen, Geb.Jg.R. 100 in Bad Reichenhall, Geb.AR. 79 in Garmisch, Geb.Pz.Abw.Abt. 44 in Murnau, Geb.Pi.Btl. 54 in Mittenwald, Geb.Nachrichten-Abteilung (Geb.NA.) 54 in Oberammergau und die Gebirgs-Sanitätsabteilung (Geb.San.Abt.) 41 ebenfalls in Garmisch.
Ein Bericht dieser Tage über die neue Division lautete:
»Die 1. Geb.D., ein Eliteverband von Soldaten, die dazu noch leidenschaftliche Bergsteiger sind. Das Edelweiß an den Bergmützen symbolisiert Wagemut, derben Humor, Naturverbundenheit, Kameradschaft und rauhe Herzlichkeit!«
Die 1. Geb.D. hatte noch vor ihrer eigentlichen Zusammenstellung den ersten Einsatz hinter sich gebracht. Mit Beginn des Einmarsches der deutschen Wehrmacht in Österreich rückten drei motorisierte Kampfgruppen der Division am frühen Morgen des 6. März 1938 über die Grenze und stießen in Gewaltmärschen durch die Lande bis zur italienischen, jugoslawischen und ungarischen Grenze vor. Die drei Regimentskommandeure - die Obersten Schörner, Dietl und Konrad - nahmen mit den jeweiligen Grenzposten die Verbindung auf. Nach wenigen Tagen und Wochen als Besatzungstruppe rückten die Einheiten in ihre Heimatgarnisonen zurück.
Die »Friedenszeit« sollte nicht mehr lange dauern; denn bereits mit Beginn der »geheimen Mobilmachung« am 26. August 1939 wurde erneute Marschbereitschaft hergestellt. Die 1. Geb.D. wurde ab diesem Tag nach Südostpolen und der Slowakei transportiert. Im Morgengrauen des 1. September 1939 begann der Zweite Weltkrieg.
Die Division stieß aus dem Raum Zborow-Lubotin (Slowakei) in Richtung Krempna vor, erkämpfte sich den Weg über die Duklahöhen im Raum Rymanow, erzwang den San-Übergang bei Sanok, stieß in einem Sturmlauf ohnegleichen bis Lemberg vor und nahm die Stadt. Hier mußten die Gebirgsjä-

ger anhalten, denn von Osten her näherten sich Kampfgruppen der »Roten Armee«, der im deutsch-russischen Grenzvertrag Ostpolen zufiel.
Der Divisionskommandeur (Div.Kdr.), Glt. Kübler, wurde als erster Soldat der Gebirgstruppe mit dem Ritterkreuz des Eisernen Kreuzes ausgezeichnet.
Nach dem Polenfeldzug verlegte die Division quer durch das Reich bis in die Eifel. Sie ließ auf dem polnischen Schlachtfeld 484 Gefallene zurück; 918 weitere Soldaten waren in diesem Feldzug verwundet worden.
Die 1. Geb.D. unterstand ab Oktober 1939 der 4. Armee als Reserve und ab Dezember dem Armeeoberkommando (AOK) 12 im selben Einsatzgebiet bis zum Frühjahr 1940.
Als der Westfeldzug am 10. Mai 1940 seinen Anfang nahm, rückten Stoßtrupps der Division bei Dahnen über die luxemburgische Grenze und standen vier Tage später an der Maas südlich Sedan. Die Gebirgsjäger setzten bei Fumay über den Fluß und stießen auf Hirson vor. Von dort ging es nach Gefechten um Mondrepuis zum Oise-Aisne-Kanal bei Coucy-le-Chateau. Im Rahmen des XVIII. Armeekorps (AK.) wurde der Chemin des Dames gestürmt. Von hier aus startete die 2. Phase des Feldzuges, der die 1. Geb.D. im schwersten Kampf (bei dem 500 Mann an Gefallenen und Verwundeten zu beklagen waren) über den Oise-Aisne-Kanal und über die Aisne bei Soissons brachte. Im weiteren Vormarsch wurde die Marne bei Chateau-Thierry bezwungen. Sechs Tage nach Beginn der zweiten Feldzugsphase konnte die Seine nordwestlich von Romilly überwunden werden, und danach ging es in Eilmärschen zur Loire. Als das »Ganze Halt« erklang, stand die Vorausabteilung der Division unter Oberstlt. Lang acht Kilometer vor Gien.
Die Gebirgsjäger hatten in diesem Feldzug eine Wegstrecke - meistens zu Fuß - von 1826 km zurückgelegt. An dieser Strecke blieben 446 Kameraden als Gefallene zurück, und 1308 Jäger waren verwundet worden.
Nach dem Feldzug gehörte die Division zu den ersten Großverbänden des Heeres, die in die Heimat zurückgefahren wurden. Das Geb.Jg.R. 100 und die I./Geb.AR. 79 verließen die Division und wurden der neugebildeten 5. Geb.D. unterstellt. Die 1. Geb.D. behielt fortan - wie alle übrigen Gebirgsdivisionen des Heeres - nur noch zwei Regimenter.
Die 1. Geb.D. kehrte aber noch am Jahresende nach Frankreich zurück. Die einzelnen Verbände trafen im Raum Besancon ein und sollten sich ab Januar 1941 für einen Angriff auf Gibraltar vorbereiten. Das Oberkommando der Wehrmacht (OKW) hatte neben der Division schwere Artillerie-, Pionier- und Luftwaffeneinheiten bereitgestellt. Doch das »Unternehmen Felix« - so hieß der Tarnname für den Angriff auf die britische Felsenfestung - wurde »abgeblasen«. Die spanische Regierung war nicht bereit, deutsche Truppen durch ihr Land marschieren zu lassen.
Die Gebirgsjäger kehrten nach wenigen Wochen bereits ins Reich zurück und wurden sofort nach Österreich weitertransportiert. Die Division unterstand dort dem XXXXIX. Geb.K. der 2. Armee.
Die Armee stellte sich mit ihren Truppenverbänden zum Angriff gegen Ju-

goslawien auf. Der Balkanfeldzug begann am 6. April 1941 mit starken Luftangriffen auf Belgrad. Die 1. Geb.D. griff über Cilli, Karlstadt und über Agram und Bihac an. Der Gegner wurde überall nach kurzem harten Widerstand geworfen. Nach Erreichen von Bihac wurde die Division angehalten und ab Mai in die Slowakei verlegt, wo die Gebirgsjäger schon einmal lagen, bevor der Polenfeldzug begann.

Hier waren seit Jahreswechsel die Korps und Divisionen der 17. Armee aufmarschiert; darunter auch das XXXXIX. Geb.K. mit 1. und 4. Geb.D.

Nach kurzer Bereitstellung erfolgte am 22. Juni 1941 der deutsche Angriff auf die Sowjet-Union. Die Gebirgsjäger rangen im zähen Kampf die sowjetischen Grenzbefestigungen nieder und stießen zum zweitenmal nach Lemberg vor; die Stadt konnte unter Verlusten genommen werden. Weiter ging es zur sogenannten »Stalinlinie«, die bei Bar durchbrochen wurde. Das nächste Ziel war Winniza. Hier hatte sich der feindliche Widerstand bereits enorm verstärkt, dazu trat nach langen Regenfällen ein neuer Gegner auf: der russische Schlamm und Morast. Die motorisierten Kolonnen blieben im Modder stecken, den Jägern klebte kiloweise der Schlamm an Gebirgsschuhen und Hosen, lediglich die braven Mulis und Pferde kamen vorwärts.

Endlich konnte die sowjetische Bugstellung bei Brazlaw bezwungen werden, und es ging nun wieder bei strahlendem Wetter zur Verfolgung des Gegners über Gaissin in den Raum Uman. Gemeinsam mit der 4. Geb.D. konnte hier der Kessel um die feindlichen Truppen geschlossen werden. Danach drehten die Gebirgstruppen erneut nach Osten und Südosten ein und stießen auf den Dnjepr vor.

Nach der erfolgten Einnahme von Berislaw stürmten die Regimenter, Bataillone und Abteilungen in die Nogaische Steppe. Nun wechselten sich Angriffs- und Abwehrkämpfe zwischen Timoschewka, Balki und Werchne Tokmak. Jetzt war der Herbst ins Land gezogen; die Nächte wurden empfindlich kälter und erneut setzten Regen und Schlamm ein. Ab Oktober ging es in Richtung Mius weiter. Der Fluß konnte zwischen Diakowo und Bobrikowo überwunden werden. Dann aber war die deutsche Angriffskraft im Süden der Ostfront - genauso wie in der Mitte und im Norden - erschöpft.

Die 1. Geb.D. mußte sich im Dezember 1941 auf das Westufer des Mius zurückziehen. Die gegenüberliegenden sowjetischen Truppen versuchten fast täglich, die Gebirgstruppen aus den Stellungen zu werfen. Da hieß es plötzlich Mitte Februar 1942: Verlegung an die Ssamara. Dort wurde sich erneut eingegraben, und es begannen die Stellungskämpfe im Raum Barwenkowo-Petropalowka.

Die »Rote Armee« war in einer kühnen Offensive im Frühjahr in die Stellungen ostwärts Charkow eingebrochen. Die 1. Geb.D. wurde aus der bisherigen Hauptkampflinie (HKL) gezogen und dem III. Panzerkorps (Pz.K.) unterstellt. Das Korps griff ab Mai die eingebrochenen russischen Divisionen an und stellte die frühere HKL wieder her. Die Gebirgsjäger wurden hierbei

an der Bereka eingesetzt. Nach der Schlacht kam es dann zu Stellungskämpfen im Raum Balakleja.
Die Gebirgsjäger konnten endlich ab Juli die Offensive wieder aufnehmen. Das Ostheer trat im Süden der Front zum Angriff Richtung Wolga und Kaukasus an. Die Division gehörte jetzt zum XI. AK. und erzwang den Übergang über den Donez bei Kamensk. Danach wurde die Division direkt der 1. Panzerarmee unterstellt, die sich am unteren Don - im Raum Rostow - zum Stoß in und auf den Kaukasus bereitgestellt hatte.
Die 1. Geb.D., nun wieder unter XXXXIX. Geb.K., griff aus der Donebene zum Kuban an, überwand das riesige Fluß- und Sumpfgebiet, drang in die Steppenlandschaft des Vorkaukasus ein. Dann wurde das Gelände steiniger und bergiger und in der Ferne waren die schneebedeckten Bergketten des Hochkaukasus zu sehen. Nun kämpften die Jäger in den ihnen wohlvertrauten Bergen. Die feindlichen Truppen zogen sich überall zurück, das Elbrushaus wurde gestürmt, die russische Besatzung gefangengenommen und am 21. August 1942 hißte eine Kampfgruppe der Division - gemeinsam mit einer Gruppe der 4. Geb.D. - auf dem 5336 m hohen Elbrus die Reichskriegsflagge und die Flaggen ihrer beiden Divisionen.
Die Soldaten der 1. Geb.D. standen auf dem »Thron der Götter«, wie die Bewohner der Bergwelt den Hochkaukasus nannten!
Weiter ging es nun nicht mehr. Der Nachschub war infolge der ungeheuren Entfernungen nicht nachgekommen, und der Widerstand der sowjetischen Truppen wurde praktisch von Woche zu Woche stärker.
Die 1. Geb.D. mußte noch im September das Elbrusgebiet räumen und wurde in den Raum Maikop verlegt. Es galt, im letzten Sturmlauf bis zur Schwarzmeerküste bei Tuapse vorzudringen. Doch nun war die Abwehrkraft der sowjetischen Verteidiger derart überlegen, daß die Gebirgstruppen keinen Meter Fußbreit Boden mehr gewannen. Im November mußten die bisherigen Stellungen aufgegeben werden und fortan entspannen sich schwere und verlustreiche Rückzugsgefechte, die bis Jahresende anhielten.
Der bisherige Divisionskommandeur, Gm. Lanz, verließ in diesen schweren Tagen die Division und übergab das Kommando an Ob. Stettner Ritter von Grabenhofen, der bei Kriegsausbruch Kdr. des I./Geb.Jäg.R. 98 gewesen war.
Die 1. Geb.D. mußte sich ab Neujahr 1943 in schweren und sehr verlustreichen Kämpfen aus den bisher in Eis und Schnee gehaltenen Gebirgsstellungen lösen. Die deutschen Truppen räumten ab 1. Januar 1943 vom linken Flügel her das Steppen- und Berggelände des Kaukasusgebietes.
Die einzelnen Bataillone und Abteilungen zogen sich in schweren Kämpfen mit dem dichtauf folgenden Gegner bis in den Raum Sslawjansk zurück. Bis dahin hatten die Jäger seit Beginn des Ostfeldzuges im Fußmarsch eine Strecke von 4995 km zurückgelegt! Jetzt war die Division »ausgebrannt« und wurde ab März aus der Front gezogen, im Hinterland gesammelt und im Eisenbahntransport zum Balkan gebracht.

Der Monat April 1943 zeigte die Einheiten der Division im Raum Nisch. Hier erfolgte die Zuführung von Menschen, Material und Waffen, so daß die Division im Laufe der nächsten Wochen wieder zum Kampfverband verstärkt wurde. Das I./Geb.Jäg.R. 98 wurde der Division genommen und unterstand als Hochgebirgs-Jäg.Btl. 3 direkt dem OKH. Als Ersatz traf dafür das Geb.Jäg.Btl. 54 bei der Division ein. (Das Btl. war vorher als selbständiges Hochgebirgs-Jäg.Btl. 2 im Einsatz gewesen.)

Zu dieser Zeit war der Balkan bereits Kriegsschauplatz geworden, da die Partisanenbewegung Titos von der Sowjetunion und Großbritannien laufend schwere Waffen, Verpflegung und Kriegsmaterial erhielt. Die einzelnen Kampfgruppen der 1. Geb.Jäg.D. mußten nun - oft auf sich allein gestellt - in den Bergen Montenegros Partisanengruppen aufspüren und zum Kampf stellen.

Die 1. Geb.D. hatte endgültig den Kriegsschauplatz im Osten verlassen und kämpfte nun praktisch als Einzelverband in den »Schluchten des Balkans«. Ende Juni/Anfang Juli 1943 erfolgte die plötzliche Verlegung der Division nach Mittel- und Südgriechenland. Hier wurden die kampferprobten Gebirgsjäger von Juli bis Oktober zum Küstenschutz eingesetzt.

Durch den Abfall des italienischen Verbündeten mußten nun die Divisionseinheiten schlagartig die italienischen Truppen zu Gefangenen machen, die Waffen und das sonstige Kriegsmaterial wurden vereinnahmt.

Die 1. Geb.D. wurde ab November 1943 nach Nordgriechenland transportiert und hier dem XXII. Geb.K. unterstellt, das mit seinen Verbänden im Partisanenkampf gegen Banden im bosnischen Raum im Einsatz stand. Die Kämpfe währten monatelang und führten die Kampfgruppen der Jäger durch ganz Bosnien bis nach Kroatien. Es waren Monate eines Krieges gegen einen fast unsichtbaren, aber umso grausameren Gegner, der keinen Pardon kannte.

Plötzlich kam der Befehl zum Einmarsch und zur Besetzung Ungarns. Nachdem der deutschen Führung die Verhandlungen ungarischer Regierungs- und Militärstellen mit der »Roten Armee« bekanntgeworden waren, wurde deutscherseits das Unternehmen »Margarethe« vorbereitet. Danach hatten Verbände des Heeres von vier Seiten Ungarn anzugreifen und in das Land einzumarschieren.

Die 1. Geb.D. - verstärkt durch ein motorisiertes Brückenbau-Btl. - mußte als Kampfgruppe »A« aus dem Raum Virovitica von Südwesten her die Grenze überschreiten. Die Besetzung des Landes verlief reibungslos. Doch gab es für die Jäger keine Ruhepause, denn von Osten her näherte sich die »Rote Armee« der ungarischen Grenze. Die Division mußte eilig den Uzsoker-Gyimes-Pass besetzen, um diesen als Bollwerk gegen den Feind zu verteidigen.

Doch als sich die Lage in diesem Gebiet klärte, wurde die Division eilig nach Montenegro zum Partisaneneinsatz zurückbefohlen.

Die Division befand sich kampfgruppenweise auf dem Marsch von Mazedo-

nien in den albanisch-griechischen Grenzraum. Die von den Briten unterstützten Partisanenverbände sollten von ihrem Vorstoß an die Küste abgeschnitten werden. Die 1. Geb.D. erfüllte - wenn auch unter schweren Verlusten, so u.a. bei dem »Unternehmen Gemsbock« - ihren Auftrag. Es blieb aber kaum Zeit, sich im neuen Gebiet einzurichten; denn weiter ging es in den Raum um Skolpje.
Nun folgte Einsatz nach Einsatz gegen einen unbekannten, fanatischen und mordlustigen Gegner. Die Kampfgruppen der Gebirgsjäger verblieben im ständigen Einsatz im serbisch-montenegrinischen Grenzgebiet. Die Division kämpfte im August 1944 im Gebiet um Nisch, und einen Monat später mußten die ersten Truppen der vorgestoßenen »Roten Armee« an der bulgarischen Grenze abgewehrt werden.
Die Überlegenheit des Gegners war so groß, daß sich die deutschen Truppen zur Morawa und danach in den Großraum Belgrad zurückzogen. Es gelang den sowjetischen Panzertruppen, große Teile der deutschen Verteidiger hier einzukesseln. Darunter waren auch die Kampftruppen der Division. Der Kommandeur verblieb mit ca. 5000 Mann in dem Kessel in und um Belgrad. Als am 18. Oktober 1944 die deutschen Verbände den Ausbruch erzwangen, waren es nur noch wenige Gebirgsjäger - der Divisionskommandeur war nicht darunter - die den Anschluß an die deutschen Truppen fanden.
Die Reste der 1. Geb.D. kämpften sich bis zur Drina zurück und konnten bis Ende Februar 1945 die einmal bezogenen Stellungen gegen die Angriffe der Sowjets und der Tito-Partisanen halten. Hier erfolgte am 25. Februar 1945 die Umbenennung der Division in 1. Volksgrenadier-Division. (Sie war die einzige Division der Gebirgstruppe, die diese Bezeichnung erhielt.)
Die Gebirgsjäger nahmen an der deutschen Frühjahrsoffensive 1945 mit Fernziel Budapest teil. Nach Fehlschlagen dieses letzten deutschen Angriffes an der Ostfront mußte sich die Division unter Führung des XXIII. Geb.K. der 2. Panzerarmee auf die deutsch-ungarische Grenze zurückziehen. Die stark geschwächten Einheiten erreichten das Gebiet um Pöllau, weiter ging es zum Semmering, und am Tage der Kapitulation legten die letzten Gebirgsjäger ihre Waffen im Raum Liezen nieder.

Die Kommandeure

Glt. Kübler, L.; Glt. Lanz; Glt. Stettner Ritter von Grabenhofen; Glt. Kübler, J.; Glt. Wittmann.

2. Gebirgsdivision

Die Division entstand nach der Überführung des ehemaligen österreichischen Heeres in das deutsche Heer im Großraum Innsbruck. Die bisherigen österreichischen Gebirgsverbände bildeten unter Zuführung von Offizieren und Unteroffizieren aus dem Reich die 2. Gebirgsdivision. Der gleichfalls

neugebildete Wehrkreis XVIII (Salzburg) war für die Aufstellung der Division verantwortlich.
Die Gliederung und Stellenbesetzung der 2. Geb.D. im Sommer 1939 ergab folgendes Bild:
    Divisionsstab in Innsbruck: Generalmajor Feurstein;
    Geb.Jäg.R. 136 in Kufstein: Ob. Eglseer,
    Geb.Jäg.R. 137 in Lienz: Ob. Schlemmer,
    Geb.AR. 111 in Hall: Oberstlt. Kammel,
    Geb.Pz.Abw.Abt. 47 in Hall: Hptm. Haidlen,
    Geb.Pi.Btl. 83 in Schwaz: Hptm. Drück,
    Geb.NA. 67 in Innsbruck: Hptm. Fuhrmann,
    Geb.San.Abt. 42 in Innsbruck: Ob.Arzt Dr. Lipf.
Schon nach kurzer Ausbildungszeit und Verbandsübungen wurde die Division im August 1939 in die Slowakei verlegt und stellte sich im Raum Käsmark zum Angriff auf Polen bereit. Mit Beginn des Zweiten Weltkrieges rückten die Gebirgsjäger über die deutsch-polnische Grenze und kämpften sich unter oftmals starker Gegenwehr polnischer Grenztruppen über Dunajec, Nida auf Neu-Sandez vor. Dann ging es im direkten Angriff nach Nordosten über Jaslo auf Lemberg. Hier verhielten die Verbände und zogen sich nach Beginn des Einmarsches der sowjetischen Truppen hinter die Demarkationslinie zurück.
Die Verlegung der Division nach dem Polenfeldzug erfolgte in den Raum St. Goar, wo die Verbände Sicherungsaufgaben übernahmen und neu aufgefüllt wurden. Die bisher der Division unterstellten selbständigen Einheiten - II./Geb.Jäg.R. 140 (Friedensstandort Kufstein) und I./Geb.AR. 113 (Friedensstandort Spittal) - wurden in II./Geb.Jäg.R. 136 und I./Geb.AR. 111 umbenannt, verblieben aber bei der Division.
Völlig überraschend erfolgten Ende März/Anfang April 1940 die Verladung der Division und ihr Transport an die Nordseeküste. Von hier ging es auf Transportschiffe der Kriegsmarine, die die seeungewohnten ostmärkischen Gebirgsjäger in mehreren Transporten nach Norwegen brachten. Die an Land gesetzten Kampftruppen mußten sich erst ihre Ausgangsstellungen im Großraum Drontheim erkämpfen und sichern, bevor sie die Angriffe gegen die zähkämpfenden Norweger aufnehmen konnten. Nach Herstellung der Verbindung mit den aus Oslo vorrückenden Infanterieverbänden, mußte sich die Division Anfang Mai zum Angriff mit Fernziel Narvik bereitstellen. Hier waren die Einheiten der 3. Geb.D. mit den ihr unterstellten Besatzungen der untergegangenen deutschen Zerstörer und einigen Fallschirmjägerkompanien in eine aussichtslose Lage geraten. Die 2. Geb.D. erhielt den Auftrag, die »Gruppe Dietl« zu entsetzen und Narvik zurückzuerobern.
Die Kampfgruppen der 2. Geb.D. rückten aus dem Gebiet um Namsos Ende Mai ab und kämpften sich buchstäblich Meter für Meter durch unwegsames Gelände und den erbitterten Widerstand norwegischer und britischer Truppen nach Norden vor. Teile des Geb.Jäg.R. 137 unter Oberstlt. Sorko nah-

men zuerst die Verbindung mit den Soldaten der Kampfgruppe Dietl auf. Die Division hatte nun ein Gebiet erreicht, das ihr in den nächsten Jahren zur zweiten »Heimat« werden sollte. Denn nach Beendigung des Norwegenfeldzuges marschierten die Kampfgruppen noch weiter nach Norden und verhielten erst im Gebiet um Kirkenes. Hier hatten sich die Gebirgsjäger an die Polarverhältnisse in Nordnorwegen zu gewöhnen, trotzdem wurden weiterhin kasernenhofähnliche Übungen abgehalten, aber auch von Spähtrupps die russische Grenze und die dort postierten sowjetischen Grenztruppen beobachtet.
Die 2. Geb.D. - mit der 3. Geb.D. dem Geb.K. »Norwegen« unterstellt - stand nun in einem Gebiet, über das der spätere Generalstabschef der 20. Gebirgsarmee schrieb:

»Landschaft und Klima formten die Truppe und ihren Kampf. ...Die Landfront maß von Kiestinki bis zur Fischer-Halbinsel 650 km, die Seefront vom Petsamofjord bis Nordkyn 600 km. Die Versorgung des Korps am Eismeer erfolgte im wesentlichen über See entlang der norwegischen Küste, die Fronten am Polarkreis wurden über die Ostsee versorgt. Im hohen Winter - Kältespitzen bis zu 40 Grad - und bis tief in das Frühjahr sperrte jedoch das Eis diesen Seeweg von und bis zur Heimat....«

Das OKW meldete in der ersten Tagesmeldung am 29. Juni 1941:
»Am 29. Juni 1941, 0.00 Uhr, traten deutsche Gebirgsjäger im Scheine der Mitternachtssonne über noch schneebedeckte Tundren zum Angriff Richtung Murmansk an.«

Es war Auftrag für die 2. Geb.D., im Angriff aus dem Raum Paarkkina die sowjetischen Grenzstellungen im Gebiet von Kuosmaivi zu durchbrechen. Dann sollte der Angriff durch Tundra und Urwald zum befestigten Lager Titowka führen und über den gleichnamigen Fluß nach Osten dringen. Die Gebirgsjäger - seit Herbst 1940 war die Division anstelle der bisherigen Pz.Jäg.Abt. 47 die Pz.Jäg.Abt. 55 und statt der Geb.AA. 111 die neue Geb.AA. 67 unterstellt - stießen trotz erbitterten Widerstands des Gegners und der unwirtlichen Landschaft in den ersten Tagen des Juli bis zum Liza-Fluß vor, der im ersten Anlauf nicht überschritten werden konnte.
Die wiederholten Angriffskämpfe zur Überwindung des Flußabschnittes führten Mitte Juli zu erheblichen Verlusten an Menschen und Material. Dann kam der Befehl zum Absetzen in einen kleinen Brückenkopf westlich der Linie Runder-See, Mond-See und Liza-Fjord.
Hier kam der Angriff der Division zum Stehen. Es mußten sogar Kampfgruppen umgedreht werden, da es den Sowjets gelungen war, von See her in der Motowski-Bucht zu landen. Diese Kräftegruppe griff nun von rückwärts her die deutschen Gebirgstruppen an. Die Division gab daraufhin Kompanien an die neugebildete Divisionsgruppe »Petsamo« ab, die mit ihren Einheiten die Küste und die Fischer-Halbinsel abriegelte.

Mitte August 1941 begann der Stellungskrieg in Lappland und an der Eismeerfront. Verbände der Division verblieben weiterhin in dem kleinen Brückenkopf ostwärts der Liza. Zur Erweiterung des Brückenkopfes traten Kampfgruppen am 8. September noch einmal an. Sie konnten bis 20. September nur meterweise an Boden gewinnen; dann wurde der Angriff eingestellt. Die 2. Geb.D. ging zum Stellungskrieg über.

Ende Oktober 1941 erfolgte die teilweise Ablösung der Fronttruppe durch Einheiten der 6. Geb.D., die im August 1941 in Norwegen eingetroffen war. Die zurückgenommenen Teile wurden dicht hinter der Front mit Menschen und Material aufgefrischt; doch für die Division ging der Stellungskrieg im Liza-Brückenkopf weiter. Stellungs- und Abwehrkämpfe wechselten nun mit kleineren stoßtruppartigen Angriffsunternehmen. Andere Kampfgruppen der Division mußten im rückwärtigen Gebiet feindliche Kommandotrupps - die oft nachts von See her gelandet oder aus der Luft abgesetzt waren - bekämpfen.

Es war jetzt im Winter 1941/42 möglich, daß geschlossene Verbände der Division in Etappen- und Ausbildungslagern in Nordnorwegen und in Nordfinnland einige Wochen »Ruhe« finden konnten.

Die deutschen Führungsstellen bildeten nun das Geb.AOK. 20 unter Befehl von Generaloberst Dietl, der verantwortlich alle deutschen und finnischen Truppen in Lappland führte.

Damit konnte eine straffere Befehlsführung in Nordnorwegen greifen, da das finnische Oberkommando sich nunmehr nur noch für die Verteidigung Finnlands verantwortlich erklärte. Die 20. Geb.Armee trug damit die Verantwortung für die drei Frontabschnitte Louhi - hier stand das XVIII. Geb.K. mit zwei Divisionen -, Kandalakscha - hier stand das XXXVI. Geb.K. mit zwei Divisionen - und Murmansk. In diesem letzten Abschnitt befehligte das XIX. Geb.K., dem zwei Geb.Divisionen an der Landfront, eine ID. und eine Div.Gruppe sowie Einheiten der Kriegsmarine zum Schutz der Seefront unterstanden.

Die »Rote Armee« begann im Frühjahr 1942 ihre Angriffe gegen die deutsche Front zwischen Louhi und Murmansk. Es kam überall zu Abwehrkämpfen; örtliche Einbrüche der Sowjets in die deutschen Linien konnten bereinigt werden.

Die 2. Geb.D. stand mit allen Einheiten wieder in Front und hatte besonders ab Juli im Raum Parkkina schwere sowjetische Angriffsunternehmen abzuwehren. Diese oft verlustreichen Kämpfe zogen sich bis Oktober 1944 hin. Doch zu dieser Zeit hatte sich bereits ein Umschwung in den militärpolitischen Führungsgremien Finnlands bemerkbar gemacht. Das AOK der 20. Geb.Armee stellte Pläne auf über die weitere Kriegführung nach einem eventuellen Ausscheiden Finnlands.

Das OKW - verantwortlich für den norwegisch-finnischen Kriegsschauplatz - befahl am 3. September 1944 das Anlaufen des »Unternehmens Birke«. Danach mußten die beiden Korps in der Mitte und im Süden der Front der 20.

Geb.Armee ihre bisherigen Stellungen räumen und sich über den Raum Rovanniemi nach Nordnorwegen zurückziehen. Das XIX. Geb.K. mit 2. Geb.D. rechts und 6. Geb.D. links hatte vorerst seine bisherige HKL zu verteidigen, um den Rückzug der beiden anderen Korps zu sichern. Erst einen Monat später, am 4. Oktober 1944, erhielt das Korps Befehl, die seit mehr als drei Jahren gehaltene Stellung aufzugeben.

Die Absetzbewegung in Nordnorwegen - das »Unternehmen Nordlicht« - konnte nicht mehr wie geplant angesetzt werden, da die »Rote Armee« bereits bis zur sogenannten Eismeerstraße zwischen Rovanniemi und Kirkenes durchgestoßen war. Die 2. Geb.D. verließ ab 7. Oktober 1944 ihre bisherigen Stellungen im Großraum Salmijärvi und zog sich befehlsgemäß nach Südwesten zur Eismeerstraße zurück.

Der Chef des Generalstabes der 20. Geb.AOK, Generalleutnant Hölter, schrieb in seinem Buch »Armee in der Arktis«:

»Die 2. Geb.D. wurde beim ersten Ansturm der Russen empfindlich angeschlagen. Des Großkampfes ungewohnt haben sich die braven Gebirgsjäger aus den Alpenländern in den nun folgenden sehr harten Kampftagen nicht wieder voll »derfangen«. ...Die Division verlor schnell Boden nach Westen. Am 8./9. Oktober stand sie bereits 10 km westlich des Isarlagers auf den Höhen rittlings des Lahnweges. ...«

Die Division rückte kampfgruppenweise nach Südwesten in das Gebiet um Ivalo und Karasjok. Als sich die Division dann Luostari näherte, traf sie hier auf starke sowjetische Kräfte, die unbedingt zur Eismeerstraße durchstoßen wollten. Die Kampfgruppen der Division wurden nach Norden abgedrängt, mußten Luostari aufgeben. Doch als der Feinddruck für Tage nachließ, gelang es dem Korps, die 2. Geb.D. aus der Front zu ziehen und über Tarent nach Salmijärvi in Marsch zu setzen. Noch einmal mußte die Division Front machen, als es den Sowjets gelang bis zur Straße Samijärvi-Kirkenes vorzustoßen.

Nach der Räumung von Kirkenes war der Feldzug im äußersten Norden Europas für die 2. Geb.D. beendet. Nachdem die finnisch-nordnorwegische Grenze überschritten war und die Verbände wieder geordnet werden konnten, befahl das OKW mehrere Divisionen zum Endkampf in das Reich zurück; darunter auch die 2. Geb.D.

Die Division wurde nach dem unter Mühen durchgeführten Marsch nach Süden von Dänemark aus ins Reich gebracht. Die Kampfgruppen wurden, wie sie eintrafen, in Transportzügen quer durch Nord- und Westdeutschland bis ins Oberelsaß gefahren, wo sie im Januar 1945 unter Oberbefehl der 19. Armee am Abwehrkampf gegen französische und amerikanische Truppen teilnahmen.

Die 2. Geb.D. wurde Anfang Februar 1945 der 1. Armee - und hier dem LXXXII. AK. - unterstellt. Das Korps stand am rechten Flügel der Armee zwischen Rhein und Mosel. Die Gebirgsjäger kämpften südlich von Trier gegen die Panzerverbände der 3. US-Armee. Als die Amerikaner in den ehema-

ligen Westwallabschnitt bei Saarburg drangen und über die Saar auf Zerf vorrückten, schlug ein Gegenangriff der Division unter Zusammenarbeit mit Teilen der 11. deutschen PD. die Gegner noch einmal zurück.
Die HKL konnte hier bis Mitte März gehalten werden, obwohl die Division schwerste Verluste erlitt. Beim Absetzen zum Rhein schlugen sich einzelne Kampfgruppen und einzelne Gebirgsjäger mit List und Tücke durch die Linien der Amerikaner, die die Division längst überholt hatten. Die Jäger schlüpften unter Mitnahme der leichten Waffen - Geschütze und letzte Fahrzeuge waren gesprengt - durch die Umklammerung und erreichten den Rhein bei Germersheim.
Nachdem sich die 1. deutsche Armee östlich des Rheins wieder einigermaßen gesammelt hatte, erfolgte der Rückzug nach Baden und Württemberg. Die 2. Geb.D. stand jetzt unter dem XC. AK. am linken Flügel der Armee. Der Rückmarsch führte die Jäger von Germersheim, Bruchsal, Ebersberg, durch den Odenwald bis Miltenberg am Main. Danach zogen sich die Kampfgruppen bis zum Westrand des Kraichgau-Hügellandes zurück.
Das Divisionskommando erhielt Anfang April den Befehl zur Verteidigung von Heilbronn. Hierzu wurden der Division einige schlecht bewaffnete Volkssturmeinheiten und ein Infanterie-Ers.Btl. unterstellt. Acht Tage dauerte der sinnlose Kampf, dann räumten die Kampfgruppen die Stadt und rückten weiter nach Osten, später nach Südosten und schließlich nach Süden ab. Die Truppe konnte sich mangels Panzer- und Flugabwehrwaffen kaum mehr zum Widerstand aufraffen. Amerikanische Schlachtflugzeuge griffen immer wieder im Tiefflug die einzelnen Kampfgruppen an. Nur vereinzelt konnte Widerstand geleistet werden, oft wenn fanatische Volkssturm-oder HJ-Einheiten ihre jeweiligen Ortschaften verteidigen wollten. Der Rückmarsch führte die Gebirgsjäger über den Raum Crailsheim, nach Ansbach, weiter nach Neuburg an der Donau und Freising.
Da kam nun zum erstenmal nach vielen Kriegsjahren die einst vertraute Bergwelt in Sicht. Unter drückender Hitze marschierte der Rest der einst aktiven Geb.D. nach Reit im Winkel und Kössen - dann mußten die Waffen abgegeben werden. Der Krieg war zu Ende.

Die Kommandeure:

Glt. Feurstein; Gm. Schlemmer; Glt. Ritter von Hengl; Glt. Degen; Glt. Utz.

3. Gebirgsjägerdivision

Diese Division wurde - genau wie ihre Schwesterdivision - aus Truppenteilen der ehemaligen österreichischen Armee gebildet. Es waren geschlossene Einheiten der 5. und 7. österreichischen Division, die unter Befehl des Wehrkrei-

ses XVIII (Salzburg) zur neuen 3. Gebirgsjägerdivision zusammengestellt wurden.
Gliederung und Stellenbesetzung der Division vom Sommer 1939:
Divisionsstab in Graz: Generalmajor Dietl
Geb.Jg.R. 138 (Leoben): Oberstlt. Weiß
Geb.Jg.R. 139 (Klagenfurt): Ob. Windisch
Geb.AR. 112 (Graz): Oberstlt. Meindl
Geb.Pz.Abw.Abt. 48 (Graz): Mj. Dr. Allmendinger
Geb.Pi.Btl. 38 (Graz): Mj. Klatt
Geb.NA. 68 (Graz): Oberstlt. Mueller
Geb.San.Abt. 43 (Graz): Ob.Arzt Dr. Hinteregger.
Die Division wurde schon nach knapp 15monatiger Ausbildung und den entsprechenden Verbandsübungen im Spätsommer 1939 nach Südpolen und der Slowakei transportiert und im Raum Rosenberg ausgeladen. Mit Beginn des Zweiten Weltkrieges gingen die Vorauskommandos der Gebirgsjäger hier über die Grenze, erkämpften den nachfolgenden Verbänden unter Gefechten den weiteren Vormarsch über die Tatra. Bei Dolna und Walka traten erste Verluste ein. Doch nach Brechen dieses harten Widerstandes polnischer Grenztruppen ging es im zügigen Vormarsch über den Dunajec, Tarnow zum San bei Sanok vor. Kampfgruppen der Division drehten noch auf Lemberg ein -dann wurde der Vormarsch angehalten. Von Osten her marschierte die »Rote Armee« in Ostpolen ein.
Die 3. Geb.D. fuhr im Oktober 1939 in Transportzügen quer durch Deutschland und wurde in der Eifel ausgeladen. Hier unterstand die Division vorerst dem AOK 6, später dem AOK 16, das die Einheiten zur Sicherung im Großraum Traben-Trarbach einsetzte.
Die einzelnen Einheiten der Division erhielten nun weitere Kampfausbildung in Erwartung eines Angriffes über die Westgrenze. Doch alle Vorbereitungen hierfür wurden belanglos, als ganz überraschend im März 1940 der Befehl zum Abtransport in den Großraum Berlin eintraf.
Die Truppen der Division wurden hier vorläufig in Kasernen und sonstigen Unterkünften im Raum Nauen, Döberitz, Fronau, Werneuchen und Bernau untergebracht. Das Geb.Jäg.R. 139 mußte alle schweren Waffen und schweres Material abgeben und verlud mit dem Divisionsstab zusammen in Transportzüge der Reichsbahn. Das schwere Material folgte auf demselben Wege nach und wurde auf Transportschiffe der Kriegsmarine verladen. (Die Mehrzahl dieser Schiffe ging bei der Überfahrt mit dem Material verloren.)
Das Geb.Jäg.R. 138 folgte mit weiteren Einheiten der Division nach, hatte aber ein anderes Einsatzziel - nämlich Drontheim - befohlen bekommen. Der Rest der 3. Geb.D. verblieb im Großraum Berlin und wurde dann hier zur Aufstellung der drei neuen Gebirgsdivisionen genommen, während andere Einheiten ihren Einsatz später als Heerestruppen leisteten.
Divisionsstab und Geb.Jg.R. 139 trafen am 6. April 1940 in Bremen ein; von hier ging es nach Wesermünde. Dort warteten zehn Zerstörer der Kriegsma-

rine unter ihrem Kommodore Kapitän zur See Bonte. Die Gebirgsjäger wurden in Stärke von je 200 bis 250 Mann mit leichten Handfeuerwaffen und Handgepäck auf diese zehn schlanken Schiffe verladen. Der Divisionsstab ging an Bord des Führerzerstörers.
Die Zerstörer legten in der Nacht zum 7. April, 1.00 Uhr, ab und stießen zwei Stunden später auf die in der südlichen Nordsee wartenden Schlachtschiffe »Scharnhorst«, »Gneisenau« und den Schweren Kreuzer »Admiral Hipper«. Dieser Flottenverband fuhr nun bei hoher und schwerer See sowie aufgekommenen Sturmes mit Windstärke 9. Dieser Sturm brachte die ersten Verluste; denn insgesamt zehn Gebirgsjäger wurden von Bord gespült und waren die ersten Opfer des neubegonnenen Feldzuges.
Der deutsche Schiffsverband setzte ungehindert seine Fahrt nach Norden fort. Dabei kam es nordwestlich von Drontheim zur Gefechtsberührung mit britischen Kriegsschiffen. Die Schlachtschiffe drehten dann nach Nordwest ab, während der Kreuzer »Admiral Hipper« nach Drontheim mit den eingeschifften Landungstruppen detachiert wurde.
Die zehn Zerstörer wühlten sich weiter nach Norden und landeten befehlsgemäß am 9. April morgens nach Vernichtung von zwei Küstenpanzerschiffen im Hafen von Narvik, ein Teil der Zerstörer drehte nach Nordosten ab und setzte bei Elvegaardsmoen die Gebirgsjäger ab. Hier fanden die Jäger den ersten Widerstand, als sich die Truppen der 6. norwegischen Division, die im Militärlager Elvegaardsmoen untergebracht waren, verbissen zur Wehr setzten.
Die an Land gebrachten Gebirgsjäger nahmen Narvik in Besitz, stießen von hier entlang der Erzbahn und verschanzten sich auf der Landzunge Framnes zwischen Rombaken- und Beisfjord. Noch waren die einzelnen Kompanien nicht in fester Stellung, als am nächsten Tag britische Flottenverbände die Einfahrt zum Westfjord abriegelten und ihre Zerstörer bis nach Narvik vorfuhren. An diesem Tag wurden alle zehn deutschen Zerstörer in und um Narvik vernichtet. Die überlebenden Besatzungen unterstellten sich Glt. Dietl und nahmen fortan am Abwehrkampf der »Gruppe Dietl« - wie ihre Name lautete - teil.
Der Kampf der gelandeten Gebirgsjäger um Narvik und die Erzbahn begann am 14. April 1940, als nach der Räumung Narviks die 21. britische Garde-Brigade hier an Land ging. Schon einen Tag später landeten 6000 Mann der 49. britischen Division. Zur ersten Gefechtsberührung mit der »Gruppe Dietl« kam es am 24. April 30 km nordostwärts von Narvik.
Damit hatte der Kampf um Narvik und um die Erzbahn zur schwedischen Grenze begonnen, der noch vier Wochen anhalten sollte. Die »Gruppe Dietl« - die sogar von Fallschirmjägern Unterstützung erhielt - kämpfte schließlich allein gegen norwegische, britische, französische und polnische Einheiten; konnte aber trotz Verluste und Entbehrungen die Erzbahn sichern. Hitler erwog sogar, das Gtl. Dietl mit seinen Soldaten auf schwedisches Gebiet ausweichen sollte. Doch die Generalstäbler im OKW und die

»Sturheit« des Gebirgsjägergenerals hielten durch. Als sich dann von Süden her die Kampfgruppen der 2. Geb.D. näherten, zogen sich die Alliierten aus Narvik zurück. Die Schlacht war gewonnen!
Die nicht in Narvik eingesetzten Teile der 3. Geb.D. - soweit sie nicht anderen Divisionen oder Heerestruppen unterstellt wurden - kamen zur 163. und 196. ID. Diese Divisionen landeten bei Beginn des Norwegenfeldzuges in Oslo bzw. Drontheim. Von da stießen die Verbände in die Gegend um Trondheim, Dombas und Mo vor. Schließlich gehörten diese Kampfgruppen der 3. Geb.D. zu den Kräften der 2. Geb.D., die Narvik entsetzten.
Die Angehörigen der Division erhielten nach dem Feldzug hohe Auszeichnungen. Ihr Kommandeur wurde zum General der Gebirgstruppen befördert und bekam als erster Soldat der Wehrmacht das Eichenlaub zum Ritterkreuz. Weitere sechs Offiziere des Geb.Jg.R. 139 wurden Träger des Ritterkreuzes zum Eisernen Kreuz.
Nachdem die 3. Geb.D. Ende Mai/Anfang Juni 1940 wieder vereint war, erfolgten einige Änderungen in ihrer Gliederung. Die III./Geb.AR. 112 und die Geb.AA. 112 mußten zur Aufstellung der neuen 6. Geb.D. abgegeben werden. Gleichzeitig traten die im Großraum Berlin zurückgelassenen Teile des Geb.Jg.R. 139 zu dieser Division über. Dafür erhielt die Division im Herbst 1940 das neuaufgestellte Geb.Radfahr-Btl. 68.
Die Division, deren Führung Gm. Ringel übernahm, verblieb die nächsten Monate als Besatzungstruppe in Nordnorwegen und verlegte im Mai 1941 an die finnisch-russische Grenze.
Von hier begann am 29. Juni 1941 der Angriff am linken Flügel des Geb.K. über die Grenze mit Fernziel Murmansk. Trotz aller Kampfesfreude und Einsatzbereitschaft, sowie Tapferkeit und Opfermut gelang es nicht, die sowjetischen Grenztruppen entscheidend zu schlagen. Der Vorstoß der Gebirgsjäger hatte nicht nur die außerordentlich starke Verbissenheit und Sturheit des Gegners zu bezwingen, sondern besonders die Wälder und Sümpfe der Tundren am Polarmeer.
Nach der Einnahme von Luosteri ging es unter Überwindung mühevoller Strapazen bis zur Titowka, wo es zu heftigen Gefechten kam. Dann wurde die Liza erreicht. Hier mußten die Regimenter, Bataillone und Abteilungen verharren, um den dringenden Nachschub an Waffen, Verpflegung und Material abzuwarten. Die Division verzeichnete bis dahin erhebliche Verluste, die kaum mehr auszugleichen waren. Als der Monat September ins Land zog, die Tage kälter und die Nächte länger wurden, stieß die Division über die Liza. Dann aber war endgültig Halt. Murmansk konnte nie erreicht werden.
Die 6. Geb.D. war herangekommen und löste im Oktober 1941 die 3. Geb.D. aus der Front. Von dieser Division blieb allerdings das Narvik-Regiment - Geb.Jg.R. 139 - in der Stellung zurück. Ferner mußte die I./Geb.AR. 112 zurückgelassen werden, die Heerestruppe wurde.
Die 3. Geb.D. verließ für immer die Front am Eismeer und wurde im Trans-

port oder in langwierigen Fußmärschen in den Raum Vaasa gebracht. Von hier erfolgte dann die Verlegung zum Truppenübungsplatz Grafenwöhr. Die abgekämpfte Division erhielt ihre zweite Aufstellung ab Januar 1942. So wurden neugebildet und der 3. Geb.D. unterstellt: Geb.Jäg.R. 138 und 144, Geb.AR. 112, Geb.Radf.Btl. 95, Geb.Pz.Jäg.Abt. 95 und Geb.Pi.Btl. 83. Die Division unterstand dem Befehlshaber im Wehrkreis XVIII (Salzburg) bis April 1942. Dann erfolgte eine Verlegung im Eisenbahn- und Schiffstransport erneut nach Norwegen. Dort wurden die Gebirgsjäger als Ausbildungs- und Sicherungsverbände in den Räumen um Lillehammer, Hamar, Elverum, Stören und um den Mjösen See verwandt.

Nachdem die 3. Geb.D. wieder als vollwertiger Kampfverband angesprochen wurde, erhielt sie den Befehl zur Verlegung nach Südrußland, um die zum Kaukasus vorgedrungenen Kräfte zu verstärken. Die Schiffstransporte nahmen aber nicht den geplanten Weg, sondern wurden in die östliche Ostsee umgeleitet. Die Gebirgsjäger wurden eilig in Reval ausgeladen und mußten im Fuß- bzw. mot.Marsch in Richtung Leningrad umdrehen.

Die »Rote Armee« hatte am 24. August 1942 mit 20 Schützendivisionen, vier selbständigen Schützen- und fünf Panzerbrigaden die 1. Ladogaschlacht begonnen. Die Gebirgsjäger wurden nun - so wie sie an der Front vor Gaitolowo eintrafen - in die vorderste Linie geworfen, um hier die durchgebrochenen Feinde abzuwehren. Es gelang den Kampfgruppen mit Unterstützung der 121. ID., einen Kessel um das durchgebrochene VI. sowjetische Garde-K. zu schließen. Damit war die 1. Ladogaschlacht beendet.

Die 3. Geb.D. wurde aus der Front genommen und nach Mga zurückbefohlen, um sich zum weiteren Transport an die Südfront bereitzustellen. Die Transporte rollten ab - erreichten aber nie Südrußland. Die Züge hielten westlich von Welikije Luki - am linken Flügel der Heeresgruppe Mitte - an, und die Gebirgsjäger mußten eilig aussteigen und im Fußmarsch die Frontlinie südlich von Welikije Luki erreichen. Dort fanden sie ihren Einsatz in dem hügeligen Sumpfgelände um Nowo Sokolniki, Tschernosjan und Schirpina. Doch mußten vorher noch kampfstarke Eingreifkommandos in den Raum Millerowo abgegeben werden, wo es bis März 1943 verlustreiche Kämpfe gab.

Hier konnten ab März 1943 die abgesprengten Teile der Division wieder zusammengeführt werden, so daß Ende des Monats März die 3. Geb.D. wieder als geschlossener Kampfverband angesprochen wurde. Viel Zeit zur weiteren Ausbildung blieb nicht; denn nun ging es wirklich zum Südabschnitt der Ostfront.

Die 3. Geb.D. wurde im April 1943 im Abschnitt des IV. AK. ausgeladen und nahm an den Stellungskämpfen im Raum Woroschilowsk - Woroschilowgrad teil. Die HKL konnte bis August unter wechselvollen Gefechten gehalten werden; doch dann erfolgte befehlsgemäß der Rückzug. Wechselvolle Abwehrkämpfe im Rahmen des XVII. AK. westlich Kuibyschew gab es, während Kampfgruppen der Division bei der 304. ID. in der Redkino-

Schlucht fochten. Ende August erfolgte die Verlegung zum Kalmius, wo es zu Gefechten bei Porkowo-Kirejewka kam.
Weitere wechselvolle Kämpfe folgten im Monat September und Oktober 1943 im Raum Laspa-Ignatjewka, Wolnowacha und südostwärts von Saporoshje. Von Mitte September bis Ende Oktober ging es dann über die »Wotan«- und »Franken«-Stellungen in den Brückenkopf von Nikopol zurück. Hier blieb die Division in Stellungen bis Januar 1944; Gefechtsstand Dnjeprowka südostwärts von Nikopol.
Das neubegonnene Jahr brachte dann verlustreiche weitere Rückzugsgefechte an den Ingulez und Dnjestr unter Befehl des XXIX. und XXX. AK. Dabei - besonders nach dem Kampf um Rascaeti - war die Division schwer angeschlagen, konnte aber ihren Zusammenhalt wahren. Ab Juli erfolgte die Verlegung in die Ostkarpaten und die Unterstellung unter ungarischen Korpskommandos der 8. deutschen Armee. Die weiteren Rückzugskämpfe brachten die Gebirgsjäger ab September durch das Bistritztal, über den Aurel-Pass zum Maros und zur Theiss. Die Absetzbewegung hinter den Gran folgte bis Jahresende.
Das letzte Kriegsjahr sah die Männer der 3. Geb.D. in Stellung südlich der Hohen Tatra, nachdem die Regimenter im Raum Rosenberg eine kurze Auffrischung erhalten hatten. Dann folgten Stellungskämpfe im Rahmen des XXXXIX. Geb.K. zwischen Jablunkau und Freistadt. Die letzten Kriegswochen sahen die Gebirgsjäger im ständigen Rückzug über Olsa, Neutitschin, Mährisch-Weißkirchen bis in den Raum südlich von Olmütz. Es war der 8. Mai 1945, als in diesem Gebiet jeder Kampf zuende ging.

Die Kommandeure:

Glt. Dietl; Gm. Ringel; Gm. Kreysing; Ob. Mönch; Gm. Picker; Glt. Wittmann; Ob. Pape; Ob. Kreppel; Glt. Klatt.

4. Gebirgsdivision

Das OKH befahl angesichts erster Verluste von 2. und 3. Geb.D. in Norwegen am 14. April 1940 die Aufstellung von zwei weiteren Gebirgsdivisionen. Diese Einheiten sollten u.a. aus den in der Heimat zurückgebliebenen Teilen der beiden im Norden eingesetzten Großverbände gebildet werden. Doch infolge des dann schnell beendeten Westfeldzuges kam es nicht zu diesen zwei Divisionen; die in der Heimat verbliebenen Teile der Gebirgstruppen wurden einer dritten - 6. Geb.D. - unterstellt.
Erst mit Befehl des OKH zur Neuaufstellung von Panzer- und motorisierten Divisionen und den damit freigewordenen Einheiten, entstand am 23. Oktober 1940 auf dem Truppenübungsplatz Heuberg die 4. Geb.D. Die Division

wurde anfangs als eine Luftlande-D. ausgerüstet, erhielt eine von den übrigen Geb.Divisionen abweichende Gliederung und Bewaffnung.
Der neue Div.Stab entstand aus dem Div.Stab z.b.V. 412 des Wehrkreises XII (Wiesbaden). Die Regimenter und Divisionseinheiten kamen von den bisherigen 14., 19., 25., 27. und 36. ID. Nach entsprechender Umbenennung gliederte sich die neue 4. Geb.D. aus: Stab, Geb.Jg.R. 13 und 91; alle anderen Truppenteile trugen die Nr. 94.
Nach den notwendigen Grundausbildungen verlegte die neue 4. Geb.D. über Ungarn, Rumänien nach Bulgarien und von dort an die jugoslawische Grenze. Hier unterstand die Division der Panzergruppe von Kleist.
Auftrag für diese Panzergruppe bei Beginn des Jugoslawienfeldzuges am 6. April 1941 waren der Durchbruch nach Südjugoslawien und die Einnahme von Belgrad. Die Gebirgsjäger griffen aus dem Raum Grodec vorgehend auf Pirot an. Nach Zerschlagung des ersten Feindwiderstandes ging es zur Verfolgung über Kujazeyac auf Krnsevac. Nach den Waffenstillstandsverhandlungen blieb die Division als Besatzungstruppe im Raum Kragujevac südostwärts von Belgrad. Doch schon wenige Wochen später ging es zurück nach Südostpolen.
Von hier traten am 22. Juni 1941 die Gebirgsjäger zum Angriff gegen die deutsch-sowjetische Grenze aus dem Gebiet um Rzeszow an. Nachdem der Sanübergang erzwungen war, lief der Vormarsch über Grodek auf Lemberg. Dann ging es durch Staub unter glühender Sonne weiter in das Gebiet um Brzezany; danach wurde der Sereth überwunden und der Durchbruch der »Stalinlinie« bei Derashnje geschafft. Es folgten die schweren und verlustreichen Kämpfe bis und um Winniza, ehe die Stadt erobert werden konnte. Gemeinsam mit der 1. Geb.D. wurde der Ring um sowjetische Truppen bei Uman geschlossen.
Nach Beendigung dieser Kesselschlacht im Raum Podwyssokoje erfolgte der Vormarsch zum Dnjepr, der Übergang über den breiten Fluß und unter Angriffskämpfen besonders bei Malaja Belorsjorka ging es zum Asowschen Meer, dessen Küste bei Mogila und Tokmak erreicht werden konnte. Dann drangen die Gebirgsjäger unter immer stärkerem Widerstand des Gegners in das Industriegebiet von Stalino vor, das erreicht und die Stadt genommen wurde. Weiter ging es - inzwischen war der regennasse Herbst mit Dreck, Schlamm und Modder gekommen - bis und über den Mius. Hier wurden dann die Winterstellungen bezogen.
Als das Jahr 1942 begann, stand die Division im Donez-Industriegebiet und wehrte die starken Feindangriffe ab, die oft bedrohlich wurden. Der Kampf um die sogenannte »Mius-Stellung« dauerte monatelang bis zum Beginn der großen deutschen Sommeroffensive zur Wolga und zum Kaukasus.
Die Division ging Ende Juli über den breiten Don bei und in Rostow. Von da marschierte sie in brütender Hitze, bei strahlender Sonne, durch die Steppen und kleinen Dörfer des Vorkaukasus. Die Division setzte über den Kuban, drang nach Armawir vor und stieß als Spitzendivision des XXXXIX. Geb.K.

auf die Höhen des Kaukasus vor. Die Paßstraßen über die Höhen konnten überwunden werden. Der Blick zu den schneebedeckten Bergspitzen und in die tiefen Täler entschädigte für alle bisherigen Anstrengungen. Eine gemischte Kampfgruppe von 1. und 4. Geb.D. erstieg am 21. August 1942 den Elbrus, den höchsten Berg des gewaltigen Kaukasus.
Vor den Augen der Gebirgsjäger tat sich die Wunderwelt der unvergleichlich schönen kaukasischen Bergwelt auf. Allerdings war auf den schneebedeckten Höhen und steinigen Bergwänden kaum eine ordnungsgemäße Kriegführung möglich. Der Kampf spielte sich lediglich um die wenigen Paßstraßen ab, über die man nach Süden zur Küste sollte. Doch am 22. August - 28 km vor der Hafenstadt Suchum - mußte das XXXXIX. Geb.K. mit seinen beiden Divisionen infolge Kräfteschwunds und erheblicher Nachschubschwierigkeiten die Hoffnung auf Erreichen der Küste aufgeben. Die Gebirgsjäger gruben sich im steinigen Boden ein. Der Stellungskrieg nahm seinen Anfang.

Als am 1. Januar 1943 die deutsche Absetzbewegung aus dem Kaukasus begann, räumte auch die 4. Geb.D. ihre bisherigen Gebirgsstellungen, transportierte zuerst mit Maultieren und dann mit Lastwagen die schweren Waffen und das Material ab, bevor die Jäger Abschied von den Gräbern der gefallenen Kameraden nahmen.
Die 4. Geb.D. mußte sich dem Rückzug der deutschen 17. Armee ins Kubangebiet anschließen. Dieses Sumpf- und Waldland sollte für die nächsten Monate das Schlachtfeld für die Gebirgsjäger abgeben. Die Division stand nach wie vor unter Befehl des XXXXIX. Geb.K. am linken Flügel im sogenannten Kuban-Brückenkopf.
Als am 2. Februar 1943 ein starker sowjetischer Flottenverband drei Marinebrigaden in den Buchten um Noworossisk an Land setzte, begann der vierwöchige Kampf um diese Hafenstadt. Trotz aller Anstrengungen konnte der Brückenkopf des Gegners nicht mehr eingedrückt werden. Die 4. Geb.D. verzeichnete bei diesen Gefechten herbe Verluste, darunter befand sich auch der Divisionskommandeur, Glt. Kreß. Die 4. Geb.D. gehörte zu den Einheiten, die bis zuletzt im Kuban-Brückenkopf ausharrten.
Die Division verlegte auf die Krim und wurde vorerst zu Sicherungsaufgaben eingesetzt, besonders um Stary Krim und Sewastopol. Ende Oktober gingen Teile im Transport in den Raum um Melitopol und den Chersson-Brückenkopf. Hier kam es dann bis Jahresende zu Verteidigungskämpfen. Am Jahreswechsel zog man weiter nach Westen. Die Truppe stand und focht im Gebiet um Winniza, das man 1941 erobert hatte. Die Gebirgsjäger kämpften bis Februar 1944 zwischen Olchowez und Tschishowka.
Die nächsten beiden Monate brachten den Rückzug zum Bug. Es folgten später Entlastungsangriffe zur Unterstützung der im Kessel Tscherkassy eingeschlossenen deutschen Divisionen. Danach ging es weiter zurück bis in das Gebiet um Uman, das man auch aus dem Jahr 1941 kannte. Bis Juli folgten schwere Abwehrkämpfe vor und bis zum Dnjestr.

Die 4. Geb.D. wurde aus diesem Frontabschnitt gezogen und im August 1944 in die Karpaten verlegt, wo es u.a. zu Angriffs- und Abwehrkämpfen am Tatarenpaß kam. Im September erfolgte der weitere Rückzug in den ungarischen Raum. Hier fochten die Einheiten im Szeklert Zipfel, um Ungvar und am Jahresende im Raum Pelsöc und Rosenau.

Das letzte Kriegsjahr 1945 brachte schwere Rückzugskämpfe und Entlastungsangriffe für die in der Hohen Tatra bedrohten deutschen und ungarischen Divisionen. Im März standen die Gebirgsjäger bereits in Oberschlesien, nach wie vor unter Befehl des XXXXIX. Geb.K. Der April und die ersten Maitage zeigten die Kämpfe um Troppau, den Rückzug hinter die March und das Ende der Division zwischen Brünn und Olmütz.

Die Kommandeure:

Glt. Eglseer; Ob. Wintergast; Glt. Kreß; Glt. Braun; Ob. Jank; Glt. Breith; Gm. Bader.

5. Gebirgsdivision

Die Division wurde - genau wie vor ihr die 4. Geb.D. - nach dem Westfeldzug und hier nach Umgliederung von IDs in mot.D. oder PDs gebildet. Die bisherige 1. Geb.D. gab gleichzeitig vollkampffähige Einheiten ab. Die 5. Geb.D. entstand unter Federführung des Wehrkreises XVIII (Salzburg) am 25. Oktober 1940 im dortigen Raum. Die Division trug vorerst - genau wie die 4. Geb.D. - hinter den Namen die Bezeichnung LL, die später allerdings wegfiel.

Die neue Geb.D. gliederte sich am 15. November 1940 (um einen Stichtag zu nennen) aus:
Stab, Geb.Jg.R. 85 (früher bei 10. ID.) und 100 (früher bei 1. Geb.D.), Geb.AR. 95 (I. Abt. früher bei 1. Geb.D., III. Abt. früher bei 10. ID.), Geb.Pi.Btl. 95 (Teile früher bei 10. und 18. ID.), Geb.NA. 95 (Teile früher bei 3., 10., 18., 19., 33. ID.) und Feldlazarett 95 (früher bei 33. ID.). Bis zum Sommer 1941 erfolgte dann die Zuführung von Geb.AA. 95, Geb.Pz.Jäg.Abt. 95 und Rückwärtige Dienste mit Nr. 95.

Doch als die Division diesen kompletten Stand erreicht hatte, lagen die ersten verlustreichen Einsätze bereits hinter ihr.

Die 5. Geb.D. verlegte nach ihrer Ausbildungszeit im März 1941 als sogenannte »Lehrtruppe« nach Bulgarien. Von dort erfolgte der Marsch zur griechischen Grenze. Mit Beginn des Balkanfeldzuges im April 1941 durchstieß die Division aus dem Gebiet um Petritsch antretend die Metaxas-Linie. Dabei kam es in den ersten Tagen zu schweren und teilweise erbitterten Kämpfen um die Bollwerke und Bunkeranlagen Rupesko, Popoliwitsa, Istibi, Kelkaja, Arpaluki u.a.m.

Dann begann im Rahmen des XVIII. AK. der 12. Armee die Verfolgung der geschlagenen griechischen Armee über Saloniki, durch die Thermopylen, Lamia bis in den Raum Athen. Hier konnten einige Tage Ruhe eingelegt werden, bis plötzlich der Luft- und Schiffstransport nach Kreta erfolgten, um den im verlustreichen Angriffskämpfen stehenden Fallschirmjägern zu helfen.
Das Geb.Jg.R. 100 landete am 21. Mai nachmittags mit dem Divisionsstab auf dem Flugplatz Malemes. Gm. Ringel übernahm nun den Befehl über alle im Westteil Kretas stehenden Heeres- und Luftwaffenverbände. Als am nächsten Tag das Geb.J.R. 85 eintraf, war zwar die 5. Geb.D. nicht komplett, aber mit dem gleichzeitig herangebrachten Geb.Jäg.R. 141 kampfstark.
Der Angriff auf Chanea begann am 26. Mai 1941, wobei Geb.Jäg.R. 100 zwischen Galatos und Karatos in der Mitte der Angriffsfront stand, während die Regimenter 141 und 85 am rechten Flügel fochten. Noch am selben Tag wurden die britisch-kanadisch-australisch-neuseeländischen Verteidiger von Chanea geworfen und die Stadt von Gebirgs- und Fallschirmjägern besetzt. Das Geb.Jäg.R. 100 wurde anschließend zur Verfolgung der flüchtenden Kanadier bis zur Küste bei Sfakia angesetzt. Andere Truppenteile erreichten die Küste bei Suda.
Die 5. Geb.D. verblieb bis November 1941 als Besatzungstruppe auf der Insel Kreta. Dann ging es in den Raum Salzburg zurück, wo die Division dem Befehlshaber des Ersatzheeres bis Jahresende 1941/42 unterstand. In dieser Zeit mußten Radfahr- und Pz.Jäg.Abt. im Tausch zur 3. Geb.D. abgegeben werden, die bis Kriegsende in Finnland verblieben.
Plötzlich erfolgte im Februar 1942 die Verladung der Division in Transportzüge der Reichsbahn. Die Gebirgsjäger fuhren nun durch ganz Ostdeutschland, Lettland, Litauen und Estland bis zum Nordflügel der Ostfront. Nach erfolgter Ausladung wurde eine Unternehmung gegen die Schären des Kriegshafens Kronstadt geplant und geübt.
Doch dazu kam es nicht mehr. Die »Rote Armee« ergriff Anfang des Jahres 1942 von Schlüsselburg im äußersten Norden der Ostfront bis in den Raum um Demjansk im Abschnitt der Heeresgruppe Nord die Initiative. Die 5. Geb.D. kam deshalb auch nicht mehr zum Einsatz vor Kronstadt, sondern wurde in den nächsten Monaten überall dort eingesetzt, wo die Front »brannte«.
Die 5. Geb.D. stand in Front am Oranienbaumer Brückenkopf, am Ladogasee und als die Sowjets am 24. August 1942 die 1. Ladogaschlacht begannen, fochten die Gebirgsjäger ostwärts von Ssinjawino. Das Höhengelände gleichen Namens war Schwerpunkt sowjetischer Offensiven in den nächsten Monaten. Später lag die Division in der HKL im Raum Mga, am Wolchow, und am Jahresende hatten die Gebirgsjäger Stellungen an der Newa genau ostwärts von Leningrad bezogen.

Hier verblieb die Division bis Sommer 1943. Es war ein Kampf nicht nur gegen die von Monat zu Monat stärker werdenden feindlichen Kräfte, sondern auch ein Kampf des Menschen gegen die Natur. Schnee, Eis, dann Frühjahrsschlamm und im Sommer Tausende von Stechmücken setzten den Männern zu. Die 5. Geb.D. unterstand in diesen Wochen dem LIV. AK. der 18. Armee. Als schließlich die 3. Ladogaschlacht im September 1943 ihr Ende fand, mußte die Division ihre HKL und damit auch das Schlachtfeld der Heeresgruppe Nord verlassen.

Es war inzwischen November geworden, als die 5. Geb.D. wieder durch Deutschland rollte. Diesmal ging der Transport bis in die Abruzzen. Es galt nach dem Ausscheiden Italiens die Front gegen die gelandeten britischen und amerikanischen Kräfte zu verstärken. Die Gebirgsjäger trafen nun in einem Gebirgsland ein, das ihrer Mentalität besser entsprach als die Sümpfe Nordrußlands.

Das alliierte Oberkommando in Italien hatte im Mai 1944 befohlen, die zwei in Italien kämpfenden deutschen Armeen nördlich Rom zurückzuwerfen und die Linie Pisa-Rimini zu gewinnen. Die 5. Geb.D. stand in den ersten Wochen ihres Italieneinsatzes unter Befehl des XXIV. PK. am Monte Mare. Von hier begann dann die Absetzbewegung zum Monte Croce, von dort über Cifalco zum Monte Cassino, wo die Gebirgsjäger an den schweren Abwehrschlachten um diesen Berg teilnahmen. Im Mai 1944 erfolgte die Verlegung an die Adriafront ostwärts von Florenz. Dort unterstand die Division dem LXXVI. PK. und verteidigte mit zwei IDs und der 1. Fallsch.Jäg.D. den Abschnitt entlang der Mittelmeerküste.

Nach der Landung der Alliierten in Südfrankreich war die Alpenfront an der französisch-italienischen Grenze in Gefahr. Die 5. Geb.D. erhielt im September 1944 deshalb Eilbefehl zur Verlegung in diesen Frontabschnitt. Das Geb.Jäg.R. 100, das im neuen Frontabschnitt zuerst ankam, konnte die ersten Feindvorstöße in das Grenzgebiet abwehren. Dann trafen die Divisionseinheiten ein. Die Gebirgsjäger übernahmen nun einen Frontabschnitt vom 3843 Meter hohem Monte Viso bis zum Kleinen St. Bernhard. Hier erstarrte Anfang Oktober die Front im Stellungskrieg, denn Schnee und Eis machten eine Kriegführung unmöglich.

Die 5. Geb.D. unterstand in diesem letzten Frontabschnitt ihrer Geschichte dem LXXV. AK. des AOK Ligurien. Die HKL hatte eine Länge von ca. 250 Km und verlief vom Großen St. Bernhard im Norden bis zum Monte Viso im Süden. Die Division war Anfang 1945 - nach Worten ihres Kommandeurs - »die bestausgerüstete Division des deutschen Heeres!« Sie verfügte zu diesem Zeitpunkt über 17000 Soldaten, 6000 Pferde und Maultiere und 1000 motorisierte Fahrzeuge.

Der Kleinkrieg im Hochgebirge, für den die Soldaten ausgebildet worden waren, dauerte in diesem bis 3800 m hohem Kampfgelände bis 25. April 1945. Von diesem Tag an mußte sich die Division ungeschlagen aus ihren Felsstellungen lösen und zog sich am rechten Flügel der deutschen Truppen in Italien ins Aostatal (rechts) und über Turin (links) im steten Kampf gegen nachrückende Franzosen und italienische Partisanen zurück. Die Division setzte sich in drei Marschgruppen bis Turin ab. Hier hatten dann Partisaneneinheiten und eine italienische Fallschirmjäger-Brig. die Straßen gesperrt. Die Division hatte in diesen letzten Kriegstagen noch 32 Gefallene, 87 Verwundete und 140 Vermißte zu beklagen. Durch Vermittlung des Kardinal-Erzbischofs von Turin wurde ein Waffenstillstand geschlossen, der bis Kriegsende anhielt.

Die Kommandeure:
Glt. Ringel; Glt. Schrank; Gm. Steets.

6. Gebirgsdivision

Das OKH befahl am 20. Mai 1940, als der Westfeldzug auf »Hochtouren« lief, die Aufstellung einer 6. Geb.D. durch den Wehrkreis XVIII (Salzburg). Diese neue Division sollte bis 6. Juni auf dem Truppenübungsplatz Heuberg zusammentreten und ab 10. Juni frontverwendungsfähig sein. Später wurde verfügt, daß diese Division als Friedensdivision angesprochen und wie die drei ersten Geb.Divisionen gegliedert und bewaffnet sein mußte. Die notwendigen Truppenteile wurden den Heerestruppen sowie 2. und 3. Geb.D., 69., 181., 209., 214., 239. und 557. ID. entnommen.
Die Division gliederte sich nach Vollendung ihrer Aufstellung wie folgt: Div.Stab, Geb.Jäg.R. 141 und 143, Geb.AA. 112, Geb.AR. 118, Geb.Pz.Jäg.Abt. 47, Geb.Pi.Btl. 91, Geb.NA. 91, Nachschubdienste, San.A. und Rückwärtige Dienste mit Nr. 91.
Die neue 6. Geb.D. wurde bereits kurz nach Anlaufen des Angriffs der deutschen Heeresgruppe C über den Rhein und durch die Maginotlinie in Marsch gesetzt. Die Verbände erreichten am 17. Juni 1940 den Raum südlich Freiburg und setzten am nächsten Tag über den Fluß. Die Kampfgruppen der Division gingen unter Befehl des XXV. AK. über Schlettstadt bis in den Raum St. Dié vor. Hier erreichte sie der Waffenstillstand.
Die Division verblieb bis Dezember 1940 als Besatzungstruppe im Gebiet um Pontarlier und wurde in diesem Monat nach Polen zum Grenzschutz im Abschnitt des XXXX. AK.mot. eingesetzt. Plötzlich erfolgte im Februar 1941 eine weitere Verlegung. Diesmal ging es nach Rumänien und ab Ende März 1941 zur griechischen Grenze.
Das XVIII. Geb.K., zu dem jetzt die 6. Geb.D. gehörte, griff am 6. April 1941 aus dem Gebiet um Kolarewo und Gadrene die griechischen Grenzstellungen der »Metaxas-Linie« an. Nach Durchbruch dieser Befestigungswerke stürmten die Gebirgsjäger auf Iraklion und den Raum Doiren-Butkowo See vor. Nachdem das Gebirge überwunden war, ging der Vormarsch im Tief-

land über Lamia und Theben auf Athen weiter. Eine Kampfgruppe der Division landete auf Euböa.
Nach dem Feldzug wurde die Division angehalten und in die Heimat zurückbefohlen. Hier fand vom Mai bis August 1941 eine Auffrischung der Truppe und Zuführung der noch fehlenden Truppenteile statt. Nachdem die Kampfkraft der Truppe wieder hergestellt war, erfolgte ab 22. August 1941 die Verlegung nach Finnland. Ein Teil der Division nahm den Weg von Stettin aus über Oslo, Drontheim nach Kirkenes, ein anderer Teil von Oslo über Vaasa nach Rovanniemi.
Die 6. Geb.D. traf Mitte Oktober 1941 im Raum Luostari geschlossen ein. Von hier zogen die Regimenter, selbständigen Bataillone und Abteilungen in den Liza-Brückenkopf und lösten die Kampfgruppen der 2. und 3. Geb.D. ab. (Die 3. Geb.D. wurde ganz aus der Eismeerfront herausgelöst und an die Ostfront transportiert.)
Die 6. Geb.D. unterstand fortan dem XIX. Geb.K. und nahm an den Kämpfen dieses Korps im äußersten Norden Europas teil. Damit hatte der Kampf in den Einöden Lapplands für die Gebirgsjäger begonnen, die am linken Flügel der gesamten Front im Einsatz standen.
So begann ein jahrelanger Kampf, der sich im dauernden Wechsel von kurzfristigen Angriffs- und oft monatelangen Abwehrgefechten darstellte. Kampfgruppen der Division mußten für Wochen nach rückwärts hinter die eigene Front abgestellt werden, wenn wieder einmal sowjetische Kommandotrupps von See her gelandet und rückwärtige Lager oder Nachschubtruppen überfallen hatten. Die 6. Geb.D. stand in diesen Kriegsjahren am äußersten linken Flügel des gesamten deutschen Ostheeres. Lediglich kleinere Kampfgruppen des Heeres - darunter Gebirgseinheiten des Ob. van der Hoop an der Fischer-Halbinsel - und der Kriegsmarine am Küstenabschnitt Kirkenes standen noch etwas nördlicher.
Die Front kam hier erst wieder in Bewegung, als sich im Jahr 1944 der Abfall Finnlands ankündigte. Das führende AOK 20 ordnete vorsorgliche Maßnahmen zur Rückführung des nicht unbedingt notwendigen Materials und der rückwärtigen Dienste an. Der für einen eventuellen Rückzug gebrauchte Transportweg ging nur über die von OT-Männern und RAD-Abteilungen gebauten Reichsstraße 50.
Die Operation »Nordlicht« - das Absetzen des XIX. Geb.K. aus der Murmanskfront - lief am 4. Oktober 1944 an. Die russischen Truppen stießen sofort nach und rissen schon nach wenigen Tagen die Front der 2. und 6. Geb.D. auseinander. Daraufhin mußte die Division, um sich den Rücken freizuhalten, die balkonartig nach Osten vorspringende Lizastellung früher räumen als geplant. Damit entging sie einer russischen Umklammerung.
Heftiges Schneetreiben und trommelfeuerartiges Geschützfeuer der russischen Artillerie erschwerten fernerhin jede zügige Ausweichbewegung der Truppe nach Westen. Das Kampfgeschehen dieser Rückzugstage läßt sich im Bericht des Generalstabschefs der 20. Geb.Armee wie folgt lesen:

»So landeten die Russen bei Nacht und Nebel nach Niederkämpfen der den Petsamofjord sperrenden Batterien eine Kampfgruppe bei Liinahamari, russische Panzer stießen in den Rücken des noch ostwärts des Petsamojoki um Parkkina stehenden Brückenkopfes vor ... Die Angriffsspitzen einer von Luostari gegen die Tarnetstraße operierenden Stoßgruppe erschienen an dieser Straße. Führung und Truppe meisterten all diese heiklen Lagen. ...«

Nach der Zerstörung von Kirkenes gelangte die Truppe hinter die finnisch-norwegische Grenze und war damit der Umklammerung durch die sowjetischen Truppen entronnen.

Die 6. Geb.D. wurde bis Jahresende zur Sicherung dieser Grenze im Raum Kilpisjärvi eingesetzt. Ab Januar 1945 ging der Weg weiter zurück bis zum Lyngs-Fjord. Hier konnte die letzte Sicherungslinie - die sogenannte »Sturmbockstellung« - eingenommen und gesichert werden.

Am Tag der Kapitulation gerieten die letzten Kampfgruppen der Division in britische Gefangenschaft.

Die Kommandeure:

Glt. Schörner; Glt. Philipp; Gm. Pemsel; Ob. Remold.

7. Gebirgsdivision

Diese Division wurde unter Befehl des Wehrkreises XIII (Nürnberg) am 13. November 1941 aus der bisherigen 99. lei.D. mit Zuführung von Gebirgsersatzeinheiten aus Bayern, Steiermark, Kärnten und Tirol gebildet.

Die Vorgängerdivision - 99. lei.D. - war genau ein Jahr vorher im selben Wehrkreis aus Teilen der bereits bestehenden 3., 46., 254. und 264. ID. aufgestellt worden. Diese Division nahm am Ostfeldzug 1941 im Rahmen der Heeresgruppe Süd teil und stieß über Schitomir bis Kiew vor. Nach Rückführung in den Heimat-Wehrkreis erfolgte auf dem Truppenübungsplatz Grafenwöhr die Umbildung zur neuen 7. Geb.D.

So wurden aus den bisherigen Regimentern 206 und 218 die gleichnummerigen Geb.Jäg.Rgtr., aus dem AR. 82 das neue Geb.AR. 82. Die übrigen Divisionstruppen erhielten alle die Nr. 99.

Nach der notwendigen Umrüstung und entsprechender Ausbildung erfolgte ab Januar 1942 vorerst eine Teilung der Division. Eine Kampfgruppe - mit Masse der Truppenteile - unter Führung von Ob. Krakau wurde nach Finnland transportiert und hier als »Kampfgruppe Krakau: im Raum Hyrinsalmi eingesetzt. Eine weitere Kampfgruppe unter Ob. Hoffmeister, bestehend aus Geb.Jäg.R. 206, III./Geb.Jäg.R. 218 und I./Geb.AR. 82, kam zur Heeresgruppe Nord und wurde hier als »Kampfgruppe Hoffmeister« verschiedenen

Divisionen unterstellt. Der Rest der Division mit dem Führungsstab verblieb vorläufig in Grafenwöhr.
Die »Kampfgruppe Hoffmeister« wurde in den nächsten Monaten verschiedenen IDs unterstellt. So kämpften die Gebirgsjäger u.a. im Rahmen von 5. und 8. Jäg.D. und 122. ID. und nahmen an deren Abwehr- bzw. Angriffskämpfen am Ilmensee, bei Koslowo, Kudrowa, Jasswy, am Redzy-Weg und Gridino-Weg teil. Erst im Sommer 1942 verließ die Kampfgruppe den Raum der Heeresgruppe Nord und wurde von Reval aus im Schiffstransport nach Finnland übergesetzt.
Die »Kampfgruppe Krakau« hatte inzwischen Teile des schwer angeschlagenen III. finnischen AK. zwischen Pjä- und Top-See abgelöst und lernte den Waldkampf in den Urwäldern westlich des Weißen Meeres kennen. Bei den wechselvollen Gefechten wurde der Kampfgruppe zeitweise das finnische 11. IR. unterstellt.
Als im August 1942 der Rest der Division aus Grafenwöhr gleichfalls in diesem Abschnitt eintraf, war die 7. Geb.D. wieder ein kampfkräftiger Großverband geworden. Das XVIII. deutsche Geb.K. übernahm in diesem sogenannten Kiestinki-Abschnitt die Führung. Ihm unterstanden die 7. Geb.D. und die neu eingetroffene SS-D. »Nord«.
Die Gebirgsjäger fochten fortan meist in kleinen Kampfgruppen im Großraum ostwärts Kiestinki gegen einen von Monat zu Monat stärker werdenden Gegner. Einsatzorte dieser Waldkämpfe, ca. 100 km westlich der Murmanbahn, waren u.a. der Jeletjeoso- und Nichnjeosoro-See nordostwärts von Kiestinki, der Njatowara- und Kangaswara-See, der »Bunkerrücken« im Raum Senossero u.a.m. Zeitweise kämpfte die Division Seite an Seite mit der Geb.Brigade 139, die nach 900 km (!) Marsch auf Skiern aus dem Küstengebiet am Eismeer über Rovanniemi an der Kiestinkifront eintraf.
Die Frontlage dicht südlich des Polarkreises im Großraum Kiestinki und Uhtua blieb praktisch bis 1944 konstant. Das bisherige FEB 99 wurde im September 1943 als Ski-Btl. umgerüstet und erhielt die neue Nr. 82. Das Btl. wurde als bewegliche Reserve an allen Fronten des Geb.K. eingesetzt.
Im Sommer 1944 zeichnete sich mehr und mehr die Kriegsmüdigkeit Finnlands ab. Das AOK der 20. Gebirgsarmee hatte unter Zustimmung des OKW Pläne zur Rückführung der deutschen Truppen ausgearbeitet, die in Kraft treten sollten, sobald sich Finnland neutral erklären würde.
Das OKW löste am 3. September 1944 das »Unternehmen Birke« aus, das den Rückzug der Gebirgsarmee vom Süden her zum Inhalt hatte. Zu dieser Zeit lag die 7. Geb.D. als rechter Flügel der Armee in der Uhtuafront. Das XVIII. Geb.K. mußte sich nun befehlsgemäß aus der Kiestinkifront lösen, dabei hatte die 7. Geb.D. noch stehen zu bleiben und sich erst der Absetzbewegung anzuschließen, wenn das Korps selbst die sogenannte »Bollwerkstellung« an der Sohjana-Enge bezogen hatte.
Die 7. Geb.D. hatte bei ihrer Absetzbewegung bis an die ehemalige russisch-finnische Grenze nur leichte Nachhutgefechte zu bestehen. Die Kampfgrup-

pen der Division nahmen ihren Weg auf Pudasjärvi, dabei wurden Brücken gesprengt, Straßen und Wege vermint. Die finnischen Dörfer blieben unangetastet! Die Finnen verhielten sich noch neutral; erst als die Division den Raum Pudasjärvi erreicht hatte, begannen die Kämpfe mit nachfolgenden finnischen Verbänden.
Zwei finnische Divisionen, ausgerüstet u.a. mit modernsten deutschen Sturmgeschützen, versuchten, der 7. Geb.D. den Weg nach Rovaniemi zu verlegen. Die Finnen verstärkten sich durch zwei weitere Divisionen, überfielen deutsche Nachschubverbände und brachten die 7. Geb.D. in Gefahr, vor Rovaniemi noch eingekesselt zu werden. Die Gebirgsjäger schlugen sich zwischen Pudasjärvi und Rovaniemi hart mit den scharf nachdrängenden finnischen Verbänden. Doch gelangte die Division nach Rovaniemi und zog von hier entlang der Grenzstraße (zu Schweden) weiter nach Norden und setzte sich in der sogenannten »Sturmbock-Stellung« an der finnisch-norwegischen Grenze fest.
Bis Januar 1945 verblieben die Kampfgruppen der Division in dieser Stellung. Der Gegner drängte nicht mehr nach. Ab Anfang Februar wurde die Stellung aufgegeben und die Division nahm ihren Weg nach Narvik. Von hier ging es ab März 1945 weiter nach Süden durch Nord- und Mittelnorwegen. Mosjoen, Mo, Steinkjer, Drontheim und Lillehammer waren die durchschrittenen Orte; einige Kampfgruppen gelangten noch bis Oslo. Dann war der Krieg beendet. Die Soldaten der 7. Geb.D. gerieten in britische Gefangenschaft.

Die Kommandeure:

Glt. Konrad; Gm. Weiß; Glt. Martinek; Glt. Krakau.

8. Gebirgsdivision

Vorgängertruppe dieser Division war die im Herbst 1942 aufgestellte 157. Res.D. Die Einheiten wurden vor allem aus dem Bereich des Wehrkreises VII (München) gebildet; dabei handelte es sich meistens um Reserve- und Ersatzeinheiten aus den bayerischen Gebirgsgegenden. Die neue Division trat schon kurz nach ihrer Bildung unter Befehl des Oberbefehlshabers Südwest. Ihr Einsatz nach entsprechenden Ausbildungsübungen galt der Bekämpfung der in den französischen Alpen auftretenden Maquis-Verbänden.
Nach Abfall Italiens verlegten sich die Kämpfe auch gegen die dem Marschall Badoglio unterstellten italienischen Heeresverbände und anschließend gegen die kommunistisch ausgerichteten italienischen Partisanenverbände. Der Einsatz spielte sich vor allem um die Sicherung der Gebirgspässe im französisch-italienischen Grenzbereich, besonders um den Mont Cenis ab. Im September erfolgte eine kurzfristige Verlegung in den Raum Cannes.

Dann ging es ins Grenzgebiet zurück. Hier hatte die Division den Auftrag, den Grenzschutz vom Mont Cenis bis zur Schweizer Grenze zu gewährleisten.
Einheiten der Division waren bis Jahreswende 1944 im steten Einsatz in den Räumen um Grenoble, am Mont Blanc, um den Mont Cenis und um den gleichnamigen Tunnel bei Modane. In diesen Monaten erfolgte eine Umgliederung der bisherigen Reservedivision in eine Res.Geb.D.
Die beiden Geb.Jäg.Rgter erhielten die Nr. 296 und 297; das Geb.AR. die Nr. 1057; dieselben Nummernbezeichnungen bekamen das bisher selbständig eingesetzte Geb.Pi.Btl. und alle übrigen Divisionstruppen mit dem Vorsatz »Gebirgs-«. Die Umbenennung in 8. Geb.D. wurde vom OKH im Oktober 1944 befohlen; damit war die bisherige Res.D. eine aktive Division geworden!
Die Division wurde jetzt aus ihren Stellungen gezogen, wo sie dem LXXV. AK. der Armee Ligurien unterstellt gewesen war. Die neue 8. Geb.D. verlegte Anfang 1945 in den Raum um Bologna. Hier hatte das XXIV. PK. mit drei Infanteriedivisionen die HKL vor der Stadt bezogen. Die 8. Geb.D. wurde zwischen 94. und 65. ID. eingeschoben. Das Korps gehörte zur 14. deutschen Armee, die zwischen dem Comacchio-See an der Adria und den nach Süden ausgerichteten Frontbogen vor Bologna den Ansturm der 8. britischen Armee mit drei Korps abwehren sollte.
Die 8. Geb.D. kämpfte verbissen u.a. um Marzobotto, Vado, Scasoli, beiderseits des Setta-Tales u.a.m. Monatelang blieb die Truppe in den Stellungen, bis am 14. April 1945 die 5. US-Armee zum Sturm auf Bologna ansetzte. Hunderte von Kampfflugzeugen und Hunderte von Geschützen eröffneten an diesem Tag ihre Großoffensive. Dagegen gab es keine Abwehr. Das II. US.-K. griff mit fünf Divisionen die HKL der 8. Geb.D. an. Ein Tag lang wehrten sich die Gebirgsjäger verbissen, dann mußten sie die Stellungen räumen.
Die 14. deutsche Armee hatte in den nächsten zehn Tagen jeden Zusammenhalt verloren. Bologna wurde kampflos geräumt, und dann ging es nach Norden zurück. Die Kampfgruppen der Division wehrten sich verbissen in den Gefechten um Sasso Marconi. Hier gingen die schweren Waffen verloren; die Truppe wurde eingeschlossen. Teile konnten zur Strada Nationale 64 ausbrechen und sammelten um San Giovanni. Danach erfolgten nur noch Rückzugsgefechte, bei denen immer wieder Einheiten von den überlegenen Gegnern gefangen genommen werden konnten.
Reste der 8. Geb.D. zogen sich zum Panaro und Po zurück. Jetzt gab es keinen geschlossenen Verband mehr. Der Strom konnte bei Ostiglia durch Überklettern der gesprengten Eisenbahnbrücke, oder auf rettende Holzbalken überwunden werden. Viele Soldaten und alle Waffen blieben zurück. Das Ende der 8. Geb.D. war da.

Mittenwald mit dem mächtigen Karwendelgebirge im Hintergrund war der »Geburtsort« der deutschen Gebirgstruppe. Hier fand auf dem Übungsplatz in feierlicher Form die Vereidigung der Rekruten statt.

Das Kasernentor der I./Geb.AR. 79 in Bad Reichenhall.

Der 26.08.1939 war der Tag der »geheimen Mobilmachung«. Die marschbereiten Gebirgsjäger des Geb.Jäg.R. 98 stehen im Bahnhofsgebiet Mittenwald zum Abtransport nach Osten.

Die Kompanien des Geb.Jäg.R. 99 marschieren bei glühender Hitze am 05.09.1939 über die deutsch-polnische Grenze. Der Zweite Weltkrieg nimmt seinen Anfang. Alle drei deutschen Gebirgsdivisionen nehmen am Feldzug gegen Polen im Südabschnitt der Front teil.

Nach einer Schlacht. Gefechtsstand Geb.Jäg.R. 98. Zweiter von rechts: Oberst Schörner, der spätere Generalfeldmarschall.

Generalleutnant Dietl, Kommandeur der 3. Geb.D., im Kampfgebiet von Narvik. Der spätere Generaloberst und Oberbefehlshaber der 20. Gebirgsarmee im äußersten Norden Europas wurde zum Sinnbild der deutschen Gebirgstruppe schlechthin. Der Generaloberst starb im Juni 1944 durch Flugzeugabsturz in der Steiermark.

Zehn deutsche Zerstörer bringen am 9. April 1940 Teile der 3. Geb.D. nach Narvik im Norden Norwegens. Hier entladen Gebirgsjäger ihr Material von Bord eines Zerstörers im Hafen von Narvik.

Gebirgsjäger auf Skipatrouille in den Bergen Nordnorwegens.

Eine MG-Stellung oberhalb des Hafens von Narvik, nachdem die Alliierten dort gelandet waren und sich die Gebirgsjäger zurückgezogen hatten.

Ostmärkische Gebirgsjäger an einer kleinen Station der wichtigen Erzbahn, Ziel deutscher und alliierter Strategie.

Im Westfeldzug 1940 war nur die 1. Geb.D. im Einsatz. Das Bild zeigt den Marsch einer Gebirgsbatterie bei heißem Sommerwetter durch eine französische Ortschaft bei Lyon/Südfrankreich.

Der Balkanfeldzug im April und Mai 1941 forderte wieder den Einsatz der Gebirgstruppe, diesmal der neuaufgestellten Divisionen. Funkstelle der 5. Geb.D. am Rande des Belaschitza-Gebirges.

Marsch einer Muli-Transportkolonne der 6. Geb.D. durch die griechische Bergwelt Athen entgegen.

Der Balkanfeldzug war in den ersten Maitagen 1941 beendet. Die deutsche Gebirgstruppe hatte sich erneut bewährt. Während 1. Geb.D. gegen die jugoslawische Armee focht, fanden 5. und 6. Geb.D. in Griechenland und auf Kreta ihren Einsatz. Truppen der 6. Geb.D. paradieren am 4. Mai 1941 in Athen an Feldmarschall List vorbei. (Rechts von ihm der General der Flieger Freiherr von Richthofen.)

Bei Beginn des Ostfeldzuges im Juni 1941 nahmen 1. und 4. Geb.D. im Rahmen der Heeresgruppe Süd am Vormarsch durch Galizien und die Ukraine teil. Die Stadt Lemberg - links das zerstörte GPU-Haus - wurde von beiden Divisionen bereits Ende Juni gestürmt.

Ein Zeitungsbericht dieser Tage.

Frankfurter Zeitung

mit dem Stadt-Blatt

Sammel-Nummer für Fernsprecher: Ortsverkehr 20202, Fernverkehr 20301.

L/II 58   Dienstag, 1. Juli 1941.

Gebirgsjäger zum zweitenmal in Lemberg.

Berlin, 30. Juni. Die gleichen Truppen, die schon im Herbst 1939 im Kampf um Lemberg Ungewöhnliches geleistet haben, eroberten am Montag nach schweren Kämpfen wieder die Stadt. Bayerische Gebirgsjäger haben am 30. Juni, um 4.20 Uhr morgens, auf der hohen Burg in Lemberg die Reichskriegsflagge gehißt.

Die deutsche Sommeroffensive 1942 sah die beiden Gebirgsdivisionen erneut »Schulter an Schulter« im Vormarsch zum Kaukasus. Eine Kampfgruppe der 1. Geb.D. stürmte am 1. August 1942 das in 4200 m Höhe liegende Elbrushaus und nahm die russische Besatzung gefangen. Schon wenige Tage später stand eine gemischte Kampfgruppe von 1. und 4. Geb.D. auf dem 5633 m hohen Elbrus, dem höchsten Berg des gewaltigen Gebirgsmassivs.

Die Gebirgswelt des Kaukasus war in den Monaten des Jahres 1942 das Kampfgebiet der Gebirgsjäger. Ein Durchbruch zur Küste - wie geplant - gelang infolge der sowjetischen Überlegenheit an Menschen und Material sowie eigenen Nachschubschwierigkeiten allerdings nicht mehr.

Während im äußersten Süden der Ostfront 1. und 4. Geb.D. kämpften, standen im äußersten Norden - in Nordfinnland und am Eismeer - 2., 3. und 7. Geb.D. im ständigen Einsatz. Das Bild zeigt eine Nachschubkolonne auf dem Weg zur Lizafront.

Hier im äußersten Norden war nicht nur der feindliche Widerstand zu brechen, sondern auch mit den Widerwärtigkeiten der Natur, Urwald, Sümpfe, Moore, Tundren, fertigzuwerden. Eine aus Baumstämmen errichtete Straße durch den nordfinnischen Wald.

Spähtrupp der Gebirgsjäger auf Skiern ostwärts von Alakurtti.

Der Oberbefehlshaber der 20. Geb.Armee, Generaloberst Rendulic, besucht die Stellungen der 7. Geb.D. (August 1944).

Ab November 1943 finden sich Gebirgsdivisionen in Norditalien im Einsatz. Das Bild zeigt die Gefangennahme und Entwaffnung italienischer Truppen durch Kampftruppen der 1. und 4. Geb.D.

Seit 1943 war auch der Balkan wiederholt Kriegsschauplatz der Gebirgsjäger im Kampf gegen Tito-Partisanen und später der »Roten Armee«. Beim Rückzug durch die Schluchten des Balkans.

Das Gefallenendenkmal der deutschen Gebirgstruppe auf dem Hohen Brendten bei Mittenwald.

Kommandeur:

Glt. Schricker.

9. Gebirgsdivision

Der Befehlshaber des Ersatzheeres ließ im Einvernehmen mit dem Oberkommando der Luftwaffe noch Ende März 1945 eine neue Geb.D. aufstellen, die die Bezeichnung 9. Geb.D. erhielt. Federführend für die Neuaufstellung wurden die Wehrkreise VII (München) und XVIII (Salzburg). Folgende Einheiten bildeten die neue Geb.D.:
    Heeresunteroffiziersschule für Gebirgsjäger in Wörgl;
    Gebirgsartillerieschule Dachstein;
    SS-Gebirgsjäger-Ersatz-Btl. Leoben;
    Teile der Geb.Jäg.Ersatz-Rgter 137 Salzburg und 139 Klagenfurt;
    Personal des aufgelösten Kampfgeschwaders 27 »Boelcke«;
    Einheiten des Volkssturmes aus der Steiermark.
Da sich Offiziere, Unteroffiziere und Mannschaften aus Heer und Luftwaffe zusammensetzten, wurde zum Divisionszeichen das Bild eines Bergpickels genommen, der sich mit einem Flugzeugpropeller kreuzt.
Schon nach wenigen Tagen Ausbildung wurden die Kampfgruppen der Division einzeln in das Gebiet um den Semmering gebracht, wo sie bereits nach kurzer Zeit ins Gefecht mit den auf Wien vorrollenden sowjetischen Panzertruppen kamen. Die vollkommen ohne schwere Waffen ausgerüsteten Einheiten mußten bald der Übermacht weichen und zogen sich in den Raum Liezen an der Enns zurück.
Hier war am Tage der Kapitulation der Krieg für die 9. Geb.D. beendet.

Kommandeur:

Ob. Raithel.

10. Gebirgsdivision

Die letzte deutsche Geb.D. wurde erst im Mai 1945 - praktisch in den Tagen der Kapitulation - zusammengestellt und erhielt die Nr. 10. Allerdings bestand die neue Division bereits seit Herbst 1944: sie trug damals die Bezeichnung Div. z.b.V. 140. Ihr unterstanden, je nach Bedarf, selbständige Brigaden und Heerestruppen, die vom Geb.AOK 20 nach der jeweiligen militärischen Lage eingesetzt werden konnten.
Bei der Zusammenstellung der Div.z.b.V. 140 gehörte ihr die Geb.Brigade 139 an, die aus dem ehemaligen Geb.Jäg.R. 139 bestand, das im April/Mai

1940 Narvik besetzte. Das Regiment war in Nordnorwegen geblieben, wurde hier zu einer Brigade aufgestockt und bildete den Kern der Division.
Die neue Division unterstand dem XVIII. Geb.K. und wurde beim Rückzug des Korps zur norwegischen Grenze im November 1944 zur Divisionsgruppe Kräutler mit Unterstellung der 7. Geb.D. erweitert.
Die Absetzbewegung führte die Div.Gruppe in den Raum Oulu am Bottnischen Meerbusen, wo es zu schweren Kämpfen kam. Nach kurzer Auffrischung folgten Abwehrkämpfe am Kemijoki im Raum Kemi. Danach setzte sich die Truppe durch das Kemijokatal nach Rovanniemi ab. Weitere Abwehrgefechte im Grenzgebiet folgten, und im Dezember 1944 stand die Div.Gruppe im Raum Narvik.
Die Div. z.b.V. 140 bestand am Jahresbeginn 1945 aus Stab, Geb.Jäg.Brig. 139, Geb.Jäg.Btl. 3 und 6, Stab AR. 931 mit II./Geb.AR. 82 und I./Geb.AR. 112 sowie Divisionstruppen.
Die Division marschierte von Narvik durch Mittel- und Südnorwegen in den Raum Mosjoen. Hier wurde sie am 5. Mai 1945 in 10. Geb.D. umbenannt - drei Tage später war der Krieg beendet.

Kommandeur:

Gm. Kräutler.

188. Gebirgsdivision

Die einzige Geb.D. mit »hoher Hausnummer« wurde bereits im Oktober 1943 unter Führung des Wehrkreises XVIII (Salzburg) als 188. Geb.Ausbildungs-D. gebildet. Die sich im Wehrkreis befindlichen beiden Geb.Jäg.Ers.Rgter 137 und 139 stellten aus ihrem Personal die Geb.Feld-Ausbildungs-Rgter 901 und 902; das Geb.Ers.AR. 112 bildete das Geb.Feldausbildungs-AR. 112 mit nur einer Abteilung. Die übrigen Divisionstruppen wurden von den weiteren Einheiten der Ers.D. 418 (Salzburg) abgegeben.
Aufgabe dieser einzigen Geb.Ausbildungs-D. war, die ihr unterstellten Rgter, Btle und selbständigen Abtlgn im besetzten Gebiet feldverwendungsfähig auszubilden. Die Division wurde bereits kurz nach ihrer Zusammenstellung in den Bereich des Oberbefehlshabers Südwest nach Istrien verlegt. Die 188. Geb.Feld-Ausbildungs-D. unterstand dem LXXXXVI. und LXXXXVII. AK.z.b.V. und damit dem Befehlshaber Adriatisches Küstenland. Nach durchgeführter Ausbildung und entsprechenden Verbandsübungen, wurden die Einheiten zum Schutz der Verkehrswege und militärischen Objekte verwendet. Dieser Einsatz wurde erweitert, als sich nach Beginn der sowjetischen Großoffensiven an der Ostfront mehr und mehr Partisanengruppen in Istrien bemerkbar machten.

Nun mußte die Division oft Kampfgruppen abstellen, die am Aufspüren und der folgenden Bekämpfung dieser Partisanenverbände teilnahmen. Diese Einsätze brachten für die Truppe oftmals herbe Verluste, da die auszubildenden Mannschaften ja nur kurze Zeit im Divisionsrahmen verblieben, um dann zu den aktiven Truppenteilen abkommandiert zu werden.
Die Division blieb weiterhin in Istrien, u.a. im Raum Cormons. Die Division verlegte im September 1944 in das Gebiet in und um Triest und übernahm hier den aktiven Küstenschutz.
In diesem Raum verblieb die Division, wurde aber beim Näherkommen der alliierten Truppen in Norditalien dem AOK 10 der Heeresgruppe C direkt unterstellt. Dabei wurde die Division im Februar 1945 - die bis dahin noch als Res.D. angesprochen und geführt worden war - in die Fronttruppe eingereiht. Die 188. Geb.Feldausbildungs-D. mußte im Mai 1945 im Raum Triest die Waffen niederlegen.

Kommandeur:

Glt. von Hößlin.

Anlagen

Kommandeurs-Stellenbesetzung der Gebirgstruppe, 10.12.1944

Truppe	Kdr.	Chef bzw. Ia
20. Gebirgs-Armee:	Go. Redulic	Gm. Hölter
XV. Geb.K.:	Gen.d.Pz.Tr. Fehn	Oberstlt. Einbeck
XVIII. Geb.K.:	Gen.d.Inf. Hochbaum	Ob. Jais
XIX. Geb.K.:	Gen.d.Geb.Tr. Jodl	Ob. Purucker
XXI. Geb.K.:	Gen.d.Inf. von Leyser	Ob. von Klocke
XXII. Geb.K.:	Gen.d.Geb.Tr. Lanz	Oberstlt. Geitner
XXXVI. Geb.K.:	Gen.d.Geb.Tr. Vogel	Oberstlt. Schmidt
XXXXIX. Geb.K.:	Gen.d.Geb.Tr. von Le Suire	Ob. Haidlen
LI. Geb.K.:	Gen.d.Geb.Tr. Feurstein	Ob. Gartmayr
1. Geb.D.:	Glt. Kübler, J.	Ob. Faulmüller
2. Geb.D.:	Glt. Degen	Oberstlt. Roschmann
3. Geb.D.:	Glt. Klatt	Oberstlt. Hartmann
4. Geb.D.:	Glt. Breith	Mj. Brandner
5. Geb.D.:	Glt. Schrank	Mj. Pröhl
6. Geb.D.:	Glt. Pemsel	Oberstlt. Vogl
7. Geb.D.:	Glt. Krakau	Oberstlt. Paumgarten
157. Geb.D.:	Gm. Schricker*	Mj. Koepper
188. Geb.D.:	Glt. von Hößlin	Hptm. Mitterwallner.

* später 8. Geb.d.

Träger höchster Tapferkeitsauszeichnungen

Eichenlaub mit Schwertern zum Ritterkreuz des Eisernen Kreuzes

lfd. Nr.	Dienstgrad, Name, Dienststellung	Tag der Verleihung
53.	Gen.d.Geb.Tr. Kreysing, Kdr.Gen. XVII. AK. (vorh. Kdr. 3. Geb.D.)	18. 4.1944
72.	Go. Dietl, OB. 20. Geb.Armee	1. 7.1944
122.	Go. Rendulic, OB. 20. Geb.Armee	18. 1.1945

Eichenlaub zum Ritterkreuz des Eisernen Kreuzes

1.	Glt. Dietl, Kdr.Gen. Geb.K. »Norwegen«	19. 7.1940
164.	Hptm. von Hirschfeld, Kdr. II./Geb.Jäg.R. 98	23.12.1942
183.	Glt. Kreysing, Kdr. 3. Geb.D.	20. 1.1943
222.	Ofw. Schlee, Zugf. 6./Geb.Jäg.R. 13	6. 4.1943
312.	Glt. Ringel, Kdr. 5. Geb.D.	25.10.1943
316.	Oberstlt. Graf von der Goltz, Kdr. Geb.Jäg.R. 144	2.11.1943
398.	Gen.d.Geb.Tr. Schörner, Kdr.Gen. XXXX. PK. (vorher Kdr. XIX. Geb.K.)	17. 2.1944
686.	Glt. Klatt, Kdr. 3. Geb.D.	26.12.1944

Nennung der Divisionen im Bericht des OKW 1943-1945

1. Geb.D. am 10.10.1944.
3. Geb.D. am 24.10.1943; 30. 3.; 4.10.; 5.11. 1944; 14.2.1944.
4. Geb.D. am 12. 3.; 28. 9.1944.
5. Geb.D. am 12. 8.1943.
6. Geb.D. am 15.11.1944.
7. Geb.D. am 24. 8.1943.

Die Fallschirm-Truppe

Geschichte bis Kriegsausbruch

Der Reichsminister der Luftfahrt und Oberbefehlshaber der Luftwaffe erließ am 29. Januar 1936 den Befehl, eine Anzahl von Soldaten des Regiments »General Göring« als Lehrpersonal im Fallschirmspringen und Fallschirmpacken auf Grund freiwilliger Meldungen auszubilden. Dieser Befehl war praktisch der erste Schritt zum Aufbau der deutschen Fallschirmtruppe, die neun Jahre später am Ende des Zweiten Weltkrieges über eine Stärke von elf Divisionen verfügte.

Erste Voraussetzungen für die Bildung einer solchen neuartigen Waffengattung war die Schaffung einer Fallschirmschule, auf der die künftigen Fallschirmjäger im Springen und in allem, was damit zusammenhing, ausgebildet werden konnten. Der Fliegerhorst Neubrandenburg war hierfür in Aussicht genommen. Die endgültige Wahl fiel jedoch auf den Fliegerhorst Stendal, der nahe dem kleinen altmärkischen Dorfe Borstel liegt. Hier entstand im Laufe des Jahres 1936 die erste deutsche Fallschirmschule.

Die Offiziere, Unteroffiziere und Männer, die sich dieser Aufgabe freiwillig zur Verfügung stellten, betraten militärisches Neuland. Kein anderer Staat der Welt, außer der UdSSR, besaß bisher eine Fallschirmtruppe. Es gab keine Anhaltspunkte und keine Erfahrungen ausländischer Armeen, an die man hätte anknüpfen und deren Erkenntnisse man hätte verwerten können.

Die einzige Ausnahme bildete die Sowjetunion. Bereits im Jahre 1928 ging die »Rote Armee« daran, eine Fallschirmtruppe aufzustellen. Schon in den zwanziger Jahren war der Fallschirmsport in Rußland sehr populär. Mit staatlicher Unterstützung war er zu einem regelrechten Volkssport entwickelt worden. Die zahlreichen Sportspringer waren in der Gesellschaft »Osswiachim« zusammengefaßt, die im ganzen weiten Sowjetreich Ortsgruppen unterhielten. Bei Ausbruch des deutsch-russischen Krieges im Jahre 1941 bestanden über 1000 solcher Ortsverbände.

Die junge russische Fallschirmtruppe wurde vom damaligen Oberbefehlshaber der »Roten Armee«, Marschall Tuchatschewkij, besonders gefördert. Der erste Einsatz der russischen Fallschirmjäger erfolgte im Jahre 1930 im Manöver. Ein junger Leutnant sprang mit seinem Zug südlich von Moskau und überraschte dabei den hohen Stab, den er ausheben sollte, vollkommen. Dies war der erste Einsatz von Fallschirmjägern in der Militärgeschichte! Die Fachwelt aber war perplex, als die Sowjets im Jahre 1936 den Schleier lüfteten, mit dem sie bisher ihre Fallschirmtruppe umhüllt hatten. Dies geschah bei einem großen Manöver in der Ukraine, zu dem die ausländischen Militärattachés und andere hohe Gäste geladen waren. Aus blauem Himmel sprangen 1000 sowjetische Fallschirmjäger ab, und in ihrem Gefolge landeten in Transportflugzeugen weitere 5000 Rotarmisten. So etwas hatte die Welt noch nicht gesehen!

»Wenn ich nicht selbst Zeuge hiervon gewesen wäre, so hätte ich nicht glauben können, daß eine derartige Operation möglich wäre.« Das schrieb einer der Augenzeugen dieses überraschenden militärischen Schauspiels, der spätere britische General Wavell, danach an seine Regierung. Es war dies derselbe General, der fünf Jahre später, nunmehr britischer Oberbefehlshaber im Nahen Osten, die Wirksamkeit dieser neuen Waffe erleben mußte, als deutsche Fallschirmjäger die seinem Befehl unterstehende Insel Kreta aus der Luft angriffen und in Besitz nahmen.

Sicher war auch der Führung der deutschen Wehrmacht die Existenz russischer Fallschirmjäger bekannt, als im Jahre 1936 der erste Befehl zur Ausbildung von Soldaten im Fallschirmspringen erging. Aber man mußte aus den bekannten Gründen in Deutschland eigene Wege gehen und die junge Fallschirmtruppe taktisch und technisch von Grund auf entwickeln.

Das Oberkommando der Wehrmacht und das Oberkommando der Luftwaffe (OKL) hatten natürlich schon Vorarbeiten geleistet, die dann schließlich zu dem Befehl des Reichsministers der Luftfahrt und Oberbefehlshaber der Luftwaffe mit Kennummer L.A.Nr.262/36 g III, 1A vom 29. Januar 1936 führten, der die Aufstellung einer eigenen Fallschirmtruppe zur Folge hatte. Es gab zwar bereits seit einem Jahr in der deutschen Luftwaffe und beim Heer Formationen, die sich mit dem Luftlandeeinsatz befaßten - doch der 29. Januar 1936 muß als Geburtsstunde der deutschen Fallschirmjäger betrachtet werden.

Die (preußische) Landespolizeitruppe »General Göring« erhielt am 1. April 1935 ihre neue militärische Bezeichnung »Regiment General Göring«. Ende September desselben Jahres bekam der Regimentskommandeur, Oberstlt. Jakoby, von General Göring im ostpreußischen Rominten den Befehl: »Das Regiment General Göring wird am 1. Oktober 1935 geschlossen in die Luftwaffe überführt. Aus Freiwilligen des Regiments ist ein Fallschirmjäger-Bataillon als Stamm für die künftige deutsche Fallschirmtruppe aufzustellen...«

Das Regiment wurde im Laufe des Monats Oktober 1935 auf den Truppenübungsplatz Altengrabow verlegt, um dort die Gliederung und die Einsatzmöglichkeiten eines Fallschirmjäger-Regiments zu entwickeln und zu erproben. Im Anschluß an den Aufenthalt in Altengrabow wurde dem Regiment auf dem Truppenübungsplatz Döberitz ein Fallschirmabsprung gezeigt. Es meldeten sich noch am gleichen Tag 600 Offiziere, Unteroffiziere und Männer freiwillig zur Fallschirmtruppe.

Unter Führung von Mj. Bräuer wurde aus diesen Freiwilligen das I. (Fallschirmschützen-)Bataillon des Regiments »General Göring« aufgestellt. Adjudant war Oberleutnant Vogel, Nachrichtenoffizier Leutnant Dunz. Die vier Kompanien führten Oberleutnant Walther, Oberleutnant Kroh, Oberleutnant Schulz und Hauptmann Reinberger. Bei der Umorganisation des Regiments »General Göring« im November 1935 wurde das I. (Fallschirmschützen-)Bataillon in IV. Bataillon umbenannt. (Am 1. April 1938 schied es aus dem Regiment »General Göring« aus und führte von da an die Bezeichnung I./Fallschirmjäger-Regiment 1). Fast das gesamte Lehrpersonal der Fallschirmschule Stendal entstammt diesem Bataillon.

Die alte Stadt Stendal mit ihrer Backsteingotik, 60 Kilometer nördlich von Magdeburg in der Altmark gelegen, war zur Wiege der deutschen Fallschirmtruppe geworden. Auf dem wenige Kilometer von der Stadt nach Norden gelegenen Fliegerhorst Borstel wurde im Jahre 1936 die erste deutsche Fallschirmschule ins Leben gerufen. Stendal war später der Friedensstandort des Fallschirm-Infanterie-Bataillons.

Zehntausende von Fallschirmjägern sind im Laufe der Jahre auf der Fallschirmschule in Stendal, später auch in Wittstock (Mecklenburg), in Braunschweig und in Chateaudun (Frankreich) ausgebildet worden. Ernste Unfälle waren dabei höchst selten. Nur ganz wenige Fallschirmjäger sind bei Übungssprüngen ums Leben gekommen. Solch schmerzliche Erlebnisse traten jedoch nur in den Entwicklungsjahren der jungen Truppe auf. Trotzdem setzte sich der Fallschirmjäger bei jedem Sprung in vollem Bewußtsein gewissen Gefahren aus, und jeder Absprung bedeutete für ihn erneut eine seelische Überwindung. Darum konnten nur Soldaten in dieser Truppe bestehen, die Mut und Entschlossenheit besaßen. General Student sagte:

»Die Behandlung muß entsprechend dem Stolz der Fallschirmjäger auf die Zugehörigkeit zur Fallschirmtruppe ausgerichtet werden. Sie muß großzügiger, fürsorglicher und kameradschaftlicher sein als anderswo. Die Erziehung muß weit mehr auf starkem Vertrauen beruhen als auf Disziplin und Gehorsam. Der Jäger muß selbständig handeln auch ohne Befehl.«

Nur solche Männer, die sich freiwillig zum Dienst in der Fallschirmtruppe zur Verfügung stellten und die vom Arzt als »fallschirmschützentauglich« befunden worden waren, wurden zum Springen zugelassen. Die Freiwilligkeit war einer der entscheidenden Gründe für die Schlagkraft und das Stehvermögen, das die deutsche Fallschirmtruppe im Zweiten Weltkrieg gezeigt hat!

Eine der ersten Fragen technischer Art, die es zu lösen galt, war die Verwendung eines geeigneten Fallschirms. Zwar wurde in der Fliegerei schon seit langen Jahren der Fallschirm als bewährtes Rettungsgerät verwendet, aber als »Transportmittel« für Fallschirmjäger war dieser Typ des Fallschirms nicht brauchbar. Der Rettungsschirm wurde von Hand, also manuell ausgelöst. Er benötigte eine relativ lange Fallzeit des Springers von der Betätigung des Handgriffs bis zur vollen Öffnung des Schirmes. Daher bot der manuelle Schirm bei Absprunghöhen unter 200 Metern keine Sicherheit. Ein manueller Schirm schied also bei solch einer geringen Höhe von vornherein aus. Nur ein sich automatisch öffnender Schirm, der für den Öffnungsvorgang einen freien Fall von höchstens 50 Metern benötigte, konnte das Problem des niedrigen Absetzens lösen. So wurde in kurzer Zeit der automatische Schirm vom Baumuster »RZ 1« entwickelt, dem später dann die verbesserten Typen »RZ 16« und »RZ 36« folgten.

Der angehende Fallschirmjäger kam mit dem Fallschirm schon in den ersten Tagen seiner Ausbildung in Berührung; zwar nicht beim Springen, sondern bei den Packübungen. Denn jeder Fallschirmjäger mußte das Fallschirmpacken erlernen, bevor er den ersten Sprung mit dem selbstgepackten Schirm wagen durfte. Die Vorbereitung auf den ersten Sprung erforderte ein intensives Training in allen Tätigkeiten, die der Fallschirmspringer beim Absprung zu beachten hatte: Das Fertigmachen im Flugzeug, das Abspringen, das Verhalten in der Luft und - vor allem - die Landung. Die Landung war der schwierigste Teil des Absprungs. Es war von größter Wichtigkeit, daß der Springer landete, ohne sich zu verletzen. Ein Fallschirmjäger, der ein Bein oder einen Arm gebrochen hatte oder sich gar eine Gehirnerschütterung zugezogen hatte, fiel für den anschließenden Kampf aus.

So war es bei starkem Wind für den Springer auch meist schwierig nach der Landung auf die Beine zu kommen; denn der Wind schleifte ihn an dem zum Segel aufgeblasenen Fallschirm übers Feld. Aber auch für diesen Fall wurde der Fallschirmjäger trainiert. War er trotz allen Mühens nicht imstande, auf die Beine zu kommen, dann stand für ihn immer noch das Kappmesser zur Verfügung, mit dem er, während der Wind ihn über das Feld zog, die Fangleine durchschneiden und sich so vom Fallschirm befreien konnte.

Die Ausbildung auf der Fallschirmschule währte im Durchschnitt acht Wochen. Dabei waren sechs Absprünge zu absolvieren. Soldaten, die den körperlichen und seelischen Anforderungen nicht gewachsen waren, sowie solche, die ernste Charaktermängel zeigten oder einen Sprung verweigerten, wurden vom Lehrgang abgelöst und zu einer anderen Waffengattung versetzt.

Mittlerweile war der Aufbau des Fallschirmschützenbataillons so weit fortgeschritten, daß es im Sommer 1937 bereits über drei Schützenkompanien, eine Maschinengewehr- und eine Pionierkompanie verfügte.

Das Oberkommando der Luftwaffe hatte natürlich parallel zur Aufstellung einer Fallschirmjägereinheit die Pflicht, einen fliegenden Verband zu schaffen, der speziell für diese Truppe seine Einsätze fliegen mußte. Als erste Maßnahme wurde das bisherige »Behelfskampfgeschwader 172« - das als Ersatzreserve nur für den Mob-Fall gedacht war - in einen fliegenden Verband umgewandelt.

Die IV. Gruppe des neuen Kampfgeschwaders 152 »Hindenburg« unter Mj. Ziervogel erhielt am 1. Oktober 1937 seine Umbenennung als Kampfgruppe z.b.V. 1. Die Benennung besagte, daß diese Gruppe ausschließlich für den Transport der neuen Fallschirmtruppe vorgesehen war. Die Gruppe verlegte

mit ihren Maschinen vom Typ »Ju-52/3« auf den Fliegerhorst Fürstenwalde, um von hier aus die Sondereinsätze zu üben.
Der Oberbefehlshaber der Luftwaffe hatte inzwischen am 5. November 1936 das Fallschirmschützenabzeichen gestiftet. Das Abzeichen wurde an alle Soldaten der neuen Truppe verliehen, die mindestens sechs Übungssprünge absolviert hatten. Gleichzeitig mit dem Abzeichen wurde der Fallschirmschützenschein erworben. Damit erhielt der Soldat eine Fallschirmschützenzulage in Höhe von 65 bis 120 Reichsmark je nach Dienstgrad.
Das Oberkommando des Heeres hatte unabhängig von der Luftwaffe aus egoistischen Gründen gleichfalls Pläne zur Aufstellung einer eigenen Fallschirmtruppe begonnen. Diese Überlegungen wurden schon bald nach der Besetzung der Rheinlande durch das Heer in die Tat umgesetzt.
In Stendal wurde mit der Aufstellung einer Fallschirm-Infanterie-Kompanie begonnen, die auch über schwere Maschinengewehre und über schwere Granatwerfer verfügen sollte. Der Aufbau dieser Kompanie war im Herbst 1937 soweit abgeschlossen, daß sie beim großen Wehrmachtsmanöver in Mecklenburg eingesetzt werden konnte. Die Führung der Fallschirm-Infanterie-Kompanie lag in den Händen des Oblt. Zahn, dem als Kompanie-Offizier Oblt. Pelz beigegeben war.
Der erste Schritt zum Aufbau eines Bataillons des Heeres war die Versetzung des Mj. Heidrich zur Fallschirm-Infanterie-Kompanie. Heidrich war bisher Taktiklehrer an der Kriegsschule Potsdam gewesen. Im Alter von 41 Jahren absolvierte er zuerst einmal - wie jeder junge Freiwillige - seine Sprungausbildung auf der Fallschirmschule Stendal. Im Frühjahr 1938 ging er dann an den Aufbau des Fallschirm-Infanterie-Bataillons, dessen erster Kommandeur er wurde.
Das Oberkommando der Luftwaffe war aber in seinen Maßnahmen schneller und zielstrebiger. Zwar wurde die neue Truppe nicht als selbständige Waffengattung angesehen. Sie gehörte zur Fliegertruppe. Ihre Soldaten trugen deshalb gelbe Kragenspiegel.
Allerdings besaß die Fallschirmtruppe nach ihrer endgültigen Organisation im Juli 1938 eine eigene Waffeninspektion im Reichsluftfahrtministerium mit der Bezeichnung L in 11 und war in der neugebildeten 7. Fliegerdivision (Fl.D.) zusammengeschlossen.
Gm. Student übernahm am 1. Juli 1938 die Führung der deutschen Fallschirmtruppe, soweit sie zur Luftwaffe gehörte. Damit war ein Mann an die Spitze der jungen Waffe getreten, der ihr nun seinen persönlichen Stempel aufdrückte. Student wurde zum Organisator der Fallschirmtruppe schlechthin. Die Alliierten, die später gegen die Truppe kämpften, übernahmen bei der Aufstellung ihrer eigenen Luftlande- und Fallschirmverbände die genauen Ausbildungsgrundlagen, die erst Student geschaffen hatte.
Gm. Student erhielt seine erste militärische Erziehung in den Jahren 1901 bis 1910 in den Kadettenanstalten von Potsdam und Lichterfelde. Er diente bis 1913 bei den Yorckschen Jägern und trat anschließend zur jungen Flieger-

truppe über. 1914 rückte er ins Feld und bereits 1916 war er Führer der Jagdstaffel 9, die zur Heeresgruppe »Deutscher Kronprinz« gehörte. Nach dem Ersten Weltkrieg wurde Student in das 100000-Mann-Heer übernommen. Hier war er von 1919 bis 1928 im Reichswehrministerium Referent für Flugtechnik (im fliegerlosen Reichsheer!) und damit federführend für die gesamte technische Entwicklung vom Baustoff bis zum fertigen Flugzeug. In dieser Stellung unternahm er zahlreiche Informationsreisen in sämtliche Staaten Europas, insbesondere nach Sowjetrußland.
Am 1. September 1933 wurde dieser hochbefähigte, mittlerweile zum Oberstlt. beförderte Offizier in das neugeschaffene Reichsluftfahrtministerium versetzt. Damit war Student wieder zur Fliegerei zurückgekehrt. Schon als Kommandeur der Erprobungsstellen Rechlin und Travemünde lernte er die Fallschirmjäger kennen. Seine Verbindungen zu dieser jungen Truppe gestalteten sich noch enger, als ihm später als nunmehrigen Inspekteur der Schulen der Luftwaffe auch die Fallschirmschule in Stendal unterstand.
Am 1. Juli 1938 wurde Gm. Student mit der Führung der deutschen Fallschirmtruppe beauftragt. Nun erst begannen der planmäßige Aufbau dieser jungen Waffe und die Entwicklung klarer Einsatzgrundsätze.
Der neue Inspekteur der Fallschirmjägertruppe sah nicht ein, warum es in der Wehrmacht zwei von einander getrennt lebende Einheiten derselben Waffen geben sollte. Das Fallschirm-Infanterie-Bataillon jedoch unterstand weiterhin dem Heer, auch wenn es im Herbst 1938 bei der Besetzung des Sudetenlandes vorübergehend taktisch Gm. Student unterstellt war. Doch die Tage der Selbständigkeit dieses Heeresbataillons waren gezählt. Am 1. Januar 1939 wurde es als II. Bataillon des Fallschirmjäger-Regiments 1 in die Luftwaffe überführt. Der bisherige Kommandeur, Mj. Heidrich, der als Kommandeur des demnächst aufzustellenden Fallschirmjäger-Regiments 2 in Aussicht genommen war, wurde in den Stab der im Sommer 1938 gebildeten 7. Flieger-(Fallschirm-)Division versetzt. Sein Nachfolger wurde Hptm. Prager.
Im Sommer 1938 war das Bataillon von Stendal nach Braunschweig verlegt worden.
Nacheinander folgte nun die Aufstellung des III./Fallschirmjäger-Regiments 1 (Hptm. Schulz), des I./ (Hptm. Noster) und des II./Fallschirmjäger-Regiments 2 (Hptm. Pietzonka) in den Standorten Gardelegen und in Tangermünde bei Stendal. Gm. Students erste und vordringlichste Aufgabe war die Schaffung gemeinsamer Ausbildungsgrundlagen für die verschiedenartig gestalteten Fallschirmjägereinheiten.
Das Fallschirmjäger-Bataillon des Mj. Bräuer (Luftwaffe), das zeitweilig die Bezeichnung »Fallschirm-Zerstörerbataillon« führte, war für die Durchführung der Zerstörung wichtiger Objekte im feindlichen Hinterland gegliedert, ausgerüstet und ausgebildet. Seine Einsatzgrundsätze entsprachen im großen und ganzen denen der alliierten Kommandotruppen des Zweiten Weltkrieges. Das Bataillon war aufgegliedert in einzelne »Zerstörertrupps«, die gegen

Brücken, Verkehrs- und Versorgungszentren, Stäbe und Produktionsstätten des Feindes mittels Fallschirm eingesetzt werden sollten.
Der kleinen Fallschirmtruppe des Heeres hingegen waren rein taktische Aufgaben im Rahmen örtlich begrenzter Operationen zugedacht. Sie war vorgesehen für die Inbesitznahme wichtiger Geländeabschnitte und für das Öffnen und Offenhalten von Engen. Die überraschende Wegnahme von Brücken und die handstreichartige Bildung von Brückenköpfen, sowie der Kampf gegen den Rücken ständiger Befestigungen zählten zu ihren hauptsächlichen Aufgaben. Der Gedankenflug des Gm. Student ging weiter. Er lehnte nicht allein die »Zerstörertrupp-Taktik«, sondern ebenso die taktisch eng begrenzte Verwendung der Fallschirmtruppe ab, wie sie dem Heer vorschwebte. Seine Gedanken bewegten sich in den Vorstellungen eines Generals Guderian. So wie dieser die junge Panzerwaffe zur selbständig operierenden Schlachtenkavallerie zu entwickeln trachtete, so erkannte Gm. Student frühzeitig die großen operativen Chancen, die sich der Fallschirmtruppe boten. Sie war in der Lage, ähnlich wie die Panzertruppe, weitgesteckte operative Ziele zu verfolgen und zu erreichen. Sie war die schnelle Truppe der Wehrmacht mit einer bisher unvorstellbaren Beweglichkeit. Das selbständige Operieren unter Ausnutzung des Überraschungsmomentes war nach Students Ansicht ihre besondere Stärke.
Gleichlaufend mit der Ausbildung der Fallschirmjägerverbände wurde die Aufstellung weiterer Lufttransporteinheiten vorgenommen. So existierten am 1. September 1938 fünf selbständige Kampffliegergruppen, die mit Maschinen vom Typ »Ju-52« ausgerüstet und die zum Transport von Menschen und Material geeignet waren. Die Bezeichnung Transportfliegerverbände gab es noch nicht. Die Kampffliegergruppen nannten sich alle noch »z.b.V.« Es existierten:
Kampfgruppe z.b.V.1 in Fürstenwalde
                Kdr.: Oberstlt. Morzik;
Kampfgruppe z.b.V.2 in Briest (Westhavelland)
                Kdr.: Oberstlt. von Lindenau;
Kampfgruppe z.b.V.4 in Tutow
                Kdr.: Oberstlt. Leesemann;
Kampfgruppe z.b.V.5 in Fassberg
                Kdr.: Oberstlt. Alefeld;
Kampfgruppe z.b.V.6 in Lechfeld
                Kdr.: Mj. Krahl.
Die Überlegungen der deutschen Luftwaffenführung für den Transport der Fallschirmjäger ging über das bisherige militärische Denken hinaus. Man glaubte, plötzliche Einsätze auf Punktziele überraschender anfliegen zu können, wenn man motorlose Flugzeuge benutzte. Deshalb wurde die Entwicklungsarbeit der »Deutschen Forschungsanstalt für Segelflug« in Darmstadt-Griesheim enorm erweitert. Der Konstrukteur Jacobs baute 1937 ein Lastensegelflugzeug »DFS 230«, das für solche Aufgaben geeignet schien.

Die Ausbildung von ausgesuchten Piloten und später auch Angehörigen der Fallschirmtruppe erfolgte bereits im selben Jahr und wurde intensiver 1938 in Fürstenwalde fortgesetzt, wo es im September zur Aufstellung eines Einsatzkommandos kam, das nach Prenzlau verlegt wurde.
Das »Lastensegler-Kommando« unter Führung von Oblt. Kieß wurde 1938 unter der Tarnbezeichnung 17./Kampf-Geschwader z.b.V.5 aufgestellt und verfügte über 65 Lastensegler »DFS 230«. Jeder Segler bot Platz für 10 Mann.
Die Ausbildung der Truppe selbst lief inzwischen auf Hochtouren. Die Fallschirmsprungschule in Stendal (Kommandeur Oberstlt. Bassenge) sah deshalb auch häufig den Besuch von militärischen Persönlichkeiten, die sich vom Ausbildungsstand der Truppe überzeugen wollten. Feldmarschall Göring und Go. Frhr. v. Fritsch waren als Oberbefehlshaber der Wehrmachtteile häufig Gast in den Schulanlagen.
Das erste öffentliche Auftreten der jungen Waffe war im Jahre 1937 erfolgt. Beim Erntedankfest auf dem Bückeberg sprangen Männer der Heeres-Fallschirmkompanie unter Führung von Oblt. Pelz zum erstenmal vor den Augen der Öffentlichkeit aus den »Ju-52«-Maschinen. Beim anschließenden Herbstmanöver, an dem als Gast der italienische Regierungschef Mussolini teilnahm, wurde gleichfalls von den Fallschirmjägern des Heeres Sprungeinsätze »hinter die Front des Gegners« geflogen.
Das Fallschirmjägerregiment 1 - dessen Stab allerdings erst am 1. Juni 1939 etatisiert wurde - hatte am 1. Januar 1939 ein III. Bataillon aus Freiwilligen errichtet. Alle zwölf Kompanien nahmen unter Führung von Oberstlt. Bräuer am 20. April an der großen Parade zu Hitlers Geburtstag teil. Die Fallschirmjäger paradierten in ihren neuen Uniformen mit dem extra für sie geschaffenen Stahlhelm und der Sprungausrüstung. Das Echo auf diese Parade war besonders im Ausland bemerkenswert.
Die politischen Konflikte, die sich mit der Besetzung des Sudetenlandes durch deutsche Truppen im Herbst 1938 zwischen dem Deutschen Reich und dem westlichen Ausland entwickelten, stellten überraschend die Frage nach dem ersten militärischen Einsatz der jungen Waffe.
Bei den Mob-Vorbereitungen für den kriegerischen Aufmarsch der Wehrmacht gegen die Tschechoslowakei wurde auch das Fallschirmjägerregiment 1 einbezogen. Seine Aufgabe war u.a. ein Absprung hinter den befestigten Grenzzonen im Erzgebirge und Mähren, um die Vormarschstraßen für das Heer eventuell gewaltsam von rückwärts zu öffnen.
Gleichzeitig mit den Fallschirmjägern wurden die Lufttransportverbände und auch das Lastenseglerkommando in Alarmbereitschaft versetzt.
Nachdem sich aber die Staatsmänner auf friedlichem Wege einigen konnten, verblieben die Verbände in ihren Garnisonen und der Alltagsdienst lief weiter...
...bis am 26. August 1939 das Oberkommando der Wehrmacht die geheime Mobilmachung befahl.

Der Zweite Weltkrieg

Das OKW befahl am 26. August 1939 die »geheime Mobilmachung«. Nach Eingang dieses Befehls verlegten die Verbände der 7. Fliegerdivision auf Flugplätze der Luftwaffe rings um Breslau. Die Truppe sollte von hier aus je nach militärischer Lageentwicklung eingesetzt werden. Zwei Einsatzbefehle trafen ein. Der erste sollte einen Sprung im Raum Graudenz bringen; doch bevor der Startbefehl umgesetzt werden konnte, hatten ostpreußische Soldaten bereits die Festung erobert. Der zweite Befehl galt dem Absprung zur Inbesitznahme der Weichselbrücke bei Pulawy. Als die »Ju-52« starteten, rollten deutsche Panzer bereits über diese Brücke.
Erst Mitte September erging ein Einsatzbefehl für die gesamte Division. Die Kompanien wurden auf Lastwagen verladen und besetzten zwischen Bug und Weichsel einige Flugplätze und Brücken, um der im Korridor eingeschlossenen polnischen Armee den Rückweg zu verlegen. Es kam zu zwei Gefechten zwischen dem III. Btl. und polnischen Verbänden bei Sucha und am 24. September zwischen dem II. Btl. und starken Gegnern bei Wola Gulowska, die deutscherseits einige Verluste kostete.
Die Division kehrte Mitte Oktober 1939 in ihre Friedensstandorte zurück.
Die Vorbereitungen zum Westfeldzug - in die der Stab der 7. Flieger-D. schon frühzeitig eingeschaltet wurde - waren die Kennzeichen einer intensiven Einsatz- und Sprungausbildung in den nächsten Wochen. Besonders ausgesuchte Offiziere, Unteroffiziere und Mannschaften (insgesamt 11 Offiziere und 427 Mann) wurden im Raum Hildesheim zur »Sturmgruppe Koch« - benannt nach ihrem Führer Hptm. Koch - zusammengefaßt, um hier in Verbindung mit dem Lastenseglerkommando des Oblt. Kieß eine Sonderausbildung zu erhalten.
Doch wider Erwarten war nicht West- sondern Nordeuropa der nächste Kriegsschauplatz.
Das »Unternehmen Weserübung« - die Besetzung von Dänemark und Norwegen - war nicht nach Geschmack des Gm. Student. Er glaubte, daß der »verzettelte« Einsatz seiner Verbände die Schlagkraft der für einen offensiven Einsatz geschulten Truppe schaden könnte.
Das Fallsch.Jäg.R. 1 startete am frühen Morgen des 9. April 1940 in »Ju-52«-Maschinen zum Sprungeinsatz. Eine Kompanie konnte im Handstreich die große Brücke zwischen den dänischen Inseln Falster und Fünen stürmen. Eine andere Kompanie nahm Besitz vom großen Flugplatz Stavanger-Sola. Der Anflug von zwei weiteren Kompanien in 29 »Ju-52« auf den Flugplatz Fornebu bei Oslo mußte infolge Nebels abgebrochen werden. Der Feldzug in Norwegen entwickelte sich infolge des oft harten Widerstands des Gegners, der schlechten Straßen und des noch schlechteren Wetters langsamer als geplant. Nachdem am 14. April britische Truppen bei Namsos und drei Tage später bei Andalsnes landeten, wurden die Fallschirmjäger zum zweitenmal gefordert. Die 1./Fallsch.Jäg.R. 1 wurde bei

schlechtem Wetter bei Namsos abgesetzt. Es fanden sich nur wenige Offiziere und Jäger zusammen, die drei Tage gegen die Briten kämpften; dann mußten sie sich ergeben.
Der nördlichste Schauplatz - Narvik - brachte ab Mitte Mai 1940 einen weiteren Sprungeinsatz. Das I./Fallsch.Jäg.R. 1 startete in mehreren Wellen und an mehreren Tagen von Drontheim aus zum Einsatz nach Narvik. Es waren Fallschirmjäger, die am 8. Juni als erste deutsche Soldaten nach Narvik kamen und die Stadt zum zweitenmal besetzten!
Doch an diesem Tag hatte die 2. Phase des Westfeldzuges bereits begonnen; ein Feldzug, der die Bedeutung dieser jüngsten deutschen Truppe so recht unter Beweis stellen sollte.
Die 7. Flieger-D. hatte nach den Plänen des OKH in engster Zusammenarbeit mit Truppen des Heeres den belgischen Fortgürtel an der deutsch-belgischen Grenze im Lufteinsatz zu nehmen, um den Panzerdivisionen freien Weg ins Hinterland zu schaffen.
Das belgische Bollwerk Eben Emael am Albert-Kanal mußte von den Fallschirmjägern in den ersten Stunden der Westoffensive aufgebrochen werden, um der 6. deutschen Armee den Durchbruch durch das belgische Festungssystem zu ermöglichen.
Die »Sturmgruppe Koch« (Hptm. Koch) - unterteilt in den Sturmgruppen »Stahl« (Oblt. Altmann), »Beton« (Lt. Schacht), »Eisen« (Lt. Schächter) und »Granit« (Oblt. Witzig) - startete am frühen Morgen des 10. Mai 1940 von den Flugplätzen Köln-Ostheim und Köln-Butzweilerhof mit insgesamt 53 Maschinen »Ju-52«, drei »He-111« und 50 Lastensegler »DFS-203«.
Jede der vier Gruppen - 11 Offiziere, 427 Unteroffiziere und Mannschaften, 50 Piloten der Lastensegler - hatte ein eigenes Ziel. Die Sturmgruppe »Granit« (2 Offiziere, 28 Unteroffiziere, 56 Mann, 11 Piloten) war auf das stärkste Sperrfort Eben Emael angesetzt. Sturmgruppe »Stahl« mußte die Brücken bei Veldwezelt über den Albert-Kanal, »Beton« die Brücken bei Vroenhoven und »Eisen« die Brücke in Canne erobern.
Die Absprünge klappten pünktlich; doch die überraschten Belgier faßten sich schnell. Sie konnten die Brücke in Canne sprengen; die anderen konnten von den Fallschirmjägern genommen und dann gegen wütende Angriffe der belgischen Truppen verteidigt werden. Als die Uhren auf 16.00 zeigten, hatten ostpreußische Infanteristen und Pioniere die Verbindung mit der Gruppe »Eisen« und wenig später mit der Gruppe »Beton« hergestellt. Erst am anderen Tag konnte die Verbindung mit der Gruppe »Stahl« aufgenommen werden.
Der Kampf um Fort Eben Emael hielt an. Die Fallschirmjäger besetzten zwar überraschend das Plateau; doch im Fort verteidigten sich die Belgier unerschrocken. Erst am nächsten Morgen 7.00 Uhr konnten Sturmpioniere des Heeres der ersten Fallschirmjägergruppe die Hand reichen. Es war 13.15 Uhr am 11. Mai, als Eben Emael kapitulierte.
Der Weg für die 6. deutsche Armee nach Belgien war frei!

Der zweite Einsatzort der jungen Fallschirmtruppe lag in Holland. Das OKL hatte hierzu im Einvernehmen mit dem OKH ein Luftlande-Korps - bestehend aus 7. Flieger- und 22. ID. - gebildet. Bereits am 22. Februar 1940 wurde der Angriffsbefehl für das Korps erlassen, der mit folgenden Worten begann:

»1. Absicht: Festung Holland soll handstreichartig - unter Umgehung der Grebbe-Linie - aus der Rückfront genommen werden.
2. Auftrag: LL-Korps (Fl.D. 7 und 22. ID.) wird hierzu zunächst im Raum Moerdijk-Dordrecht-Rotterdam-Haag eingesetzt mit dem Auftrag:
a) die Brücken bei Moerdijk (hier Schwerpunkt) und Rotterdam für nachfolgende schnelle Truppen des Heeres, die über Tilburg-Breda vorgeführt werden, offenzuhalten (Fl.D. 7).
b) die Hauptstadt Haag zu besetzen und die dort befindliche Krone, Regierung und Wehrmachtleitung sofort auszuschalten (22. ID.)...«

Das deutsche Kampfgeschwader z.b.V.1 nahm in den frühen Morgenstunden des 10. Mai 1940 seinen Flugweg in den holländischen Raum. An Bord befanden sich alle drei Btle des Fallsch.Jäg.R.1 und das I./Fallsch.Jäg.R.2. Das I./Fallsch.Jäg.R.1 mit dem Regimentsstab wurde bei Tweede Tool zwischen Dordrecht und Moerdijk abgesetzt. Das II. Btl. landete beiderseits der Brücken von Moerdijk. Es gelang - bis auf die Eisenbahnbrücke in Dordrecht - die Brücken zu besetzen. Das III. Btl. landete unter schwerstem Abwehrfeuer der Verteidiger auf dem Flugplatz Waalhaven bei Rotterdam. Hier sollte auch das I./Fallsch.Jäg.R.2 landen. Die holländischen Verteidiger wehrten sich mit erstaunlicher Tapferkeit.
Die »Ju-52« brachten nun erste Einheiten der 22. ID. heran, die Rotterdam nehmen sollten. Die Landung der Maschinen glückte unter schwersten Verlusten an Menschen und Material. Rotterdam konnte im ersten Anlauf nicht genommen werden. Gm. Student, der mit seinen Fallschirmjägern abgesprungen war, schlug seinen Gefechtsstand in Rijksoord auf, um von vorn zu führen. Leider mußte er feststellen, daß eine Verbindung seiner Verbände nur mit dem III./IR. 16 in Rotterdam bestand. Doch inzwischen waren von Transportmaschinen die anderen zwei Btle des IR. 16 in Waalhaven gelandet, so daß die Fallschirmjäger Entlastung bekamen.

Die Verteidiger der Brücken von Moerdijk und die der Brücken in Dordrecht konnten am 13. Mai von den herangekommenen Panzern der 9. PD. entsetzt werden. Damit fand der kühne Einsatz deutscher Fallschirmjäger vorerst seinen Abschluß. Denn - am nächsten Tag - dem 14. Mai, kapitulierte nach einem schrecklichen deutschen Luftangriff auf Rotterdam Holland. Gm. Student wurde am letzten Feldzugstag durch Kopfschuß selbst verwundet.
27 Offiziere und Unteroffiziere der 7. Fliegerdivision wurden noch während und kurz nach dem Westfeldzug mit dem Ritterkreuz des Eisernen Kreuzes

ausgezeichnet, das waren genau 10% aller mit diesem hohen Orden im Westfeldzug 1940 ausgezeichneten Soldaten der Wehrmacht!
Lediglich im Norwegenfeldzug hatte Oblt. Schmidt, Führer der 1./Fallsch.Jäg.R.1, diese hohe Auszeichnung für den Kampf seiner Soldaten bei Dombas erhalten.
Die Fallschirmjäger kehrten nach ihrem Einsatz in ihre Friedensgarnisonen zurück. Nun begann die zweite Aufbauphase dieser Truppe. Das Fallsch.Jäg.R. 2 wurde auf drei Btle verstärkt und aus den im Raum Friedrichshafen liegenden Versuchsabteilungen entstand das Luftlande-Sturm-R. 1, das auf vier Btle erweitert wurde. Der Einsatz in Holland erzeugte einen Ansturm von Freiwilligen zu dieser neuen Truppe, so daß im Spätsommer noch das Fallsch.-Jäg.-R. 3 aufgestellt werden konnte.
Die neue 7. Flieger-D. - nun wieder unter Führung von Glt. Student - hatte aus den Erfahrungen des ersten Sprungeinsatzes gelernt. Die Truppe erhielt neue Waffen, darunter ein 10,5-cm-Leichtgeschütz, das mit einem Fünfling-Fallschirm aus den Transportmaschinen zum Abwurf kam.
Weiter wurde die bisherige Bewaffnung aufgrund der in Holland gemachten Erfahrungen modernisiert. So erhielt die Truppe die 3,7-cm-Pak und den 8-cm-Granatwerfer, die ebenfalls abgeworfen wurden. Die Waffen und das Gerät konnten in Kisten verpackt mit Fallschirmen abgesetzt werden.
Das OLK bildete im Winter 1940/41 das Generalkommando des XI. Flieger-Korps (Fl.K.) unter Führung von Gen.d.Fl. Student. Dem Gen.Kdo. unterstanden neben dem Gen.Stab das Luftlande-Sturm-R. (Gm. Meindl), Ln-Abt. 41 (mot.) (Hptm. Hoppe) sowie die 7. Flieger-D. (Glt. Süßmann) mit Fallsch.Jäg.R. 1 (Ob. Bräuer), Fallsch.Jäg.R. 2 (Ob. Sturm), Fallsch.Jäg.R. 3 (Ob. Heidrich) sowie Pi.Btl., Art.Abt., MG-Btl. und Pz.Jäg.Abt., jeweils mit der Nr. 7.
Die deutsche Wehrmacht bereitete sich im Frühjahr 1941 auf die geplante Offensive gegen die Sowjetunion vor, als die italienische Regierung den deutschen Plänen »einen Strich durch die Rechnung« machte. Doch der von Albanien aus gestartete italienische Angriff gegen Griechenland kam bald zum Stehen, und Rom bat um Hilfe aus Berlin.
Damit begann am 6. April 1941 der deutsche Angriff gegen Jugoslawien und Griechenland. Im Zuge dieser Feldzugsplanungen wurde das Fallsch.Jäg.R. 2 Anfang März in den Raum Plovdiv/Bulgarien verlegt, um eventuelle Landungsversuche britischer Verbände auf griechischen Inseln zu verhindern.
Die deutsche Wehrmacht konnte in wenigen Wochen die jugoslawische und griechische Armee schlagen und das gelandete britische Expeditionskorps auf die Küsten zurückdrängen. Die Briten zogen sich in Richtung Peloponnes zurück. Da wurde dem Fallsch.Jäg.R. 2 der Einsatzbefehl gegeben. Von Larissa aus starteten am 26. April 1941 früh 5.00 Uhr die Transportmaschinen mit zwei Btle, je eine Pi.-, NA.-, San.Kp. und einer Bttr. an Bord. Die Fallschirmjäger sprangen beidseits des Kanals von Korinth ab und bildeten Brückenköpfe. Doch die Brücke flog durch britischen Beschuß in die Luft.

Die Fallschirmjäger gaben nicht auf; sie kämpften sich den Weg zum Flugplatz Korinth frei und stürmten gegen erbitterten Widerstand Nauplion. Hier standen sie, als am Morgen des 28. April die Voraustruppen des Heeres eintrafen.
Doch an diesem Tag war der nächste Einsatzort der deutschen Fallschirmjäger befohlen: Kreta. Gen.d.Fl. Student hatte am 20. April dem OKL vorgeschlagen, Kreta zu erobern. Er trug bereits einen Tag später seinen Plan Hitler vor, der sich dafür begeisterte. Das deutsche Oberkommando aber kannte die Stärke der auf dieser Insel stehenden Feindverbände nicht. Diese Stärke führte schließlich zu den schweren Verlusten der deutschen Fallschirmtruppe, besonders als am 15. Mai dem britisch-neuseeländischen Oberkommando auf Kreta der deutsche Angriffsplan infolge der Entschlüsselung deutscher Funksprüche bekannt wurde.
Der deutsche Angriffsplan sah eine gleichzeitige Luftlandung der 7. Fl.D. sowie eine Landung der im Schiffstransport herangebrachten 5. Geb.D. vor. Die 7. Fl.D. wurde seit 1. Oktober 1940 von Glt. Süßmann geführt, der 1935 als Polizeioffizier zur Luftwaffe übergetreten und nach mehreren Kommandos als Kommodore von Kampfgeschwadern Offizier im Reichsluftfahrtministerium geworden war.
Die 7. Fl.D. wurde für den Einsatz in drei Gruppen gegliedert:
    Gruppe West: Ziel Flugplatz Malemes;
    Gruppe Mitte: Hauptstadt Chanea, Sudabucht und Flugplatz Rethymnon;
    Gruppe Ost: Stadt und Flugplatz Heraklion.
Der vorhandene Lufttransportraum - 493 Maschinen »Ju-52« - machte jedoch eine zeitliche Staffelung des Angriffs in zwei Wellen notwendig. Die erste Welle sollte am frühen Morgen des 20. Mai den Flugplatz Malemes, Chanea und die Sudabucht besetzen. Die später in denselben Maschinen startende zweite Welle hatte die Flugplätze Rethymnon und Heraklion zum Ziel. Die Besetzung Kretas wurde durch einen Bombenangriff von Kampfstaffeln des VIII. deutschen Fliegerkorps eröffnet. Kurz darauf begann das Luftlandeunternehmen der 7. Fl.D.
Dieses größte, erfolgreichste und verlustreichste Unternehmen bildete gleichzeitig den Höhepunkt in der Geschichte der deutschen Fallschirmjägertruppe der Wehrmacht!
Während die »Ju-52«-Maschinen das Luftlande-Sturm-Rgt. mit zwei Btle um den Flugplatz Malemes absetzten, landete das I. Btl. mit Lastenseglern an der Tavronitisbrücke bei Malemes, in der Sudabucht und auf Höhe 107. Gleichzeitig sprang Fallsch.Jäg.R. 3 in der Ebene südwestlich Chanea ab. Die Verluste waren überall schwer, da die Absprünge genau mitten in die feindlichen Stellungen erfolgten. Glt. Süßmann selbst war mit seinem Lastensegler über der Insel Ägina tödlich abgestürzt.
Von den gestarteten »Ju-52« waren nur sieben Flugzeuge verlorengegangen. Doch die auf die griechischen Flugplätze zurückgekehrten Transportmaschi-

nen brauchten infolge Auftankens und eines einsetzenden Staubsturmes viel zu lange, um die Regimenter 1 und 2 nach Kreta zu schaffen.
Die deutschen Fallschirmjäger auf Kreta kämpften bis zum Abend des 20. Mai um das nackte Überleben. Erst an diesem Abend erhielt General Student in Athen einen etwaigen Überblick über die Entwicklung der Lage. Er befahl für den nächsten Tag die Eroberung von Malemes und dem dortigen Flugplatz.
Ob. Ramcke war einer der ersten, der an diesem Morgen absprang und den Befehl über alle gelandeten Fallschirmtruppen im Raum Malemes übernahm. Am Spätnachmittag des 21. Mai fiel endlich der Flugplatz von Malemes in deutsche Hand; gleichzeitig war das Geb.Jäg.R. 100 der 5. Geb.D. gelandet. Die Division hatte bis zum Abend drei Btle an Land gebracht. Gm. Ringel übernahm die Führung der deutschen Truppen um Malemes, wo nun auch Gen.d.Fl. Student eintraf, der den Befehl über alle deutschen Truppen auf Kreta führte.
Damit begann der Angriff auf die Hauptstadt Chanea. Fallschirm- und Gebirgsjäger griffen todesmutig die Stellungen der Gegner an und zogen am 27. Mai in die Hauptstadt der Insel Kreta ein. Damit war praktisch die Schlacht um Kreta entschieden.
Der Abschlußbericht des OKW brachte als Schlußsatz:
»Damit waren die Kämpfe zu Ende und ein neues Ruhmesblatt in der Geschichte der deutschen Wehrmacht eingeheftet!«
Der Oberste Befehlshaber empfing am 19. August 1941 im Führerhauptquartier die Ritterkreuzträger der Fallschirmjägertruppe. Dabei sagte er zu General Student:
»Kreta hat bewiesen, daß die Tage der Fallschirmtruppe vorüber sind. Die Fallschirmwaffe ist eben eine reine Überraschungswaffe. Der Überraschungsfaktor hat sich inzwischen abgenutzt!«
Damit war der jüngsten deutschen Waffengattung vorerst ein Todesurteil gesprochen; denn ab jetzt wurde sie als Infanterie eingesetzt und verbraucht. Die in die Heimatgarnisonen zurückgekehrten Einheiten der 7. Flieger-D. standen ab Herbst 1941 nach entsprechender Auffrischung erneut kampfbereit - doch nicht mehr als Fallschirmtruppe, sondern als Grabenkämpfer. Die Entwicklung des bisherigen Feldzuges gegen die »Rote Armee« war anders verlaufen als von der deutschen Führung geplant. Der Gegner war stärker als erwartet und brachte dem deutschen Heer und den fliegenden Verbänden der Luftwaffe schwere Verluste.
Da erinnerte sich die Wehrmachtführung wieder an die Fallschirmjäger. Das II./Luftlande-Sturm-R. war die erste Einheit, die an die Ostfront gebracht wurde. Der sowjetische Brückenkopf bei Petruschino im Kampfraum Leningrad sollte eingedrückt werden. Die Fallschirmjäger hatten bei diesem ersten Erdeinsatz in der Sowjetunion enorm hohe Verluste, darunter sämtliche Offiziere.
Ende des Monats September 1941 gingen dann Stab der 7. Flieger-D. - jetzt

von Gm. Petersen, einem ehemaligen Heeresoffizier, geführt - und fast alle Einheiten an die Nordfront. Nach zwei Monaten härtester Kämpfe hatte die 7. Flieger-D. 3000 Gefallene und Verwundete verloren, mehr als bei der Schlacht um Kreta.

Als das Kriegsjahr 1942 seinen Anfang nahm, lag die Division immer noch im Nordabschnitt der Ostfront. Doch einige Einheiten befanden sich am Mius im äußersten Süden der Ostfront und ein Btl. des Sturm-R. im Mittelabschnitt, ein anderes Btl. focht im Kampfraum Rshew. Damit war die einzige Fallschirmjäger-D. in den ersten Monaten des neuen Jahres über die riesige Front in der Sowjetunion verzettelt.

Da erhielt im April 1942 General d. Flieger Student, Befehl zur Meldung beim Oberbefehlshaber Süd in Rom. Hier plante das OKW in Zusammenarbeit mit der italienischen Führung die Eroberung der Insel Malta. Dabei sollte die italienische Fallsch.Jäg.D. »Folgore« - von Gm. Ramcke ausgebildet - im Mittelpunkt stehen. Doch Hitler lehnte alle Pläne dieser Art ab!

General Student begann nun in der Heimat, die aus Rußland zurückgekehrten Einheiten seiner Division zu reorganisieren. Es wurden u.a. zwei neue Rgter aufgestellt: Fallsch.Jg.R. 4 aus Freiwilligen und Fallsch.Jg.R. 5 aus dem Fallsch.Sturm-R. Die Truppe erhielt nun auch moderne Waffen und einen neuen Sprungfallschirm. Die bisherigen »Ju-52« wurden durch ehemalige Sturzbomber vom Typ »Ju-87« als Schleppflugzeuge der Lastensegler abgelöst und ein neuer Großlastensegler vom Typ »Gigant« (Me-323) stand zur Verfügung.

Doch schon im August 1942 forderte der Krieg neuen Tribut von dieser Waffengattung. Die deutsche Pz.Armee »Afrika« mußte ihre Offensive nach Ägypten einstellen und geriet ab Sommer 1942 in schwere Rückzugskämpfe. Da wurde ad hoc die »Brigade Ramcke« - genannt nach ihrem Kdr. - aufgestellt und nach Tobruk geflogen. (Es handelte sich hierbei um vier Fallsch.Jg.Btle, eine Fallsch.Art.Abt. und je eine Pz.Jäg.- und Pi.Kp.) Die »Brig. Ramcke« stand ab August 1942 am äußersten rechten Flügel der Pz.Armee in der Katarra-Senke mitten in der trostlosen hitzedurchglühten Wüste. Dort hielten die Männer ihre Front trotz Überlegenheit des Gegners, trotz Hitze, Staub und Sand so lange, bis am 2. November 1942 der Rückzugsbefehl eintraf. Im Fußmarsch, schwere Waffen im Mannschaftszug, ging es durch die Wüste zurück. Nach vier Tagen kreuzte eine britische Fahrzeugkolonne den Weg. Die Fallschirmjäger stürmten und erbeuteten die Lastwagen mit Benzin, Wasser und Verpflegung. Am nächsten Tag erreichte die motorisierte »Brigade Ramcke« die deutsche Front bei Marsa Matruk nach 350 km langem Marsch durch die Wüste.

Gm. Ramcke - der sich als 51jähriger Infanterieoberst 1940 freiwillig zur Fallschirmtruppe gemeldet hatte und 1941 bei Malemes/Kreta absprang und das Kommando über alle dortigen Fallschirmtruppen übernahm - erhielt für die Leistung seiner Brigade in Nordafrika als erster Soldat der Fallschirmtruppe das Eichenlaub zum Ritterkreuz.

Die deutsche Fallschirmtruppe stand zu dieser Zeit in der Heimat voll aufgefrischt und harrte auf einen neuen Einsatzbefehl. Dieser erfolgte im Oktober 1942, aber nicht zum Flug in den Kaukasus, sondern zum Infanterieeinsatz im Mittelabschnitt der Ostfront. Hier blieben die Regimenter, Bataillone und selbständigen Abteilungen im Fronteinsatz bis Frühjahr 1943.
Nur das Fallsch.Jäg.R. 5 stand nicht an der Ostfront im Einsatz, sondern seit 14. November 1942 in Tunesien/Nordafrika. Die fünf Tage vorher erfolgte Landung der alliierten Truppen in Marokko und ihr zügiger Vormarsch in den Rücken der deutschen Panzerarmee in Tunesien erforderte die deutsche Besetzung von Tunis.
Das Fallsch.Jäg.R. 5 landete in zwei Tagen mit dem Fallsch.Jäg.Pi.Btl. 21 rund um Tunis und verteidigte unter Führung von Mj. Koch eine 300 km breite Frontlinie. Am 26. November kam es zum Kampf zwischen den Fallschirmjägern - jetzt unter Führung von Ob. Barenthin - und britischen sowie US-Panzerkräften. Die Jäger hielten ihre Front, verteidigten jeden Meter Boden und beendeten erst am 12. Mai 1943 den Kampf auf der Halbinsel Bon.
General Student hatte im Winter 1942/43 durchgesetzt, daß alle Einheiten der Fallschirmjäger von der Front im Osten herausgelöst und nach Frankreich verlegt wurden. Hier sollte die Fallschirmtruppe - mit Ausnahme der in Tunesien kämpfenden Verbände - neu organisiert werden.
Die bis Mai 1943 antransportierten Einheiten der 7. Flieger-D. sowie Ergänzungen aus der Heimat wurden zu einer neuen Division zusammengefaßt, die die Nr. 1 erhielt. Gleichzeitig mit der nunmehrigen 1. Fallsch.Jäg.D. war eine zweite Division mit Nr. 2 entstanden. (Die 1. Fallsch.Jäg.D. bestand aus den drei Rgter 1, 3 und 4 sowie allen Divisionstruppen mit Nr. 1; die 2. Fallsch.Jäg.D. aus den Rgter 2, 6 und 7 und den Divisionstruppen mit Nr. 2.)
Die 1. Fallsch.Jäg.D. lag im Raum Avignon, die 2. im Raum Nimes. Kdr. der 1. wurde Gm. Heidrich, der 2. Gm. Ramcke. Das Warten der beiden Divisionen auf einen Einsatzbefehl sollte nicht lange dauern, denn am 9. Juli 1943 landeten starke alliierte Verbände in Sizilien.
Damit entstand ein neuer Kriegsschauplatz, der praktisch bis Kriegsende von der deutschen Fallschirmjägertruppe geprägt wurde.
Schon am nächsten Tag traf der Einsatzbefehl für die 1. Fallsch.Jäg.D. ein. Das Fallsch.Jäg.R. 3 wurde als erste Einheit mit Transportmaschinen nach Rom gebracht und von hier ging es weiter nach Sizilien. Das Rgt. sprang am Nachmittag des 12. Juli südlich Catania ab; am nächsten Tag folgten Fallsch.Jäg.R. 4 sowie andere Bataillone und Abteilungen der Division. Hier kam es zu harten Kämpfen mit der 1. britischen Fallsch.Jäg.Brig., die gleichfalls in der Ebene von Catania absprang. Das zuerst gelandete deutsche Rgt. wurde dabei eingeschlossen, konnte sich aber im zweitägigen Kampf zu den eigenen Linien durchschlagen.
Der Kriegsschauplatz Italien blieb nun die nächsten beiden Jahre das Ein-

satzgebiet der Fallschirmtruppe, die sich mit großem Elan trotz erheblicher Verluste auf allen Gefechtsfeldern schlug. Aus der Vielzahl der Einsatzräume des Jahres 1943 seien genannt:
1. Fallsch.Jäg.D.: Sizilien bis 17. August;
Apulien bis 2. September;
Kalabrien bis Ende September, dabei Kampf um Salerno;
Abruzzen bis November.
2. Fallsch.Jäg.D.: Rom und Umgebung ab 26. Juli;
Besetzung der ägäischen Inseln bis November;
Befreiung des Duce im September.
Ab Oktober Verlegung an die Ostfront.
4. Fallsch.Jäg.D.: Neuaufstellung im Raum Perugia aus zurückgebliebenen Teilen der 2. Fallsch.Jäg.D. und Freiwilligen von zwei italienischen Fallsch.Jäg.Divisionen.

Ab Oktober 1943 begann ein Name das Kriegsgeschehen in Italien zu beherrschen, der gleichzeitig zum Symbol für den Kampf der deutschen Fallschirmtruppe werden sollte: Monte Cassino.

Dort hatte vor der von Deutschen errichteten »Gustav-Linie« der Vormarsch der Alliierten nach Rom gestoppt werden können. Der 516 m hohe Monte Cassino im Norden des Liri-Tales war strategischer Brennpunkt an der Straße nach Rom. Der kulturgeschichtliche Mittelpunkt des gesamten Raumes, das Kloster Montecassino, sollte deutscherseits vor Kriegsschäden bewahrt werden. Das Fallsch.Jäg.Instandsetzungs-Btl. 1 begann deshalb ab 14. Oktober 1943 die Schätze des Klosters zu bergen. 120 Lkw brachten im Laufe der nächsten Wochen 700 Kisten mit den wertvollen Büchern, Handschriften, Urkunden usw. in den Vatikan.

Es war höchste Zeit - denn am 6. Dezember ging das alliierte Trommelfeuer auf den Monte Cassino los, das an die Stärke des Trommelfeuers um Verdun im 1. Weltkrieg erinnerte. Seit dem 3. Januar 1944 begannen sich dann britische, amerikanische und französische Batterien einzuschießen. Zwei Tage später erfolgte der alliierte Angriff.

Als die Frontlinie der deutschen Infanteriedivisionen zu brechen drohte, die US-Verbände den Calvarienberg besetzten, begann am 6. Februar 1944 der Einsatz der deutschen Fallschirmjäger. Sie besetzten den Monte Cassino und im Sturm den Calvarienberg. Fünf Tage dauerte die Schlacht. Dann war sie zu Gunsten der deutschen Verteidiger beendet.

Die 2. Schlacht um den Monte Cassino begann am 15. Februar 1944, als alliierte Kampfflugzeuge 453 Tonnen schwerste Bomben auf den Berg abwarfen. Das Kloster der Benediktiner gab es dann nicht mehr! Fünf Tage später befahl Feldmarschall Kesselring der 1. Fallsch.Jäg.D., den Monte Cassino zu verteidigen. Die Soldaten des Glt. Heidrich hielten ihre Stellungen. Am 28. Februar klang die 2. Schlacht aus; am 15. März begann die 3. Schlacht. Als diese Schlacht Ende März 1944 ihr Ende fand, hatten sich die Fallschirm-

jäger den Ehrennamen »Grüne Teufel« erworben und der alliierte Oberbefehlshaber, General Alexander, schrieb an den britischen Premierminister: »Ich bezweifle, ob es auf der Welt eine zweite Truppe gibt, die das überstehen und nachher mit der gleichen Verbissenheit weiterkämpfen würde, wie diese Leute!«
Es war am 11. Mai 1944, 23.00 Uhr, als das stärkste Trommelfeuer der Alliierten einsetzte, das in Italien in einer Nacht erklang; und als am Morgen des nächsten Tages die alliierten Kampfflugzeuge 2991 Einsätze gegen die deutschen Stellungen flogen, begann die 4. Schlacht um den Monte Cassino. Die 1. Fallsch.Jäg.D. zählte am 3. Schlachttag nur noch 700 Grabenkämpfer, war aber der einzige Großverband, der seine Stellungen hielt, bis am 17. Mai der Befehl eintraf: »Stellung räumen!« Die Fallschirmjäger räumten in der kommenden Nacht die Stadt Cassino, den Berg gleichen Namens und die Ruinen des Klosters.
Doch hatten inzwischen die Alliierten ihre großen Landungsunternehmen in der Bucht von Anzio-Nettuno unternommen. Hier befanden sich seit Januar die ersten Bataillone der neuaufgestellten 4. Fallsch.Jäg.D. im Einsatz. Die Division verteidigte bis Ende Februar den äußersten rechten Abschnitt der deutschen Front direkt am Tyrrhenischem Meer. Die überlegenen alliierten Truppen erzwangen bis Anfang Juni 1944 den Ausbruch aus dem Brückenkopf und damit den Beginn der Offensive auf Rom und Mittelitalien.
Hier standen nun beide Fallsch.Jäg.Divisionen im Einsatz und mußten nach Aufgabe der italienischen Hauptstadt die Schlacht um die »Goten-Linie«, den Abwehrkampf an der Adriaküste durchführen, Florenz verteidigen und sich bis in die Berge zurückziehen. Beide Divisionen verblieben in Norditalien, bis hier Ende April/Anfang Mai 1945 der Krieg ausklang.
Der zweite Kriegsschauplatz, auf dem die Fallschirmjäger ihre Kampfkraft bewiesen, war im Westen nach Beginn der alliierten Invasion.
Das Jahr 1944 brachte eine Reorganisation der deutschen Fallschirmtruppe. Das OKL stellte im Januar aus dem II. Luftw.Feld-K. - bisher an der Ostfront eingesetzt - das I. Fallsch.K. auf, das nach Italien ging. Gleichzeitig entstand in Frankreich aus dem XIII. Fl.-K. das II. Fallsch.K., das ab Mai in die Normandie verlegte. Bereits einen Monat später bildete sich das Oberkommando der 1. Fallsch.Armee, dessen Oberbefehl Generaloberst Student übernahm. Die vordringlichste Aufgabe des neuen AOK war die Organisation des weiteren Ausbaus der Fallschirmtruppe.
Als Divisionsverbände entstanden 5., 6. und 7. Fallsch.Jäg.D., die alle ihre Aufstellung, Verbandsübungen und schließlich Einsatz im Westen fanden, als am 6. Juni 1944 die alliierte Invasion ihren Anfang genommen hatte.
An der Westfront wurden bis Jahreswechsel 2., 3., 5., 6. und 7. Fallsch.Jäg.D. eingesetzt. Schon am Tage der Invasion geriet das Fallsch.Jäg.Rg. 6 als erste Einheit der Fallschirmtruppe bei Carentan in den Kampf. Fünf Tage lang verteidigten die Jäger den kleinen Ort in der Normandie. Kurz darauf traf die 3. Fallsch.Jäg.D. bei St. Lô ein und focht hier

bis Mitte Juli, als die Stadt und der Kampfraum geräumt werden mußten, da die alliierten Panzerverbände bei Avranches die deutsche Front durchbrochen hatten und tief nach West- und Mittelfrankreich vorstießen.
Dann begann das Ruhmesblatt der 2. Fallsch.Jäg.D., die 1943 im Südabschnitt der Ostfront im Einsatz gestanden hatte. Sie war im April aus dem Raum Kischinew nach Köln zur Auffrischung gekommen und von hier im Eiltransport nach Brest am Atlantik verlegt worden. Die 2. Fallsch.Jäg.D. verteidigte die Festung gegen überlegene amerikanische und französische Truppen bis zum 19. September 1944. Glt. Ramcke, Kdr. der Division, wurde für die Führung seiner Division und seiner eigenen Tapferkeit mit den Brillanten und Schwertern zum Eichenlaub des Ritterkreuzes ausgezeichnet und war der höchstdekorierte Soldat der deutschen Fallschirmtruppe.
Die übrigen an der Westfront eingesetzten Fallsch.Jäg.Divisionen machten die schweren Rückzugskämpfe bis zur Reichsgrenze mit. Das AOK der 1. Fallsch.Armee, das alle Truppen an der belgisch-holländischen Grenze führte, konnte mit den ihm unterstellten Truppen - darunter 6. Fallsch.Jäg.D. - das britisch-kanadische Luftlandeunternehmen »Market Garden« bei Arnheim aufhalten und siegreich beenden.
Nach der Schlacht unterstand der Armee das II. Fallsch.K. mit den neuaufgestellten 7. und 8. Fallsch.Jäg.Divisionen.
Die deutsche Wehrmacht versuchte Mitte Dezember 1944, im Westen noch einmal die Initiative zu ergreifen. Das Unternehmen »Die Wacht am Rhein« ging als sogenannte Ardennenoffensive in die Kriegsgeschichte ein. Drei deutsche Armeen - darunter 3., 5. Fallsch.Jäg.D. und das Fallsch.Jäg.R. 6 - hatten den Auftrag, die alliierte Front in den Ardennen zu zerschlagen und in einem kühnen Stoß über Dinant bis Antwerpen vorzustoßen.
Die 3. Fallsch.Jäg.D. gehörte der rechtsstehenden 6. SS-Pz.Armee an, die den Schwerpunkt der Offensive bildete. Die 5. Fallsch.Jäg.D. unterstand der 7. deutschen Armee, die als Schutz des linken Flügels der Angriffsfront zum Einsatz kam. Das selbständige Fallsch.Jäg.R. 6 sollte dabei im letzten deutschen Sprungeinsatz des Zweiten Weltkrieges über den Hohen Venn abspringen und dem angreifenden I. SS-PzK. den Weg freihalten.
Das Regiment des Oberstlt. von der Heydte wurde mit »Ju-52« in das Einsatzgebiet geflogen, wobei nur die Hälfte der Maschinen das Zielgebiet erreichten. Von den 870 eingesetzten Fallschirmjägern konnten nur 450 abspringen, von denen sich ca. 100 Mann zusammenfanden. Ein aussichtsloses Unterfangen, denn dieser Rest mußte sich bei Monschau ergeben.
Die zwei anderen im Erdkampf eingesetzten Divisionen stellten am 22. Dezember ihren Vormarsch ein. Die 3. Fallsch.Jäg.D. war schon in den ersten Tagen im Vorfeld des Truppenübungsplatzes Elsenborn liegengeblieben, dagegen war es die 5. Fallsch.Jäg.D., die als einzige Division Schritt mit den Panzertruppen halten konnte und als einzige Division der 7. Armee am weitesten im Westen stand!
Das letzte Kriegsjahr 1945 brachte zwar noch die Aufstellung von vier weite-

ren Fallsch.Jäg.Divisionen, die aber bei weitem nicht mehr an die Einsatzfreude und Kampfkraft der bisherigen Divisionen herankommen konnten. Die Lagepläne des OKH zeigten für die letzten Kriegsmonate folgende Einsatzräume der Divisionen:

1. Fallsch.Jäg.D. (Gm. Schulz): Kampf im Raum Bologna und Rückzug ins Gebirge;
2. Fallsch.Jäg.D. (Glt. Lackner): Neuaufstellung im Raum Amersfoort am Niederrhein, Rückzug über Arnheim und Wesel, Teile bis zum Ruhrkessel;
3. Fallsch.Jäg.D. (Glt. Schimpf): Rückzugskämpfe aus den Ardennen zur Eifel, über den Rhein bei Remagen, Ende im Ruhrkessel;
4. Fallsch.Jäg.D. (Glt. Trettner): Kampf im Raum Bologna und Rückzug in das Gebirge;
5. Fallsch.Jäg.D. (Gm. Heilmann): Rückzug aus den Ardennen durch die Eifel bis in den Ruhrkessel;
6. Fallsch.Jäg.D. (Glt. Plocher): Kämpfe im Raum Arnheim, Rückzug zum Niederrhein, Endkampf zwischen Kleve und Wesel;
7. Fallsch.Jäg.D. (Glt. Erdmann): Eilverlegung aus der Pfalz an den Niederrhein zwischen Kleve und Geldern, Endkampf in Ostfriesland;
8. Fallsch.Jäg.D. (Gm. Wadehn): Aufstellung im Februar Raum Wesel, Endkämpfe zwischen Ems und Weser;
9. Fallsch.Jäg.D. (Ob. Herrmann): Februar Aufstellung im Raum Stargard/Pommern, Kampf an der Ostfront, Rückzug nach und Endkampf in Berlin;
10. Fallsch.Jäg.D. (Ob. von Hoffmann): Im April Aufstellung im Raum Krems/Donau, Teile nach Mähren und in das Alpengebiet;
11. Fallsch.Jäg.D. - nur Teile, kein Kdr. -: Aufstellung im März im Raum Oldenburg, ab April Verlegung in die Niederlande, doch kein Kampfeinsatz mehr.

Mit der Kapitulation der deutschen Wehrmacht am 8. Mai 1945 hörte auch die Geschichte der deutschen Fallschirmtruppe auf.

Die höheren Kommandobehörden

Armeekommando: 1. Fallschirm-Armee.
Das OKL bildete im März 1944 aus dem bisherigen Generalkommando des XI. Fliegerkorps und der zum Heer gehörenden Armeegruppe »Narwa« das

AOK 1. Fallsch.Armee, das befehlsführend für alle Fallsch.Korps und Fallsch.Jäg.Divn wurde. Nach der Invasion im Westen wurde es als Front-AOK eingesetzt, dem auch Verbände des Heeres unterstellt wurden. Das AOK 1. Fallsch.Armee übernahm der Befehl über Frontverbände in den Niederlanden und am Unterrhein.

Oberbefehlshaber (OB.):
Generaloberst Student; General d. Fallschirmtruppe Schlemm (ab November 1944); General d. Infanterie Blumentritt (ab März 1945); Generaloberst Student (ab Anfang April 1945); General d. Infanterie Straube (ab Ende April 1945).

Generalkommandos der Fallschirmjägerkorps (Fallsch.K.):

Nr.	Aufstellung	Kommandierender General
I.	1944	Gen.d.Fallsch.Truppe Schlemm; Gen.d.Fallsch.Truppe Heidrich.
II.	1944	Gen.d.Fallsch.Truppe Meindl.

Die Bildung der Generalkommandos erfolgte erst im Januar 1944 nach Vermehrung der Divisionen mit dem Ziel, diese zu geschlossenen Kampfverbänden zusammenzufügen und einzusetzen, was infolge der Kriegsereignisse nicht mehr zustande kam.

Das bereits seit Oktober 1940 gebildete Gen.Kdo. XI. Fliegerkorps unter Führung von Gen.d.Flieger Student, dem truppendienstlich die einzelnen Divisionen unterstanden, war keine Frontkommandostelle. Aus dem Gen.Kdo. wurde dann das AOK 1 der Fallsch.Tr.

Das Gen.Kdo. I. Fallsch.K. entstand aus dem Gen.Kdo. des II. Luftw.Feld-K., das bisher im Mittelabschnitt der Ostfront (Raum Witebsk) die dort eingesetzten Luftw.Feld-Divn führte. Das Gen.Kdo. II. Fallsch.K. wurde aus dem bisherigen Gen.Kdo. XIII. Fl.K. gebildet.

Fallschirm-Panzerkorps »Hermann Göring«

Das OKL begann Ende des Kriegsjahres 1942 mit Aufstellung von Verbänden, die zwar zur Luftwaffe gehören sollten, aber reine Landkampfverbände waren. Dabei handelte es sich einmal um die sogenannten Luftwaffen-Felddivisionen und um das spätere Fallschirm-Panzerkorps »Hermann Göring«. Der Oberbefehlshaber der Luftwaffe wollte - genauso wie der Reichsführer-SS - eigene Erdkampfverbände unter seiner unmittelbaren Führung haben. Damit begann eine Dreiteilung der Landstreitkräfte - neben dem OKH - vorerst unter Oberkommando der Dienststellen OKL und Reichsführer-SS. Doch der Kriegsverlauf zeigte, daß diese Verbände später unter Korps- und Armeebefehlsstellen des Heeres fechten mußten.

Das OKL befahl im November 1942 die Aufstellung der Fallschirm-Panzerdivision »Hermann Göring« im Großraum Berlin. Die Verbände wurden

dem bisherigen Regiment »General Göring« - Wachregiment des Oberbefehlshabers der Luftwaffe - entnommen sowie von allen Luftwaffen-Ausbildungseinheiten, Fliegerregimentern und Freiwilligen. Das Material an Panzern, motorisierten Fahrzeugen, Waffen und Material stellte das Heer zur Verfügung. Erster Kdr. der neuen Division wurde der bisherige Kdr. des Wachregiments »General Göring«.
Nach Ausbildungs-, Exerzier- und Verbandsübungen verlegte die neue PD. zur Heeresgruppe »D« in Südfrankreich. Hier wurden die Verbände im Großraum Bordeaux untergebracht und führten ihre Ausbildung weiter.
Nach der Kapitulation deutscher Truppen in Tunesien kam der Verlegungsbefehl nach Italien. Die Teile der Division trafen im Mai 1943 in der Gegend um Caserta/Süditalien ein und wurden als Reserveverband der 10. deutschen Armee unterstellt.
Die Verlegung auf die Insel Sizilien geschah vier Wochen später; damit war die PD. »Hermann Göring« die einzige deutsche Division auf dieser strategisch wichtigen Insel. (Lediglich die 15. Pz.Gren.D. befand sich dort noch in Aufstellung.)
Die Landung der alliierten Truppen auf Sizilien erfolgte in der Nacht zum 10. Juli 1943. Schon in dieser Nacht kam es zu ersten Gefechten mit alliierten Truppen, die die Division bereits in arge Bedrängnis brachten. Auch als zwei Tage später die 1. Fallsch.Jäg.D. absprang, konnten die deutschen Verteidiger den überlegenen Briten und Amerikanern kaum Widerstand leisten.
Der Kampfeinsatz der PD. »Hermann Göring« führte die Truppe nach der Räumung Siziliens nach Kalabrien und im September 1943 an den rechten deutschen Abwehrflügel vor dem alliierten Brückenkopf um Salerno. Nach dem Ausbruch der Gegner mußte sich die Division dem allgemeinen Rückzug zum Volturno anschließen.
Der nächste Großkampf begann im Januar 1944, als die Alliierten bei Nettuno landeten. Hier standen die Einheiten der Division bis Ende Februar im Schwerpunkt des Brückenkopfes Anzio-Nettuno vorwärts von Cisterna. Die in diesen Kämpfen fast ausgeblutete Division wurde vom Heeresgruppenkommando »C« zur Wiederauffrischung in die Toscana verlegt und machte anschließend die Schlacht um Rom mit. Die Division erlitt wiederum herbe Verluste und zog sich befehlsgemäß zum Trasimenischen See zurück, wo sich die Front stabilisieren konnte.
Die Division wurde nun abgelöst und wurde im Transport an die Ostfront gebracht, wo sie ab August im Baranow-Brückenkopf zum Einsatz kam. Die Division lernte nun den Verteidigungskampf gegen die überlegenen Truppen der »Roten Armee« im Großraum Warschau und beim anschließenden Rückzug nach Ostpreußen. Hier wurde die Fallsch.PD. »Hermann Göring« mit der neuaufgestellten Fallsch.Pz.Gren.D. »Hermann Göring« dem Korpskommando Fallsch.Pz.K. »Hermann Göring« unterstellt.
Damit war im Oktober 1944 das einzige Fallsch.Pz.K. entstanden, das aus dem Fl.-K. XI gebildet wurde. Das Korps übernahm die Führung der beiden

Divisionen, die den Namen »Hermann Göring« trugen. Neben der bisherigen PD. gab es nun eine Pz.Gren.D., die sich ebenfalls aus Luftwaffenangehörigen - einzelne Offiziere, Unteroffiziere und Techniker kamen vom Heer - zusammensetzte.
Beide Divisionen standen in vorderster Front im Raum Gumbinnen/Ostpreußen. Hier kam es zu schweren und verlustreichen Abwehrkämpfen im Oktober und November. Die zwei Divisionen fochten erbittert gegen die überlegenen sowjetischen Kräfte, die die deutsche 4. Armee in Ostpreußen einschlossen. Das Korpskommando kämpfte sich mit der Pz.Gren.D. bis in den Heiligenbeiler Kessel zurück, aus dem die Stäbe und nur Reste der Division über das Meer nach Pommern entkamen.
Die Fallsch.PD. wurde eilig am Jahreswechsel 1944/45 nach Südpolen transportiert, im Raum Lodz ausgeladen und kämpfte sich nach Beginn der letzten großen sowjetischen Offensive über Breslau nach Sachsen zurück.
Hier war inzwischen das Korpskommando und die Reste der zerschlagenen Pz.Gren.D. ebenfalls eingetroffen, so daß die Verbände des Fallsch.Pz.K. »Hermann Göring« wieder zusammen kämpften.
Der Einsatz der aufgefrischten Divisionen erfolgte im Rahmen der 4. deutschen Panzerarmee im Raum Lauban-Bautzen. Nach dem letzten deutschen Erfolg um Bautzen kam es zu den Rückzugskämpfen über die Elbe im Raum Dresden. Dort mußten dann am Tage der Kapitulation die letzten Fahrzeuge und Waffen gesprengt werden; die Truppe geriet in Gefangenschaft, aus der nur die wenigsten der Soldaten zurückkehrten.

Die Kommandeure:

Fallsch.Pz.K. »Hermann Göring«:
    Glt. Schmalz.
Fallsch.PD. »Hermann Göring«:
    Gm. Conrath; Gm. Schmalz (ab September 1943); Gm. von Necker (ab Oktober 1944); Gm Lemcke (ab Februar 1945).
Fallsch.Pz.Gren.D. »Hermann Göring«:
    Gm. Walther.

Die Divisionen

7. Fliegerdivision

Die Gliederung der Luftwaffe bei Kriegsbeginn bestand aus vier Luftflotten, die insgesamt neun Luftgaue, ein Luftgaukommando und sechs Fliegerdivi-

sionen befehligten. Die 7. Fliegerdivision - das war die Fallschirmtruppe - blieb dem OKL direkt unterstellt. Der Einsatz der 7. Fliegerdivision in den Jahren 1939 bis Jahresanfang 1943 ist im vorstehenden Kapitel »Der 2. Weltkrieg« ausführlich dargestellt.
Der Einsatz der deutschen Fallschirmtruppe in diesen ersten Kriegsjahren war der Einsatz der 7. Fliegerdivision!
Erst, als die Fallschirmjäger nicht mehr zum Sprungeinsatz sondern im verlustreichen Erdkampfeinsatz standen, gelang es General d. Flieger Student das OKL zu überzeugen, daß die Fallschirmtruppe kein Truppenteil der Infanterie war. So wurde nach Rückführung der inzwischen von Leningrad im Norden bis zur Schwarzmeerküste im Süden der Ostfront verzettelt eingesetzten Regimenter, Bataillone und Abteilungen wieder eine Fallschirmtruppe.
Damit fand die Geschichte der 7. Fliegerdivision im Februar 1943 ihr Ende.

Kommandeure:

Glt. Student, Glt. Süßmann (ab Oktober 1940); Glt. Petersen (ab Juni 1941).

1. Fallschirmjägerdivision

Der verzettelte Einsatz der verschiedenen Einheiten der 7. Fliegerdivision an allen Abschnitten der Ostfront entsprach überhaupt nicht den Kampfgrundsätzen der Fallschirmjägertruppe. Die große Anzahl von Freiwilligenmeldungen bewies ferner, daß Interesse von Männern aller Altersstufen vorhanden war, sich im Sprungeinsatz zu bewähren.
General Student hatte es schließlich durchgesetzt, daß im Winter 1942/43 die von Leningrad bis zum Mius eingesetzten Bataillone und Abteilungen seiner Truppe abgelöst werden konnten. Diese Verbände wurden nun bis Februar 1943 auf Truppenübungsplätze und in Kasernenanlagen Südfrankreichs, der Normandie und Bretagne gefahren. Hier entstanden in den nächsten Monaten die ersten drei schlagkräftigen neuen Fallsch.Jäg.Divisionen unter Führung der gleichzeitig neu geschaffenen Kommandostellen I. und II. Fallsch.K.
Die 1. Fallsch.Jäg.D. wurde bis Mai 1943 in Südfrankreich aufgestellt. Ihre Gliederung zeigte folgendes Bild:
Stab,
Fallsch.Jäg.R. 1, 3 und 4 mit je drei Btle,
Fallsch.AR. 1 mit zwei Abtlgn,
Fallsch.Pz.Jäg.Abt. 1 mit sechs Kpn,
Fallsch.Flak-Abt. 1 mit einer Battr,

Fallsch.Pi.Btl. 1 mit vier Kpn,
Fallsch.MG-Btl. 1 mit drei Kpn,
Fallsch.NA. 1 mit zwei Kpn,
Fallsch.Vers.R. 1 mit verschiedenen Kpn.
Die Führung der Division übernahm ein »Offizier der ersten Stunde«, Gm. Heidrich.
Nach entsprechenden Ausbildungswochen und Verbandsübungen wurde die Division nach Avignon zur Bereitstellung und Abwehr eventueller feindlichen Landungen im Mittelmeerraum verlegt.
Da traf in den Morgenstunden des 10. Juli 1943 der längst erwartete Alarmbefehl ein. Alliierte Truppen waren in der vergangenen Nacht an der Südspitze Siziliens gelandet. Die Einheiten der Division bestiegen am Nachmittag des 11. Juli die »Ju-52«, die sie in mehreren Wellen auf den Flugplätzen rings um Rom absetzten.
Das Fallsch.Jäg.R. 3 (Oberstlt. Heilmann) startete am nächsten Tag als erste Einheit zum Sprungeinsatz nach Sizilien. Die Jäger sprangen südlich Catania ab und hatten Befehl, eine Frontlücke ostwärts Carlentini zu schließen und Verbindung mit der dort stehenden Kampfgruppe der Fallsch.PD. »Hermann Göring« herzustellen.
In den nächsten zwei Tagen wurden von Transportmaschinen noch Fallsch.Jäg.R. 4, ferner das MG- und Pi.Btl., die I. Abt. des AR. und Teile der Pz.Jäg.Abt. abgesetzt. Doch als diese Sprungeinsätze abliefen, befanden sich die Verteidiger bereits im Rückzug. Die alliierten Verbände waren einfach zu stark.
Bezeichnend für den Kampf auf Sizilien war das Ereignis, als überraschend britische Kommandotruppen ostwärts Carlentini absprangen, um die Malati-Brücke zu stürmen. Kurz darauf - am 13. Juli - landeten Fallschirmjäger der 1. britischen Brigade in der Ebene von Catania, um die Simeto-Brücke zu nehmen. Als es den Briten gelang, von Süden her bei Carlentini die deutsche Front zu durchbrechen, war das Fallsch.Jäg.R. 3 eingeschlossen.
Das Regiment entzog sich auf abenteuerliche Weise der Umklammerung. Mann hinter Mann schlichen sich im »Gänsemarsch« die Jäger unter der Malati-Brücke hindurch, auf der bereits die britischen Panzer rollten. Am späten Abend des 16. Juli erreichten die Jäger südlich Misterbianco deutsche Truppen. Zur gleichen Zeit kam es zum erstenmal in der Kriegsgeschichte zum Kampf deutscher und britischer Fallschirmjäger um die Simeto-Brücke, wobei sich das Fallsch.Jäg.R. 4 (Oberstlt. Walther) besonders auszeichnete.
Der Rückzug der deutschen Truppen angesichts der britischen und amerikanischen Truppen- und Luftüberlegenheit war unausbleiblich. Bis zuletzt verteidigten die Männer des Fallsch.Jäg.R. 3 die Bergfeste Centuripe am Ätna und sicherten damit den Rückzug der deutschen Truppen nach Messina - und es waren die Fallschirmjäger, die als letzte deutsche Soldaten am 17. August 1943 über die Straße von Messina auf das Festland übersetzten.

Die 1. Fallsch.Jäg.D. bekam nun den Befehl, Apulien zu verteidigen. Gefechtsstand der Division lag in Alta Mura. Doch bevor sich die Jäger zur Verteidigung einrichten konnten, landeten Truppen der 8. britischen Armee in Kalabrien. Das Fallsch.Jäg.R. 4 wehrte am 8. September einen weiteren Landungsversuch der Briten bei Pizzo ab.
Es war der Tag der Kapitulation Italiens.
Einen Tag später landete mit stärkster Luftunterstützung die 5. US-Armee am Golf von Salerno. Die 1. Fallsch.Jäg.D. wurde sofort aus Kalabrien heranbefohlen. Das zuerst im neuen Schlachtfeld eintreffende I./Fallsch.Jäg.R. 3 (ca. 100 Mann) eroberte im Sturm den bereits vom Gegner besetzten Ort Battipaglia; das Schwesterregiment nahm nach schwerem Kampf Altavilla. Als sich die deutschen Truppen ab 18. September zurückziehen mußten, war zum erstenmal nach Monaten die 1. Fallsch.Jäg.D. wieder geschlossen im Einsatz. Sie wurde jetzt aus der vordersten Front gezogen und in eine »ruhigere Stellung« in die Abruzzen verlegt.
Die deutsche Führung ließ inzwischen in Süditalien die sogenannte »Gustav-Stellung« ausbauen. Diese Stellung lehnte sich an den Flußläufen des Garigliano und Sangro an und hatte ihre verwundbarste Stelle im Liri-Tal mit dem Monte Maio und dem Monte Cassino; dem späteren »Schicksalsberg« der Fallschirmjäger.
Hier stand auch das ehrwürdige Benediktinerkloster Montecassino mit den historischen Schätzen an Büchern, Schriftrollen usw.
Diese einmaligen Schätze konnten von den Soldaten der 1. Fallsch.Jäg.D. vom 13. Oktober bis 8. Dezember 1943 geborgen und in den Vatikan gebracht werden.
Und es sollte nicht mehr lange dauern, dann begannen die Schlachten um den Monte Cassino. Der alliierte Angriff im Liri-Tal startete am 17. Januar 1944. Mit ungeheurer Wucht zerschmetterten die alliierten Bomben und Granaten die deutschen Stellungen und erzielten Einbrüche. Als sich Amerikaner, Briten, Franzosen, Algerier Anfang Februar anschickten, den Calvarienberg und den Monte Cassino zu erobern, kam die »Stunde« der 1. Fallsch.Jäg.D.
Die erste Kampfgruppe der Division unter Ob. Schulz - Fallsch.Jäg.R. 1, III./Fallsch.Jäg.R. 3 und Fallsch.MG-Btl. 1 - traf ab 10. Februar 1944 auf dem Schlachtfeld ein, eroberte den Calvarienberg zurück und besetzte den Klosterberg. Das Kloster selbst betrat kein deutscher Soldat. (Ein alliierter Bombenangriff am 15. Februar legte das Kloster in Schutt und Asche!)
Drei Tage später gaben die Alliierten die Schlacht um den Monte Cassino auf.
Die 1. Fallsch.Jäg.D. erhielt Befehl zur Verteidigung des gesamten Abschnitts der Monte-Cassino-Front.
Die 2. Cassino-Schlacht begann am 15. März mit einem gewaltigen Luftangriff und anschließendem Trommelfeuer. Die Fallschirmjäger standen fortan im Mittelpunkt der neuen Großoffensive der Alliierten. Besonders zeich-

neten sich hierbei das II./Fallsch.Jäg.R. 3 und I./Fallsch.Jäg.R. 4 aus. Dann wurde die Division Ende März für eine Woche aus der Front gezogen; doch schon Anfang April ging es erneut nach vorn. Fallsch.Jäg.R. 4 übernahm mit dem MG-Btl. die Verteidigung von Stadt und dem Klosterberg, Fallsch.Jäg.R. 3 stand in Front zwischen Calvarienberg und dem Monte Caira. Die Regimenter verfügten jetzt nur noch über zwei Btle; jeweils das III. Btl. war zur Neuaufstellung der 5. Fallsch.Jäg.D. abgegeben worden.
Die neue Schlacht um Monte Cassino begann am 11. Mai 1944 nach einem heftigen Trommelfeuer der alliierten Artillerie. Das II. polnische Korps griff im Frontalangriff die Stellungen der 1. Fallsch.Jäg.D. an. Der Schwerpunkt zeichnete sich bald am Calvarienberg ab. Das Fallsch.Jäg.R. 3 schlug alle Feindvorstöße ab und eroberte den bereits verlorenen Calvarienberg zurück. Da traf überraschend am Abend des 17. Mai der Befehl zur Räumung der Stellungen ein.
Französische Divisionen hatten an anderer Stelle die deutsche Front durchbrochen und waren in den Rücken der Verteidiger des Monte Cassino gestoßen. Zu gleicher Zeit hatte das VI. US-Korps den Ausbruch aus dem Brückenkopf Anzio-Nettuno erzwungen und stand nun gleichfalls hinter der deutschen Front im Liri-Tal. Damit war der Weg für die amerikanischen Divisionen nach Rom frei, das von ihnen am 4. Juni 1944 erreicht wurde.
So mußten die bisher tapfer aushaltenden Fallschirmjäger ihre HKL räumen und sich dem Rückzug der deutschen Truppen nach Mittelitalien anschließen. Die Division blieb weiterhin der 10. deutschen Armee unterstellt. Ihre Verbände bezogen im Juni noch einmal Stellungen im Raum Rimini und im November lagen die Männer der 1. Fallsch.Jäg.D. um Imola.
Die Fallschjäger befanden sich nun im Adria-Küstenabschnitt. Jetzt war schlechtes Wetter gekommen, der Regen beeinträchtigte jede Bewegung. Darunter litten Freund und Feind. Man ging zum Stellungskrieg über. Als es im Dezember zu schneien begann, trat der Krieg »auf der Stelle«.
Der Stellungskrieg an der Adria dauerte für die Division bis Anfang April 1945. Am Abend des 9. April setzte dann das Trommelfeuer aus 1500 Geschützen der 8. britischen Armee ein. Der Widerstand der Verteidiger brach und als sich die Nachbardivisionen am zweiten Schlachttag hinter den Comacchio-See zum Po absetzten, mußte auch die 1. Fallsch.Jäg.D. ihre Stellungen räumen.
Zu dieser Zeit gab es keine intakte 1. Fallsch.Jäg.D. mehr. Seit März waren Gerüchte aufgekommen zur Ablösung. Die ersten Einheiten wurden bereits vor Beginn des britischen Großangriffs aus der Front gelöst, in Transportzüge verladen und in Richtung Westdeutschland transportiert. Vom 12. April 1945 an verließen die zuletzt in Stellung gebliebenen Teile Italien. Die Kampfgruppen wurden, so wie sie eintrafen, zwischen Trier und Neuß in die Abwehrfront am Rhein geworfen und gingen in den letzten Kriegswochen irgendwo ostwärts des Rheins im Strudel der Kapitulation unter.

Kommandeure:

Glt. Heidrich; Gm. Schulz.

2. Fallschirmjägerdivision

Die Division - deren Wappenzeichen ein Komet war - wurde seit Februar 1943 in der Normandie aufgestellt. Als Stammtruppe kam zu ihr das bisherige Fallsch.Jäg.R. 2 und die II./Fallsch.AR. 1. So konnte in den nächsten Wochen die neue 2. Fallsch.Jäg.D. ein kompletter Großverband werden.
Stab,
Fallsch.Jäg.R. 2, 6 und 7 mit je drei Btle,
Fallsch.AR. 2 mit einer Abt. zu vier Battrn,
Fallsch.Pz.Jäg.Abt. 2 mit sechs Kpn,
Fallsch.Pi.Btl. 2 mit vier Kpn,
Fallsch.NA. 2 mit zwei Kpn,
Fallsch.Nachschub-Btl. 2.
Später - als die Division schon im Einsatz stand - erfolgte im Sommer 1943 die Zuführung des Fallsch.MG-Btl. 2 und der Fallsch.Flak-Abt. 2. Diese Truppenteile bestanden aus den Soldaten des in Tunesien untergegangenen Fallsch.R. 5 unter Oberst Barenthin.
Doch zu dieser Zeit war die 2. Fallsch.Jäg.D. bereits nach Südfrankreich verlegt und im Raum Nimes untergebracht. Sie stand hier in Bereitstellung, da die deutsche Führung nach der Kapitulation der Heeresgruppe Tunesien im Mittelmeerraum eine alliierte Landung erwartete.
Nach dem am 25. Juli 1943 erfolgten Ausscheiden Italiens als Verbündete wurde das in Südfrankreich liegende XI. Fl.K. (General d. Flieger Student) mit der 2. Fallsch.Jäg.D. (Glt. Ramcke) alarmiert.
Die Division startete am 26. Juli, verladen in 90 Maschinen »Ju-52«, 45 Maschinen »He-111« und 80 Lastensegler nach Rom. Das Vorauskommando der Division - geführt vom Ia, Mj.i.G. Freiherr von der Heydte - landete für die Italiener vollkommen überraschend - in Viterbo und Pratica di Mare bei Rom. Das II./Fallsch.Jäg.R. 6 nahm die Flugplätze bei Foggia. Die gelandeten Fallschirmtruppen nahmen in einem Zug die Umgebung von Ostia in Besitz.
Die italienischen Führungsstäbe reagierten prompt. In wenigen Tagen zogen sie zwei PD., eine mot.D., zwei IDs und eine Küstenschutz-D. um Rom zusammen - so daß sich nun die einstigen Verbündeten »Gewehr bei Fuß« gegenüberstanden. Die 2. Fallsch.Jäg.D. und die von General Student herangeholte 3. Pz.Gren.D. waren zu schwach, um den Riegel der italienischen Truppen vor Rom aufzubrechen.

Das Stichwort »Achse« löste in der Nacht zum 9. September - Kapitulation Italiens - die nächsten deutschen Operationen aus. Das II./Fallsch.Jäg.R. 6 (Mj. Gericke) startete am Morgen dieses Tages. Die Fallschirmjäger sprangen über dem Monte Retondo ab, wo sich das italienische Hauptquartier befand. Nach hartem Kampf mit den Wachtruppen fiel am Nachmittag das Hauptquartier der Wehrmacht Italiens in die Hand der Fallschirmjäger. General Student gab am Morgen des gleichen Tages den Befehl zum Angriff auf die italienische Hauptstadt. Seine beiden Divisionen rückten von Süden nach Rom. Die 2. Fallsch.Jäg.D. - in zwei Kampfgruppen unter Führung von Oberstlt. Meder-Eggebert und Mj.i.G. Freiherr von der Heydte gegliedert - rückte beiderseits der Via Appia und Via Ostiense nach Rom. Dabei hatte Fallsch.Jäg.R. 6 heftige Kämpfe mit der italienischen Division »Piacenza« zu bestehen.

Als am Nachmittag des gleichen Tages die Kampfkraft der Italiener merklich nachließ - viele Soldaten ließen ihre Waffen in Stich und flüchteten - ging der Marsch auf Rom weiter. Fallsch.Jäg.R. 2 erreichte am 10. September die Stazione Termini im Herzen der Stadt und Fallsch.Jäg.R. 6 stand zur gleichen Zeit am Colosseum. Der italienische Stadtkommandant kapitulierte am 10. September, 15.30 Uhr.

Mit dem Stichwort »Achse« hatte General Student den Befehl aus Berlin erhalten, den gefangengenommenen italienischen Regierungschef Mussolini zu befreien. Nachdem der Aufenthaltsort des Duce erkundet war, landeten am 12. September die Lastensegler eine Kampfgruppe der 1./Fallsch.Lehr-Btl. (Oblt. von Berlepsch) mit einem SS-Sonderkommando auf dem Gran-Sasso-Massiv in den Abruzzen und befreite Mussolini. Die anderen Kpn des Btls. unter Führung von Mj. Mors hatten zur gleichen Zeit die Talstation der Seilbahn zum Gran-Sasso in Besitz genommen.

Als Mitte September britische Truppen die ägäischen Inseln Leros, Samos und Kos besetzten, folgte am 3. Oktober der deutsche Gegenschlag. Im Zuge der Rückeroberung landete am 12. November 1943 das I./Fallsch.Jäg.R. 2 (Mj. Kühne) auf Leros und machte den im Schiffstransport ankommenden Infanteriebataillone den Weg zur Inbesitznahme der Inseln frei.

Wenige Tage nach der Kapitulation Italiens traf für die Division ein Verladebefehl ein. Jetzt im Oktober ging es zurück nach Deutschland und kurz darauf rollten die Fallschirmjäger im Transportzug in das bereits winterliche Rußland. Damit hatte eigentlich die Geschichte der Division als Fallschirmjägertruppe aufgehört; denn fortan bis zur Kapitulation 1945 wurde sie als Infanteriedivision verbraucht!

Die Ausladung der Fallschirmjäger erfolgte im Großraum Schitomir. Die Division unterstand dem XXXXII. AK. der 4. Pz.Armee. Die Jäger nahmen ab Dezember 1943 an den Rückzugskämpfen der Heeresgruppe Süd teil. Der Kampfweg führte die Division im Januar 1944 in das Gebiet um Kriwoi Rog, im nächsten Monat fochten die Jäger im Raum Korssun. Hier hatten die sowjetische »2. Ukrainische Front« die Stellungen der 8. deutschen Armee

durchbrochen. Teile der 2. Fallsch.Jäg.D. wurden im ersten Anlauf von der sowjetischen 5. Garde-Pz.Armee überrannt; andere Teile mit 10. Pz.Gren. und 376. ID. nördlich Kirowograd eingeschlossen.
Für die Division folgten nun wechselvolle Kämpfe im Raum Kirowograd-Tscherkassy und die Rückzugsbewegung über Nowo Archangelsk ostwärts von Uman bis Kischinew. Hier unterstand die Division dem XVII. AK. der 6. Armee. Die letzten Gefechte im Osten fanden für die Fallschirmjäger zwischen Balabauesti und Vainowo in Rumänien statt. Dann traf der Ablösungsbefehl für die schwer ausgeblutete Division ein.
Die Verbände der 2. Fallsch.Jäg.D. wurden im Raum Köln aufgefrischt und verstärkt; dann ging es nach Westen. Das erste Regiment, das in den Westen zur weiteren Ausbildung verlegte, war das Fallsch.Jäg.R. 6 des Oberstlt. Freiherr von der Heydte. Das Regiment hatte als Übungsraum Carentan in der Normandie zugewiesen bekommen.
Genau hier sprang in den Morgenstunden des 6. Juni 1944 die 101. US-Fallschirmjägerdivision ab. Die Invasion hatte begonnen! Die Fallschirmjäger waren die ersten deutschen Soldaten, die gegen die gelandeten Amerikaner vorgingen und diese tagelang in schwerste Kämpfe verwickelten. Das I. Btl. des Regiments unter Hpmt. Preikschat kämpfte verbissen um St. Marie-du-Mont, dem ersten Schlüsselpunkt der Schlacht um die Normandie. Fünf Tage lang hielten die Fallschirmjäger aus, dann räumten sie Carentan; der Feind war schon längst rechts und links vorbei ins Hinterland gestoßen.
Die Masse der 2. Fallsch.-Jäg.D. war kurz vorher im Raum Brest am Atlantik zur weiteren Ausbildung eingetroffen. Doch als es den US-Truppen gelang, die deutsche Front in der Normandie auszureißen und tief nach Süd- und Westfrankreich vorzudringen, wurde Brest ein weiterer Brennpunkt der Schlacht um Frankreich.
Die Division des Glt. Ramcke hatte außer dem Fallsch.Jäg.R. 6 bei Carentan noch die Kampfgruppe des Oberstlt. Rolschewski - III./Fallsch.Jäg.R. 7 und 3./Fallsch.AR. 2 - nach St. Malo abgeben müssen. Nach dem Durchbruch der Amerikaner und dem Vormarsch des VIII. US-K. mit vier IDs und zwei PDs in Richtung Brest, ließ Glt. Ramcke sofort Kampfgruppen zur Sicherung nach Osten ausschwärmen. Da es keine Fahrzeuge gab, mußten die Märsche wie bei der Infanterie erfolgen. Diese Kampfgruppen gerieten oft in Hinterhalte französischer Partisanen. Die Verluste bis 12. August betrugen für die Division 50 Gefallene und 200 Verwundete.
Die US-Truppen forderten am 8. August Brest zur Kapitulation auf. Der Festungskommandant, Ob. von der Mosel, lehnte das Angebot ab. Das OKW setzte am 10. August Glt. Ramcke zum Festungskommandanten ein. Er holte seine Verbände sofort in die Festung zurück. Fallsch.Jäg.R. 7 und das Fallsch.Pi.Btl. 2 übernahmen den Verteidigungsabschnitt im Ostteil der Festung, das Fallsch.Jäg.R. 2 im Westteil. Die Führung der Division ging jetzt an Ob. Kroh.

Glt. Ramcke hatte neben seiner Division noch die 343. ID. und einige Marinelandverbände zur Verfügung. Es waren insgesamt 11444 Mann vom Heer, 11718 von der Kriegsmarine, 4261 von der Luftwaffe und 1990 von anderen Einheiten wie »Organisation Todt« usw.
Die US-Luftwaffe begann ab 12. August mit dem Bombardement der Festung, gleichzeitig beschossen US- und britische Kriegsschiffe das Hafengebiet. Erst am 20. August begann der Landangriff des VIII. US-K. und französischer Partisanengruppen.
Überall zeichneten sich schwere Kämpfe ab, besonders um die Festungsanlagen auf Le Couquet, wo das Fallsch.Jäg.R. 2 (Oberstlt. Tannert) buchstäblich um jeden Quadratmeter Erde stritt. An anderer Stelle kämpfte das I./Fallsch.Jäg.R. 7 (Mj. Hamer) genau so erbittert bei Gouesnou.
Dann gaben die Amerikaner auf und ließen nun Tag und Nacht ihre Bomberstaffeln Tausende von Bomben auf die Festung werfen. Erst am 1. September begannen sie mit dem Bodenangriff. Zehn Tage brauchten die US-Truppen, ehe sie den Stadtrand Brest erreichten. Nun begann ein Nahkampf Mann gegen Mann. 19 Tage sollte dieser Kampf in den Häuser- und Straßenruinen von Brest dauern.
Am Morgen des 19. September verschoß das letzte Sturmgeschütz im längst zerstörten Gebäude der französischen Marineschule die letzte Granate; die Batterien der Artillerie und Flak hatten schon lange keine Munition mehr. Nach und nach mußten sich jetzt die Kampfgruppen der Fallschirmjäger ergeben. Als Letzter verließ am 20. September 1944 General d. Fallsch.Tr. Ramcke (kurz vorher zu diesem Dienstgrad befördert) seinen Gefechtsstand auf der 50 m hohen Felsenklippe am Meer. In seiner Begleitung befanden sich noch drei Offiziere und Soldaten des Marinefunktrupps sowie die Gefechtsordonnanzen des Generals.
General Ramcke erhielt für seine bisherigen Leistungen und hervorragender Führung seiner Truppe die Schwerter mit Brillanten zum Eichenlaub des Ritterkreuzes. Damit war er der höchstausgezeichnete Soldat der deutschen Fallschirmtruppe im 2. Weltkrieg!
Das OKL stellte seit November/Dezember im Raum Amersfoort aus Ersatzeinheiten der Fallschirmtruppe im Heimatkriegsgebiet eine neue 2. Fallsch.Jäg.D., die allerdings auf schwere Bewaffnung verzichten mußte. Ebenso besaßen die drei Rgter - die die alte Nr. erhielten - vorerst zwei Btle. Das zuerst aufgestellte neue Fallsch.Jäg.R. 6 unter Oberstlt. Freiherr von der Heydte erhielt Anfang Dezember 1944 den Sonderauftrag zum letzten Sprungeinsatz deutscher Fallschirmjäger im 2. Weltkrieg. Der Befehl lautete kurz und bündig: Absprung über dem Hohen Venn und Offenhalten der Gebirgsstraßen für das I. SS-Pz.K. bei Beginn der deutschen Ardennenoffensive.
Zwei Transportfliegergruppen mit insgesamt 67 Maschinen vom Typ »Ju-52« starteten am 17. Dezember 1944, morgens 3.00 Uhr, mit 870 Fallschirmjägern. Beim Überflug der Frontlinie wurden zehn Flugzeuge von feindlicher

und auch deutscher (!) Flak abgeschossen, acht andere Maschinen setzten die Fallschirmjäger über fremde Ziele ab.
So waren es nur noch 450 Offiziere, Unteroffiziere und Mannschaften, die im Zielgebiet zwischen Malmédy und der Amblève landeten. Viele waren in leicht gefrorene Sümpfe, andere in tiefverschneite Wälder und nur wenige auf Straßen und Wege gesprungen. Der Kdr. hatte sich beim Aufsetzen verletzt, konnte aber noch 100 Mann seines Regiments um sich scharen.
Die kleine Kampfgruppe bezog Stellung an der Straße, auf der man deutsche Panzer erwartete. Doch diese kamen nicht; dafür allerhand Fahrzeuge der US-Armee, die jedes Feuer erwiderten. Als die Kampfwagen mit dem »Eisernen Kreuz« bis zum Abend nicht eintrafen, gab der Oberstlt. Befehl zum Durchschlagen zur eigenen Front. Es dauerte drei Tage - inzwischen hatten sich ca. 300 Fallschirmjäger um ihren Kdr. eingefunden - dann hörte man die Front. Doch da waren auch die US-Truppen. Jetzt kamen nur noch wenige nach Osten durch; Oberstlt. Freiherr von der Heydte mußte sich mit dem Rest der Kampfgruppe bei Monschau den Amerikanern ergeben. Der letzte Sprungeinsatz deutscher Fallschirmjäger fand ein klägliches Ende.
Die neue Division wurde Anfang Januar 1945 zur Front verlegt. Sie unterstand dem LXXXVIII. AK. der 25. Armee im Kampfgebiet von Arnheim. Ab Februar mußte sich die Division dem allgemeinen Rückzug anschließen. Die Jäger leisteten angesichts der Überlegenheit britischer und kanadischer Truppen, besonders der Panzer- und Luftwaffe, enormen Widerstand und gaben freiwillig keinen Meter Boden preis. So standen die Jäger im Kampf bei und um Gennep, Üdem, Grootehorst, Siebengewald, Baal und ab März um Rheinsberg, Xanten. Hier ging es über den Rhein nach Mühlheim an der Ruhr. Dort wurde das LXIII. AK. mit der 2. Fallsch.Jäg.D. durch amerikanische Panzerverbände von der bisherigen Heeresgruppe abgesprengt und der Heeresgruppe B des Feldmarschalls Model unterstellt, der das Ruhrgebiet zur »Festung« erklärt hatte - denn Anfang April hatten 3. und 9. US-Armee den Kessel um die Heeresgruppe geschlossen! Ein Bericht dieser Tage:

»Es waren Kampfgruppen der 2. Fallsch.Jäg.D. des Glt. Lackner, die sich in und um Castrop-Rauxel zur Wehr setzten. Sie kämpften am 4. April in Habinghorst, am nächsten Tag im Nordteil der Stadt, besonders an der Zechenbahn und einen Tag später um den Bahnhof Rauxel. Der 7. April brachte Gefechte an der Emschertalbahn und in den ländlichen Ortsteilen Deininghausen, Dingen, Schwerin und Frohline. Der Kampf um Castrop-Rauxel klang aus, als am 8. April die Altstadt Castrop, sowie Obercastrop, Behringshausen und Merklinde fielen. Die durch dauernde Artillerieüberfälle, laufenden Panzerbeschuß und durch Tieffliegerangriffe zermürbten Fallschirmjäger und die ihnen unterstellten Volkssturmleute gaben den Kampf auf.«

Die Geschichte der 2. Fallsch.Jäg.D. hatte zum zweitenmal ihr Ende gefunden.

Kommandeure:
Glt. Ramcke; Gm. Kroh; Glt. Lackner.

3. Fallschirmjägerdivision

Das OKL stellte aufgrund der Kämpfe in Italien und aus den daraus gemachten bisherigen Erfahrungen zwei neue Fallsch.Jäg.Divisionen auf. So entstand auf Übungsplätzen und Kasernenanlagen in und um Reims im Herbst 1943 die 3. Fallsch.Jäg.D. Ihre Einheiten wurden aus Freiwilligen der Fallsch.Ausbildungseinheiten und Freiwilligen der bisherigen Luftw.Feld-Divisionen gebildet. Die Führung der Division übernahm Gm. Heilmann, ein Fallschirmjäger der »ersten Stunde«.
Die neue Division setzte sich wie folgt zusammen:
Stab mit Stabskp.,
Fallsch.Jäg.R. 5, 8 und 9 mit je drei Btle,
I./Fallsch.AR. 3,
Fallsch.Pz.Jäg. Abt. 3,
Fallsch.Pi.Btl. 3 mit vier Kpn,
Fallsch.NA. 3 mit zwei Kpn,
Fallsch.Versorgungstruppen 3.
Die Division verlegte im April 1944 nach Westfrankreich in das Gebiet um die Festung Brest. Die Führung der Truppe hatte inzwischen Glt. Schimpf übernommen, der seine Fallschirmjäger auch zum ersten Einsatz führen sollte.
Der Alarmbefehl traf am 7. Juni - einen Tag nach Beginn der alliierten Invasion - ein. Die Division wurde eilig an die Normandiefront herangebracht und stand am 8. Juni bei St. Amand. Damit hatten die Einheiten einen Fußmarsch von ca. 250 km zurückgelegt, der sie nun ohne Unterbrechung auf das Schlachtfeld von St. Lô führte. Es kämpften nun die Fallsch.Jäger um St. Lô, dem Ort, der zum Brennpunkt der ersten Wochen nach Beginn der Invasion werden sollte. Gemeinsam mit der 17. SS-Pz.Gren.D. hielt die 3. Fallsch.Jäg.D. den Frontabschnitt im Viretal.
Die Division stand am linken Flügel des II. Fallsch.K., als es der 3. US-Armee gelang, die deutsche Front bei Avranches aufzureißen und tief nach Mittelfrankreich vorzustoßen. Die Fallschirmjäger mußten nun ihre Front nach Westen und später sogar nach Südwesten eindrehen. Die weit überlegenen amerikanischen Panzerverbände waren inzwischen weiter nach Süden und Südosten vorgedrungen und als sie am 8. August Le Mans besetzten, war der Ring um die 7. deutsche Armee geschlossen.
Der Oberbefehlshaber der Armee, SS-Ob.Gruf. Hausser, ordnete entgegen eines Befehls Hitlers »Halten um jeden Preis« den Ausbruch der Armee aus

dem Kessel von Falaise an. Die 3. Fallsch.Jäg.D. stand in Front nach Westen dicht nordwestlich Flers. Als der Befehl zum Ausbruch eintraf, stellte das II. Fallsch.K. drei Kampfgruppen auf, die eine Lücke in die Front der Alliierten zwischen Chambois und Argentan aufstoßen sollten. Fallsch.Jäg. 9 (Major Stephani) und Fallsch.Jäg.R. 15 (der 5. Fallsch.Jäg. D.) konnten mit Unterstützung von SS-Verbänden bei Magny durch die amerikanisch-kanadischen Stellungen brechen. Glt. Schimpf - der hierbei verwundet wurde - setzte sofort alle Verbände auf diese Lücke an. Der Kommandierende General des II. Fallsch.K., General d. Fallsch.Tr. Meindl, führte dabei den schwerverwundeten Oberbefehlshaber der 7. Armee im Sog der Fallschirmjäger und rettete ihn.

Das gesamte II. Fallsch.K. wurde zur Auffrischung in den Raum Köln verlegt und stand ab September im Rahmen der neugebildeten 1. Fallsch.Armee zur Wiederverwendung bereit. Die Armee hatte den Befehl erhalten, das Gebiet zwischen Antwerpen und dem Albertkanal in Belgien zu verteidigen. Es dauerte nur wenige Tage, als eine neue Schlacht für die Division begann. Das alliierte Unternehmen »Market Garden« nahm am 17. September 1944 zwischen Arnheim und Nijmwegen seinen Anfang. Zwei US- und eine britische Fallschirmjägerdivision sprangen an diesem Tag ab, um die Brücken über Maas, Waal und Unterrhein zu besetzen, diese für den alliierten Vorstoß nach Norddeutschland freizuhalten. Das war auch Alarm für die 3. Fallsch.Jäg.D., die über den Rhein nördlich Emmerich ging und das Gebiet zwischen Rhein und Waal bis Ende September gegen alle weiteren Feindangriffe erfolgreich verteidigte.

Jetzt stieß auch eine Kampfgruppe zur Division zurück, die Anfang September zur 5. Pz.Armee abgestellt war, um mit anderen Einheiten der 5. Fallsch.Jäg.D., einem Pz.Gren.R. und zwei Inf.Rgter, eine Frontlücke zwischen Nancy und Lunéville zu schließen. Der Kdr. dieser Kampfgruppe war Hptm. Milch, Kdr. des Fallsch.Granatwerfer-Versuchs-Btl.

Bei den weiteren Rückzugsgefechten auf die Reichsgrenze ab Oktober 1944 focht die Division zeitweise im Raum Merode und Jüngersdorf im Kreis Düren/Niederrhein. Dann traf ein erneuter Verlegungsbefehl ein.

Die Vorbereitungen zur Ardennenoffensive - dem Unternehmen »Die Wacht am Rhein« - waren angelaufen.

Die 3. Fallsch-Jäg.D. - jetzt unter Führung von Gm. Wadehn - war neben der 5. Fallsch.Jäg.D. der einzige Großverband der Fallschirmtruppe, der an dieser Offensive teilnahm. Die Division stand am rechten Flügel der 6. SS-Pz.Armee, die mit ihren Verbänden den Schwerpunkt der Offensive bildete und als Fernziel Antwerpen befohlen bekam. Die Fallschirmjäger unterstanden dabei dem I. SS-Pz.K.; die Division bezog Anfang Dezember bei dichtem Schneetreiben die Bereitstellung südostwärts von Elsenborn.

2000 Geschütze aller Kaliber eröffneten am 16. Dezember 1944, 5.30 Uhr morgens, die letzte Großoffensive der deutschen Wehrmacht. Als die Fallschirmjäger bei naßkaltem Winterwetter aus ihren bisherigen Stellungen zum

Angriff antraten, merkten sie, daß das Artilleriefeuer kaum Schäden in dem amerikanischen Grabensystem erzielt hatte. Schon nach wenigen Minuten setzten die Batterien des Gegners mit wohlgezieltem Abwehrfeuer ein und brachten erste schmerzliche Verluste.
Der zweite Angriffstag sah die Fallschirmjäger im Raum Lanzerath, südlich des großen Truppenübungsplatz Elsenborn. Hier ging es nicht weiter. Doch da die 3. Fallsch.Jäg.D. von allen Infanteriedivisionen am weitesten Boden nach vorn gewonnen hatte, brach dort das SS-Pz.R. 1 mit den neuesten »Tiger«-Panzern durch und schaffte vorübergehend den Fallschirmjägern Luft.
Dann wurde am dritten Schlachttag die 12. SS-PD. rechts von der 3. Fallsch. Jäg.D. eingeschoben und griff in Richtung Krinkelt an. Deshalb mußten die Fallsch.Jäg.Rgter nun nach Nordwesten einschwenken, um keine Lücke entstehen zu lassen. Die Verluste waren enorm hoch.
Die 3. Fallsch.Jäg.D. stand am 24. Dezember 1944 - dem »Heiligen Abend« - zehn km südwestlich von Malmédy mit Front nach Nordwesten im Kampf gegen die 30. US-D. Dann war die Kraft der Division am Ende.
Im Januar 1945 begann der Rückzug, der die Division durch die Eifel - u.a. bei Losheimer Graben und Lissendorf - bis in den Raum ostwärts Bonn brachte. Von hier ging es weiter. Die Division wurde mit der gesamten Heeresgruppe »B« im sogenannten Ruhrkessel eingeschlossen.
Der letzte Funkspruch der Division an das Heereskommando erfolgte am 15. April aus der Gegend um Marienheide:
»Wir melden uns ab!«

Kommandeure:

Glt. Schimpf; Gm. Wadehn; Glt. Schimpf.

4. Fallschirmjägerdivision

Diese Division entstand zeitgleich mit der 3. Fallsch.Jäg.D. Die Aufstellung erfolgte im Raum Perugia. Gm. Trettner - einst 1. Generalstabsoffizier von General Student und nach dem Krieg Generalinspekteur der Bundeswehr - wurde Kdr. des neuen Großverbandes. Die Zusammenstellung der Regimenter und Divisionstruppen erfolgte u.a. aus den zurückgebliebenen Teilen der 2. Fallsch.Jäg.D. (die an die Ostfront verlegt worden war) sowie aus Freiwilligen der aufgelösten italienischen Divisionen »Dembo« und »Folgore« und Zuführungen aus der Heimat.
Die Division bestand aus:
    Stab mit Stabskp.,
    Fallsch.Jäg.R. 10, 11 und 12 mit je drei Btle,

I./Fallsch.AR. 4,
Fallsch.Pz.Jäg.Abt. 4 mit drei Kpn,
Fallsch.Flak-Abt. 4 mit fünf Battrn,
Fallsch.Pi.Bt. 4 mit vier Kpn,
Fallsch.NA. 4 mit zwei Kpn,
Fallsch.Versorgungstruppen 4.
Die 4. Fallsch.Jäg.D. sollte bis Kriegsende auf dem italienischen Kriegsschauplatz verbleiben und nahm seit Anfang 1944 an allen entscheidenden Schlachten teil.
Der erste Einsatz der noch in Ausbildung befindlichen Jäger erfolgte schon Ende Januar. Britische und US-Truppen gingen am Morgen des 22. Januar 1944 unter dem Schutz vieler Kriegsschiffe in der Bucht von Anzio an Land. Die Überraschung war perfekt; denn es standen keine deutschen Verteidiger nördlich von Anzio. Die in der Nähe liegenden deutschen Verbände - es waren nicht viele - wurden sofort alarmiert.
Darunter war eine Sturmgeschütz-Bttr. der 4. Fallsch.Jäg.D., die sich gerade auf dem Marsch auf der Straße Albano-Nettuno befand. 7.15 Uhr wurden die ersten Granaten verschossen; doch da waren die Städte Anzio und Nettuno fest in der Hand der Alliierten und eine Stunde später konnten die beiden Landungsbrückenköpfe Anzio und Nettuno sich vereinen.
Die 4. Fallsch.Jäg.D. wurde sofort in Marsch gesetzt neben der gleichfalls in Ausbildung liegenden Fallsch.PD.»Hermann Göring«. Ein Btl. des Fallsch. Jäg.R. 11 unter dem bereits im Norwegenfeldzug bewährten Mj. Gericke traf als Spitzentruppe der Division gegen 16.00 Uhr auf dem Schlachtfeld ein. Bis zum Abend erreichten einzelne Batterien und Züge von Heer und Luftwaffe das Schlachtfeld; doch da standen die Alliierten bereits mit 36000 Mann und 3200 motorisierten Fahrzeugen an Land.
Das Gen.Kdo. des I. Fallsch.K. (Gen. d. Fl. Schlemm) übernahm am 25. Januar die Befehlsführung vor dem alliierten Brückenkopf. Er hatte drei Divisionen zur Verfügung: Die Fallsch.Jäg.D.»Hermann Göring« zwischen der Küste bei Terracino und Carano, die 3. Pz.Gren.D. beiderseits der Albanostraße und die 4. Fallsch.Jäg.D. bis zur Tibermündung. Die Versorgungs- und Treibstofflager lagen weit entfernt im Hinterland und wurden dauernd durch Bombenangriffe beschädigt oder zerstört.
Das andauernde schlechte Wetter beeinträchtigte in den nächsten Tagen die Kämpfe, trotzdem gelang es der deutschen Führung bis 30. Januar weitere Kräfte an die Front zu führen. Damit verkürzte sich auch die bisher ausgedehnte Stellung der 4. Fallsch.Jäg.D. An diesem Tag griff das VI. US-K. an, wurde aber bei Cisterna aufgehalten. Der deutsche Gegenangriff - am 3. Februar 1944 - schlug nicht durch. Die Division mußte in die Ausgangsstellungen zurück. Dann regnete es wieder. Noch einmal wurde angegriffen, stundenlang hielten Deutsche in Aprilia aus; ein weiterer Angriff vom Fallsch.Jäg.R. 11 und GR. 147 auf Carroceto scheiterte.
Der zweite Teil des deutschen Gegenangriffs begann am 14. Februar bei auf-

klarendem Wetter. Die Fallschirmjäger waren nicht daran beteiligt, sondern sicherten die rechte Flanke der Angreifer. Der Angriff wurde von alliierten Kampfflugzeugen, Artillerie und Panzern blutig abgewiesen. Feldmarschall Kesselring stellte Ende Februar jeden weiteren Angriff ein.

Die Monate März und April verliefen vor dem Brückenkopf Anzio-Nettuno verhältnismäßig ruhig; Freund und Feind brauchten eine Atempause. Der nächste alliierte Großangriff zum Ausbruch aus dem Brückenkopf begann am 22. Mai 1944. Vier Tage währte der Kampf; dann brach die deutsche Front. Das Fallsch.Jäg.Sturm-R. (Mj. Timm) wurde dabei eingeschlossen, hielt aber durch! Ende Mai war die Schlacht verloren; die Alliierten hatten sich den Weg nach Rom freigekämpft.

Die 4. Fallsch.Jäg.D. stand am 1. Juni am äußersten rechten Flügel der deutschen Front südlich Rom. Die Jäger verteidigten eine Linie zwischen der Küste und Valmontone; drei Tage später marschierten Kampfgruppen der Division durch die östlichen Vororte Roms über den Aniene. Deutsche Truppen gaben die italienische Hauptstadt auf. Die Verluste in den zurückliegenden Kämpfen waren für die Division sehr schwer. Die Gefechtsstärke der 4. Fallsch.Jäg.D. belief sich z.B. am 1. Juli 1944 auf 140 Offiziere, 831 Unteroffiziere und 3083 Mannschaften.

Der weitere Rückzug führte die Fallschirmjäger bis in den Raum Florenz. Bis Ende Juli waren 1008 Mann an Gefallenen, Verwundeten und Vermißten zu beklagen. Als Anfang August die Truppen der 5. US-Armee zum Sturm auf die Stadt antraten, konnten zwar die Pioniere des Fallsch.Jäg.Pi.Btl. 4 noch Sprengladungen an den Brücken anbringen; doch gezündet konnten diese nicht mehr werden. Der Rückzug nach Norden begann. Das einsetzende Winterwetter verhinderte allerdings ein zügiges Nachdrängen der Alliierten. Das I. Fallsch.K. - darunter 1. und 4. Fallsch.Jäg.D. - blieb im Adriaabschnitt. Hier stagnierten in den ersten drei Monaten des Jahres 1945 die Kämpfe. Erst am 9. April 1945 begann die 8. britische Armee mit einem Trommelfeuer von 1500 Geschützen und einen Luftangriff von 825 schweren Kampfflugzeugen die weitere Offensive gegen die 10. deutsche Armee, zu der die Fallschirmjäger gehörten. Schon am zweiten Tag mußte der Rückzug hinter den Comacchio-See in Richtung Po angetreten werden. Einen Tag später klaffte eine Frontlücke zwischen Bologna und dem Renofluß. Die Briten drangen durch diese Lücke auf Bondeno westlich Ferrara vor. Damit waren die beiden deutschen Armeen getrennt.

Es begann der Endkampf um Italien. Am Monatsende April 1945 existierte die 4. Fallsch.Jäg.D. nur noch aus Kampfgruppen, die auf sich allein gestellt, sich zwischen Trient und Comer-See verteidigten. Hier fand die 4. Fallsch.Jäg.D. in den Tagen der Kapitulation ihr Ende.

Kommandeur:

Glt. Trettner.

5. Fallschirmjägerdivision

Die Verluste der deutschen Fallschirmjägertruppe in den Schlachten um Sizilien und dem Monte Cassino bewogen das OKL, im Frühjahr 1944 eine 5. Fallsch.Jäg.D. aufzustellen. Einheiten der ersten drei Divisionen, Soldaten der Fliegerausbildungs- und -ersatz-Rgter sowie Angehörige aufgelöster Luftw.Feld-Divisionen und Kampffliegerverbände wurden in die Gegend von Reims verlegt und hier zur neuen 5. Fallsch.Jäg.D. zusammengestellt. Die Führung der Division übernahm Glt. Wilke, bisher Kdr. der 1. Luftw. Feld-D. im Raum Nowgorod am Ilmensee (Nordrußland). Ihm unterstanden:

Fallsch.Jäg.R. 13, 14 und 15 mit je drei Btle,
I./Fallsch.AR. 5,
Fallsch.Pz.Jäg.Abt. 5 mit vier Kpn,
Fallsch.Pi.Btl. 5,
Fallsch.NA. 5,
Fallsch.Nachschubtr. 5.

Die Truppenübungsplätze und Kasernenanlagen um Reims, Chateau-Thierry und Châlons sur Marne waren die ersten Übungsplätze der neuen Division. Im Mai 1944 erfolgte dann die Verlegung in die Gegend von Rennes/Bretagne zur weiteren Kampfausbildung. Viel Zeit blieb nicht mehr; denn am 6. Juni 1944 begann die alliierte Invasion in der Normandie.
Nach der geglückten Landung des Gegners erhielt die Division den Alarm- und Einsatzbefehl. Im Eiltransport mit Lkw und im Fußmarsch erreichten die Einheiten der Division den Kampfraum zwischen St. Lô und Aire an der Vire. Hier konnten sie im Rahmen des LXXXIV. AK. mit weiteren drei IDs. den ersten Angriff der amerikanischen Panzerverbände aufhalten.
Das nun beginnende alliierte Trommelfeuer und die laufenden Bombenangriffe der nächsten Wochen brachte die Vernichtung fast aller schweren Waffen und den Zusammensturz der notdürftigen Stellungen der Regimenter. Als die Amerikaner am 26. Juli zum Sturm ansetzten, brach die HKL der Division auseinander. Die feindlichen Panzer erreichten noch am ersten Schlachttag die Straße St. Lô-Coutances.
Nachdem die US-Truppen bei Avranches die gesamte deutsche Front aufgerissen hatten, nach West- und Südfrankreich durchstießen und die 7. deutsche Armee im Kessel von Falaise einschlossen, war auch die 5. Fallsch.Jäg. D. unter den eingeschlossenen Verbänden. Die Fallschirmjäger lagen ohne schwere Waffen im Wald ostwärts von Domfront und verteidigten das Waldgelände nach Süden. Bei dem vom AOK 7 befohlenen Ausbruch konnten auch Kampfgruppen der angeschlagenen Fallschirmjäger durchkommen. Eine kampfkräftige Division gab es aber nicht mehr.
Die 5. Fallsch.Jäg.D. wurde aus der Front gezogen, im Hinterland wieder mit Mannschaften und Waffen ausgerüstet und Anfang September 1944 der neugebildeten 1. Fallsch.Armee unterstellt. Eine Kampfgruppe der 3. und 5.

Fallsch.Jäg.D. wurden dabei zeitweise unter Führung von Ob. Eggersh zwischen Nancy und Lunéville abgestellt.
Die 5. Fallsch.Jäg.D. stand im November 1944 wieder vollausgerüstet zur weiteren Verwendung bereit. Die Vorbereitungen zur deutschen Ardennenoffensive liefen an. Die Division wurde dem LXXXV. AK. der 7. deutschen Armee unterstellt und am rechten Flügel der Armee am Ostufer der Our kurz vor ihrer Mündung in die Sauer in vorderster Front eingeschoben.
Der Auftrag für die 7. Armee lautete: Sicherung des Südflügels der gesamten deutschen Angriffsverbände, die mit Fernziel Antwerpen anzutreten hatten.
Die 7. Armee war die schwächste der deutschen Großverbände. Das AOK hatte nur drei Korpsstäbe mit drei IDs, der 5. Fallsch.Jäg.D. und mehrere Sicherungsbataillone zur Verfügung.
Der deutsche Angriff begann am 16. Dezember 1944 bei schlechtem, naßkaltem Winterwetter.
Die 5. Fallsch.Jäg.D., deren Führung jetzt Gm. Heilmann übernommen hatte, sollte mit der ihr unterstellten selbständigen Fallsch.Sturmgeschütz-Brig. 9 zuerst den Clerf-Abschnitt überwinden. Dieser Auftrag konnte dank der unermüdlich kämpfenden Sturmgeschütze schon in den ersten Stunden erfüllt werden. Bis zum Abend drangen die Fallschirmjäger in Vianden ein und waren damit allen anderen Einheiten der Armee weit voraus!
Die Division konnte trotz immer stärker werdenden Gegenwehr der US-Divisionen in den nächsten Tagen in Wiltz eindringen und stand am 24. Dezember südlich von Bastogne, nur wenige Kilometer nördlich der Sauer und von dem wichtigen Ort Martelange. Jetzt aber war der Widerstand des III. US.K. und seiner 26. US-D. enorm groß. Die Truppe mußte zur Verteidigung übergehen; der gesamten 7. deutschen Armee weit voraus, ca. 40 km westlich der Ausgangsstellung vom 16. Dezember 1944.
Dann war der Zenith der deutschen Erfolge in der Ardennenoffensive erreicht und überschritten. Schon mit Aufklaren des nebeligen Winterwetters schlug die alliierte Luftwaffe zu. Es gelang den deutschen Truppen nicht mehr, einen Meter Boden zu gewinnen. Ende Dezember 1944 hieß es endgültig: Zurück!
Die 5. Fallsch.Jäg.D. begann sich aus dem winterlichen Gebiet südlich Bastogne auf die Ausgangsstellungen zurückzuziehen. Der Gegner rückte sofort mit Panzern energisch nach. Die Einheiten der Division standen im Januar 1945 im Raum Wiltz; einen Monat später lagen die abgekämpften Bataillone und Abteilungen um Prüm in der Eifel. Von hier erreichten nur wenige Kampfgruppen - ohne jede schwere Waffe - noch die Gegend um den Laacher-See. Anfang April 1945 existierte ein Großverband mit Namen 5. Fallsch.Jäg.D. nicht mehr. Nur Reste kamen noch bis zum Ruhrkessel durch.

Kommandeure:
Glt. Wilke; Gm. Heilmann.

6. Fallschirmjägerdivision

Als die alliierten Bomberstaffeln Tausende von Bomben auf die nordfranzösischen Landschaften warfen und die schwere Schiffsartillerie das Küstenland der Normandie umpflügten, erfolgte um Amiens eine rasche Aufstellung der neuen 6. Fallsch.Jäg.D. Offiziere, Unteroffiziere und Mannschaften wurden den noch in Frankreich, Belgien und Holland liegenden Fliegerausbildungs- und Fliegerersatz-Rgter entnommen; dazu kamen Genesene der Fallschirmtruppe aus der Heimat sowie Ersatzmannschaften der Fallschirmjägerschulen.

Es entstanden so - während die Schlacht in der Normandie voll entbrannt war - die Fallsch.Jäg.Rgter 16, 17 und 18 sowie alle Divisionstruppen wie Artillerie, Panzerjäger, Pioniere, Flak, Nachrichten und Versorgung, die die Nr. 6 erhielten. Zum Kdr. der neuen Division wurde Glt. Plocher, vorher Chef des Generalstabes der Luftflotte 3 in Frankreich, ernannt.

Da erhielt mitten in der Ausbildung das Fallsch.Jäg.R. 16 (teilweise aus dem bisherigen Fallsch.Jäg.R. 5 entstanden) den Eilbefehl nach Stendal zu verlegen. Hier erfolgte dann Verladung in »Ju-52« und von dort der Flug in die eingeschlossene Festung Wilna. Dort verteidigten Soldaten des Heeres und der Waffen-SS unter Führung eines Flakoffiziers die Hauptstadt Litauens seit 2. Juli 1944.

Nun landeten hier auf dem bereits arg zerstörten Flugplatz noch die »Ju-52« mit dem Fallsch.Jäg.R. 16 des Oberstlt. Schirmer. Die Sowjets eröffneten am 8. Juli die Schlacht um Wilna, die drei Tage anhalten sollte. Dann befahl der Festungskommandant den Ausbruch. Die Reste der Besatzung, darunter nur noch ein Bruchteil des Fallsch.Jäg.R., durchwateten in der Nacht zum 13. Juli die Wiliga und erreichten am Morgen die Vorposten des Fallsch.Pz. K.»Hermann Göring«.

Die in Frankreich gebliebene 6. Fallsch.Jäg.D. - nur noch zwei Rgter stark - wurde nach beendeter Ausbildung der 1. Fallsch.Armee unterstellt und in die Verteidigungslinie zwischen Antwerpen und dem Albert-Kanal eingesetzt. Kaum war die Truppe in ihrer Stellung an der Maas gezogen, als am 17. September 1944 - es war ein strahlend-schöner Sonntag - das alliierte Luftlandeunternehmen zwischen Arnheim und Nijmwegen begann. Zwei Tage später versuchte das XXX. britische AK. das inzwischen von Truppen des Feldmarschalls Model eingeschlossene alliierte Landungskorps auf dem Landweg zu entsetzen. Der Angriff britischer Kampfwagen zerriß am Morgen gegen 2.30 Uhr des 18. Septembers die Naht der 85. deutschen ID. und der 6. Fallsch.Jäg.D. Es gelang den Briten bis Eindhoven vorzukommen und die Verbindung mit der 101. US-Luftlandedivision herzustellen.

Die Fallschirmjäger konnten aber den Zusammenhalt bewahren und kämpften die nächsten zehn Tage 20 km südostwärts Eindhoven und noch weit westlich der Maas gegen weitere Truppen der 2. britischen Armee und hielten ihre Stellungen bis am 28. September die Schlacht um Arnheim mit einem

vollen deutschen Abwehrerfolg ausklang. Die Fallschirmjäger befanden sich noch in der Maasstellung, als das Jahr 1945 begann.
Die Division unterstand in den letzten Kriegsmonaten dem II. Fallsch.K. und machte im Rahmen des Korps den im Februar 1945 begonnenen Rückzug über Gennep, Kleve, Xanten, Hochwald und weiter nach Enschede und Hengeleo mit. Die Bataillone und Kompanien fochten stellenweise erbittert gegen die nachdrängenden Briten und Kanadier, besonders um Xanten, mußten aber dann doch über den Rhein nach Osten ausweichen. Kampfgruppen der Division erreichten im April 1945 noch Oldenburg.
Dann war hier der Krieg beendet.

Kommandeur:

Glt. Plocher.

7. Fallschirmjägerdivision

Das OKL befahl am 9. Oktober 1944 unter Absprache mit dem Oberkommando der 1. Fallsch.Armee die Aufstellung einer 7. Fallsch.Jäg.D., um die im Nordwesten des Reiches und Holland befindlichen Kräfte der 1. Fallsch. Armee zu verstärken.
Zur Aufstellung der neuen Division wurden Teile der durch den Kampfeinsatz bei Eindhoven im September angeschlagenen Btle der 6. Fallsch.Jäg.D. genommen. Dazu traten Ausbildungseinheiten aus der Heimat sowie komplette Alarmbataillone von Heer und Luftwaffe. Die letzteren kamen aus den Standorten Menzel, Großmehl, Greve, Grunewald u.a.m.
Glt. Erdmann übernahm die Divisionsführung. Ihm unterstanden Fallsch. Jäg.Rgter 19, 20 und 21, ferner je eine Art.-, Pz.Jäg.-, Flak-, Nachrichten- und San.Abt. sowie Versorgungstruppen mit der Nr. 7. Noch während der Aufstellung wurden erste Einheiten der Division an die Maas vorgefahren, um die hier liegende 6. Fallsch.Jäg.D. zu verstärken.
Plötzlich erfolgte Ende 1944 der Befehl zur Verlegung in den Raum der 1. deutschen Armee nach Lothringen. Das »Unternehmen Nordwind« sollte noch einmal in den Vogesen einen deutschen Erfolg erzielen, um die Briten und Amerikaner vom Angriff zum Niederrhein abzuhalten.
Die 7. Fallsch.Jäg.D. wurde mit je einer PD., Pz.Gren.D. und ID. dem XXXIX. Pz.K. unterstellt, das am 8. Januar 1945 zum Sturm auf die Nordvogesen antrat. Das Korps - 7. Fallsch.Jäg.D. am linken Flügel - kam bis 14. Januar an den Nordrand des Hagenauer Forsts vor, wobei die Fallschirmjäger in Rittershofen eindrangen. Doch dann wurde auf direkten Befehl Hitlers der Angriff angehalten und das XXXIX. Pz.K. aufgelöst.

Die 7. Fallsch.Jäg.D. kehrte zum Niederrhein unter Befehl des II. Fallsch.K. der 1. Fallsch.Armee zurück. Hier hatte inzwischen die Schlacht der Armee gegen britische und kanadische Truppen um den Niederrhein begonnen. Die Division unterstand zeitweise auch dem LXXXVI. AK. zwischen Emmerich und Roermund, danach gehörte sie bis Kriegsende dem II. Fallsch.K. an. Am Morgen des 8. Februar 1945 begann nach einem ungeheurem Artillerie- und Bombenbombardement die Schlacht um den Niederrhein. Die Division mußte sich schon am nächsten Tag auf den Reichswald absetzen. Hier standen die Fallschirmjäger im harten Abwehrkampf bei Kleve und kämpften u.a. stundenlang gegen britische und kanadische Panzer an der Straße Kalkar - Goch. Erst am 16. Februar gaben die Fallschirmjäger Goch auf. Ein Bericht aus den letzten Februartagen 1945 lautete:
»Das XXX. britische Korps kämpfte sich mühsam von Goch aus auf Weeze, Kevelaer und Geldern zu. Der Kampf um Weeze und um die kleinen Höfe, die als Stützpunkte ausgebaut waren, dauerte tagelang. Die Männer der 7. Fallsch.Jäg.D. hielten stand.«
Die Division verblieb im Rahmen des II. Fallsch.K. gemeinsam mit 6. und 8. Fallsch.Jäg.D., einer PD. und zwei IDs im Brückenkopf Wesel. Anfang März begann der alliierte Angriff gegen diesen letzten deutschen Brückenkopf auf dem Westufer des Rheins. Wesel gab es als Stadt nicht mehr; nur noch einen gewaltigen Trümmerhaufen.
Bei den ab 5. März begonnenen Endkampf wehrte sich Fallsch.Jäg.R. 21 an der Kreuzung Grünthal bei Wesel bis der letzte Mann fiel. Die 3./Fallsch. Jäg.R. 20 verteidigte stundenlang Lintfort vor Rheinberg. Drei Tage später wurde der Brückenkopf geräumt. Die Reste der Division standen bei Emmerich in Front.
Erst Ende März 1945 wurden die Stellungen am Niederrhein endgültig aufgegeben. Die 1. kanadische, die 2. britische und die 9. US-Armee stießen Anfang April über den Niederrhein. Das II. Fallsch.K. mußte sich mit 6., 7. und 8. Fallsch.Jäg.D. nach Oldenburg absetzen.
In den letzten Apriltagen 1945 klang die Geschichte der 7. Fallsch.Jäg.D. zwischen Oldenburg und Bremen aus.

Kommandeur:

Glt. Erdmann.

8. Fallschirmjägerdivision

Das OKL begann in den ersten Wochen des Jahres 1945 in der Heimat stehende Ausbildungs- und Ersatzeinheiten der Luftwaffe durchzukämmen, um alle entbehrlichen Mannschaften, Unteroffiziere und Offiziere für die Fallschirmtruppe freizumachen. Da die bisherige Luftw.Feld-Divn dem Heer unterstanden, sollten wenigstens die noch in den Kasernen, Feldflug- und Übungsplätzen stehenden Luftwaffensoldaten unter Oberbefehl der Luftwaffe bleiben! So erging Anfang Februar 1945 der Befehl zur Aufstellung der 8. Fallsch.Jäg.D.

Glt. Wadehn, einst Kdr. der 10. Luftw.Feld-D. in Nordrußland, übernahm die Führung der Division.

Diese bestand aus den Fallsch.Jäg.Rgter 22, 23 und 24, die allerdings nie die Stärke normaler Rgter erhalten sollten. Ferner existierten alle übrigen Einheiten - wie Artillerie, Panzerjäger, Pioniere usw. - mit der Nr. 8; aber alle kamen nicht auf die Personalstärke früherer Divisionen.

Die ersten Kampfgruppen der neuen Division wurden noch während der Ausbildung zum Brückenkopf Wesel vorgeführt und hier in die vorderste Front eingereiht. Nach und nach trafen weitere Einheiten ein, die jetzt geschlossen im Divisionsverband im Raum Bönninghard zum Einsatz gegen die überlegenen kanadischen und britischen Kräfte kamen. Hierbei zeichnete sich besonders das Fallsch.Jäg.R. 24 aus, das eine Frontlücke zwischen Alpen und Veen schloß. Nach Räumung des Brückenkopfes Anfang März 1945 befand sich die Division im Abwehrkampf nördlich Duisburg.

Bis Ende März ging es dann in ständigen Kämpfen gegen britische Panzer in den Großraum Bremen zurück. Anfang April wurde das Gelände westlich der Hafenstadt Kampfgebiet. Hier standen in diesen Tagen die 15. Pz.Gren. D. mit der Pz.Ers.Brig.»Großdeutschland« und der 8. Fallsch.Jäg.D. in Gefechten mit Truppen des II. kanadischen und XXX. britischen AK. Die Fallschirmjäger verteidigten zwei Tage lang die Stadt Menslage, andere Teile der Division fochten in Schwagstorf. Am 13. April hielten die letzten Kampfgruppen der Fallschirmjäger um Cloppenburg. Erst als 300 britische Panzer gegen Cloppenburg vordrangen, riß die Front der 8. Fallsch.Jäg.D. auseinander. Reste der Division konnten sich noch bis Lauenburg an der Elbe durchschlagen, dann aber war das Ende unwiderruflich da.

Kommandeur:

Glt. Wadehn.

9. Fallschirmjägerdivision

Die Aufstellung der Division war für Oktober 1944 geplant, kam aber erst im Januar 1945 zustande. Der Wehrkreis II war unter Zustimmung des OKL verantwortlich für die Aufstellung dieser Division. Die Luftwaffe stellte für

diese Division Offiziere und Mannschaften des Fliegenden Personals (deren Geschwader mangels Flugzeuge aufgelöst worden waren) zur Verfügung, der Wehrkreis II brachte Ersatzeinheiten pommerscher Garnisonen ein. Die Zusammenstellung der neuen Division fand im rückwärtigen Gebiet der 11. Armee, später der 3. Pz.Armee in Pommern statt.
General d. Fallsch.Tr. Bräuer - einer der ersten Offiziere der Fallschirmjägertruppe, zuletzt Befehlshaber auf den griechischen Inseln - übernahm das Kommando der Division. Er wurde aber bald wieder abgelöst.
Die Division sollte über die Fallsch.Jäg.Rgter 25, 26 und 27 verfügen, die aber nie komplett aufgestellt werden konnten. Dagegen konnte eine Pz.Zerstör-Abt. mit drei Kpn unter Ob. Hermann gebildet werden. Ferner entstand das Pi.Btl. mit drei, die NA. mit zwei Kpn. Das Fallsch.AR. 9 erhielt zwei Abtlng schon bestehender Luftwaffenverbände.
Das I./Fallsch.Jäg.R. 25 verließ nach kurzer Zeit die Division und wurde das selbständige Fallsch.Jäg.Btl. 67. Dieses Btl. wurde noch Ende Februar 1945 in »Ju-52« und Lastensegler verladen und rund um Breslau abgesetzt. Kurz darauf folgten noch II. und III./Fallsch.Jäg.R. 26 ebenfalls nach Breslau. Diese drei Btle nahmen am Kampf der Besatzung der »Festung Breslau« bis zur Kapitulation teil. Damit war die 9. Fallsch.Jäg.D. kein Großverband mehr.
Die Divisionsgruppe - jetzt unter Führung von Ob. Hermann - kämpfte im Rahmen des XI. SS-K. an der Oderfront und zog sich Ende April nach Berlin zurück.
Die Division erhielt den Verteidigungsabschnitt G und H im Nordteil Berlins zum Kampfgebiet und verteidigte in den nächsten Tagen die nordöstlichen Vororte der Reichshauptstadt gegen die anrollenden Panzerverbände der »Roten Armee«. Da die Division noch einigermaßen intakt war, sollte sie den Rammbock - also die Spitze - beim geplanten Ausbruch nach Westen bilden, der von Hitler allerdings abgelehnt wurde. So blieben die Fallschirmjäger in Berlin - bis am 2. Mai 1945 der Kampfkommandant die Kapitulation anbot.

Kommandeure:

Gen. d. Fallsch.Tr. Bräuer; Ob. Hermann.

10. Fallschirmjägerdivision

Das OKL gab Befehl im März 1945 - als an allen Fronten der Krieg sich bereits dem Ende zuneigte - noch eine 10. Fallsch.Jäg.D. aufzustellen; obwohl

Die ersten Soldaten der Fallschirmjägertruppe - entstanden aus dem Wachregiment »General Göring« - bei einem Marsch durch Stendal. Nach entsprechender Ausbildung im Springen und Packen des Materials geht es zum ersten Sprung in die Maschinen vom Typ »Ju-52«.

Der erste Sprung: Nachdem der Absetzer den Befehl gab: »Fertig zum Sprung«, tritt der Fallschirmjäger in die offene Tür des Flugzeuges. Nach Ertönen des Boschhorns springt der Jäger hinaus.

Reihenabsprung von 36 Fallschirmjägern aus drei Maschinen »Ju-52«.

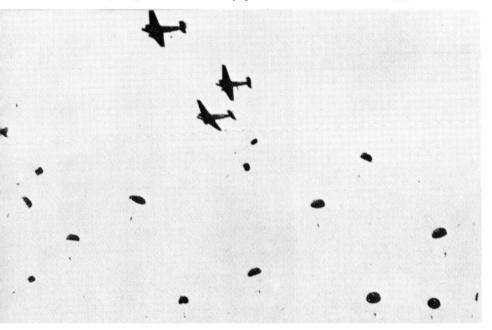

Der Schöpfer der Fallschirmtruppe Student - hier als General der Fallschirmtruppe und Kdr. General des XI. Fliegerkorps - läßt sich von einem jungen Soldaten über dessen Erfahrung nach dem ersten Sprung berichten. (Neben Student sein damaliger Ia, Major i.G. von Roon)

Das erste öffentliche Auftreten der neuen Fallschirmjägertruppe bei der Parade am 20.04.1939 in Berlin.

Die Vorbereitungen zum Westfeldzug 1940 beginnen für die Fallschirmjäger bereits im November 1939, als in Hildesheim die »Sturmabteilung Koch« gebildet wird, deren Aufgabe es ist, die belgischen Festungsanlagen und die großen Brücken über die Flüsse und Kanäle im niederländischen und belgischen Grenzbereich zu besetzen. Hierfür werden u.a. zum erstenmal in der Kriegsgeschichte Lastensegler vom Typ »DFS 230« benutzt, die neben dem Piloten noch zehn Fallschirmjäger tragen (Bild unten).

So ist eines der Ziele u.a. die 1200 m lange Straßenbrücke bei Moerdijk, die am Morgen des 10. Mai 1940 vom II./Fallsch.Jäg.R. 1 genommen wird.

Sechs Jäger der »Sturmabteilung Koch«, die das belgische Grenzfort Eben-Emael im Sprungeinsatz nach schwerem Kampf eroberten.

Die Fallschirmjäger, die zur Eroberung holländischer Flugplätze und zum Angriff auf Rotterdam eingesetzt sind, haben schwerste Kämpfe mit dem Gegner zu überstehen und kommen die ersten Tage überhaupt nicht voran.

Die Landung der schweren »Ju-52« auf dem Flugplatz Ypenburg bei Den Haag ist infolge des Abwehrfeuers kaum möglich, so daß zehn Maschinen auf der Autobahn Den Haag - Rotterdam niedergehen. Der Kampf der hier eingesetzten Fallschirmjäger ist erst zuende, als die Spitzentruppe der 9. Pz.D. an der Brücke von Dordrecht eintrifft. (Der 4. Offizier von links ist Oberst Bräuer, ein Offizier der »ersten Stunde«.)

Das Kriegsjahr 1941 bringt die Ausweitung des europäischen Krieges bis zum Balkan. Dabei erhält das Fallsch.Jäg.R. 2 Befehl, die Brücke über den Kanal von Korinth zu stürmen. Hier »hetzen« Jäger im Feuer britischer Geschütze am 26. April 1941 über die Brücke. (Das war die letzte Aufnahme eines damals bekannten Reporters, der während dieser Kämpfe fiel.)

Der bedeutendste Einsatz der deutschen Fallschirmtruppe, der auch ihr verlustreichster ist, war die Eroberung der Insel Kreta. Die für den Sprungeinsatz versammelte Truppe springt am Morgen des 22. Mai 1941 gleichzeitig an drei Stellen von Malemes im Westen bis Heraklion im Osten der Insel ab, um die wichtigsten Flugplätze und die Hauptstadt Chanea zu nehmen. Der Sprung erfolgt teilweise in die Stellungen des auf den Luftangriff (durch Spionage und Abhören deutscher Funksprüche) vorbereiteten Gegners. Erst als die 5. Geb.D. gelandet ist, gelingt es, den feindlichen Widerstand zu brechen.

Fallschirmjäger öffnen einen in der Luft abgesetzten Waffenbeutel, ergreifen die leichten MGs und Karabiner und stürzen dann gruppenweise gegen die stark verteidigenden Stellungen der britischen und neuseeländischen Truppen vor.

Wochenlang dauert der Kampf um Städte, Dörfer und Höhen Kretas, ehe sich der Gegner Ende Mai zur Südküste absetzt. (Bilder zeigen die Gefangennahme der letzten Neuseeländer in der Umgebung von Sfakia.) Die deutsche Fallschirmtruppe verliert beim Kampf um Kreta 3250 Gefallene und 3400 Verwundete.

Als die deutsche Offensive gegen die Sowjetunion im Winter 1941 zum Erliegen kommt, werden die Fallschirmjäger als Infanteristen in vorderster Front zur Verteidigung eingesetzt. Bild oben zeigt den schwer umkämpften Flugplatz Schaikowka, den das I./Fallsch.Sturm-R. unter hohen Verlusten verteidigt. Bild unten: der Rückzug der 2. Fallsch.Jäg.D. in der Ukraine 1944.

Als der Vormarsch des deutschen »Afrikakorps« 1942 vor El-Alamein an der ägyptischen Grenze steckenbleibt, wird die Fallsch.Brigade Ramcke nach Nordafrika gebracht. Die Soldaten - fast ohne Fahrzeuge - quälen sich durch Wüstensand nach Aufgabe der Stellung bis Tunesien zurück. Oben ein Pakgeschütz im Mannschaftszug, unten ein kaputtes Beiwagenkrad.

Der nächste Kriegsschauplatz der Fallschirmtruppe ist Italien. Das Fallsch.Jäg.R. 3 springt im Lufteinsatz in Sizilien ab, schlägt sich durch die feindlichen Linien südlich Catania und wird nach erfolgtem Durchbruch vom Divisionskommandeur - Bild oben - empfangen. Nach dem Abfall Italiens stürmt die 2. Fallsch.Jäg.D. am 09.09.1943 Rom (Bild unten).

Das Jahr 1944 sieht die Fallschirmtruppe im Kampf in Italien, wobei die Jäger bei der Schlacht um den Monte Cassino vom Gegner den Ehrennamen »Grüne Teufel« erhalten. Das Bild oben zeigt das am 15. Februar 1944 durch einen alliierten Luftangriff zerstörte Kloster auf dem Monte Cassino. Hier kämpften die Jäger monatelang um jeden Meter Boden (Bild unten).

Der letzte Großeinsatz der Fallschirmtruppe findet 1944 in Frankreich statt. Die Jäger stehen seit Beginn der alliierten Invasion in vorderster Front und beweisen bis Kriegsende ihre Durchhaltekraft. Das Bild zeigt einen Stützpunkt mit MG-42 an der Invasionsfront.

Das letzte Bild zeigt General der Fallschirmtruppe Ramcke, den Verteidiger von Brest und höchstausgezeichneten Soldaten dieser Truppe.

es ja keine Truppe mehr gab, die man im Reich als Fallschirmjäger ansprechen konnte.
Deshalb wurden die aus Italien zur Westfront transportierten Verbände der 1. und 4. Fallsch.Jäg.D. in Melk angehalten, aus den Zügen geholt. Jede der beiden Divisionen sollte vorerst einmal drei komplette Btle und eine Art.Abt. abgeben. Doch so weit kam es gar nicht mehr. Statt der erhofften drei Fallsch.Jäg.Rgter 28, 29 und 30 konnte nur das Fallsch.Jäg.R. 30 komplett gebildet werden. Dazu kam dann eine I./Fallsch.AR. 10 und die Fallsch.Pz.Jäg.Abt. 10 mit fünf Kpn.
Ob. von Hoffmann übernahm die Führung dieser »Rumpfdivision«, die bereits Ende April zum XXIV. Pz.K. der 1. Pz.Armee nach Mähren abtransportiert wurde. Hier gerieten die Fallschirmjäger bald im Kampf gegen die auf Brünn vorrollenden sowjetischen Panzerstreitkräfte. Ein Teil der Kampfgruppe des Ob. von Hoffmann wurde noch über St. Pölten und in das Alpengebiet umgeleitet, wo die Truppe unter Befehl der 6. SS.Pz.Armee zum Fronteinsatz kam.
Die verschiedenen Kampfgruppen der letzten frontfähigen deutschen Fallsch.Jäg.D. gingen im Strudel der Kapitulation unter.

Kommandeur:

Ob. von Hoffmann.

11. Fallschirmjägerdivision

Der Luftgau XI (Oldenburg) erhielt in den letzten Tagen des Monats März 1945 Befehl, noch eine 11. Fallsch.Jäg.D. mit den Rgtern 37, 38 und 39 und den Divisionstruppen mit Nr. 11 aufzustellen. Die Kader für Offiziere und Unteroffiziere sollte aus den Ersatztruppenteilen der Luftwaffe sowie aus deren Genesungskompanien genommen werden. Die Mannschaften mußten vom Heer, der Kriegsmarine und dem Volkssturm kommen.
Noch während der ersten Tage der Aufstellung erfolgte die Verladung und der Transport in die Niederlande. Die wenigen Verbände wurden auf die verschiedenen Ausbildungsplätze der Luftwaffe verteilt; aber nie zu einem geschlossenen Kampfverband zusammengeführt und deshalb war ein Fronteinsatz nicht mehr möglich. Die Kapitulation traf den Torso dieser Division noch während der frontnahen Ausbildung.
Die 11. Fallsch.Jäg.D. besaß keine Divisionsführung und deshalb auch keinen Kdr. mit entsprechendem Stab.

Anlagen

Gliederung der Stellenbesetzung der Fallschirmjägertruppe bei der Landung auf Kreta, 20. Mai 1941

Generalkommando XI. Fl.K.
    Komm.General: Gen.d.Fl. Student
    Chef d. Gen.St.:   Gm. Schlemm
    Ia (1. Gen.St.Offz.):   Oberstlt. i. G. Trettner
    IIa (Adjutant):   Ob. von Fichte
7. Fl.D.
    Div.Kdr.:   Glt. Süßmann (beim Anflug gefallen)
    Ia (1. Gen.St.Offz.):   Mj. i. G. Graf von Üxküll
Fallsch.Jäg.R. 1:   Ob. Bräuer
    I. Btl.:   Mj. Walther
    II. Btl.:   Hptm. Burckhardt
    III. Btl.:   Mj. Schulz
Fallsch.Jäg.R. 2:   Ob. Sturm
    I. Btl.:   Mj. Kroh
    II. Btl.:   Hptm. Pietzonka
    III. Btl.:   Hptm. Wiedemann
Fallsch.Jäg.R. 3:   Ob. Heidrich
    I. Btl.:   Hptm. Freiherr v. d. Heydte
    II. Btl.:   Mj. Derpa
    III. Btl.:   Mj. Heilmann
Luftlande-Sturm-R.:   Gm. Meindl
    I. Btl.:   Mj. Koch
    II. Btl.:   Mj. Stentzler
    III. Btl.:   Mj. Scherber
    IV. Btl.:   Hptm. Gericke
Fallsch.Pi.Btl. 7:   Mj. Liebach
Fallsch.Art.Abt. 7:   Mj. Bode
Fallsch.MG-Btl. 7:   Hptm. Schulz
Fallsch.Pz.Jäg.Abt. 7:   Hptm. Schmitz
Fallsch.Fla-MG-Btl. XI: Hptm. Baier
Fallsch.San.Abt. XI.:   Ob.Stabsarzt Dr. Berg
Luft-NA. 41 (mot.):   Hptm. Hoppe

Träger höchster Tapferkeitsauszeichnungen

Eichenlaub mit Schwertern und Brillanten zum Ritterkreuz

lfd. Nr.	Dienstgrad, Name, Dienststellung	Tag der Verleihung
20.	Gen.d.Fallsch.Tr. Ramcke, Kdt. Festung Brest	19. 9.1944

Eichenlaub mit Schwertern zum Ritterkreuz

55.	Glt. Heidrich, Kdr. 1. Fallsch.Jäg.D.	25. 3.1944
67.	Ob. Heilmann, Kdr. Fallsch.Jäg.R. 3	15. 5.1944
96.	Ob. Kroh, Führer 2. Fallsch.Jäg.D.	12. 9.1944
99.	Gen. d. Fallsch.Tr. Ramcke, Kdt. Festung Brest	19. 9.1944
112.	Ob. Schulz, Führer 1. Fallsch.Jäg.D.	18.11.1944
131.	Ob. Walther, Führer Fallsch.Pz.Gren.D. »H.G.«	1. 2.1945
155.	Gen.d.Fallsch.Tr. Meindl, Komm.Gen. II. Fallsch.K.	8. 5.1945

Ferner erhielten 29 Offiziere das Eichenlaub zum Ritterkreuz; 218 Offiziere, Unteroffiziere und Mannschaften wurden mit dem Ritterkreuz des Eisernen Kreuzes ausgezeichnet.

Nennung der Divisionen im Bericht des OKW 1943-1945

1. Fallsch.Jäg.D.: 18.8., 24.12.1943; 25.3., 20.5., 29.6.1944;
2. Fallsch.Jäg.D.: 10.9.1944;
3. Fallsch.Jäg.D.: 19.6.1944;
4. Fallsch.Jäg.D.: 2.6., 10.6., 28.6.1944.

(Hierbei sind nicht gezählt die Erwähnungen von Divisionseinheiten und Personen.)

Divisionen der Waffen-SS

Geschichte bis Kriegsausbruch

Die Geschichte dieser Organisation - von Truppe konnte bis 1933 nicht gesprochen werden - begann mit der Geschichte der NSDAP. Als Hitler nach seiner Entlassung aus der Festungshaft begann, die Partei neu zu organisieren, bildete sich zu seinem persönlichen Schutz eine Gruppe junger Männer (meist ehemalige Frontsoldaten des 1. Weltkrieges), die sich Schutzstaffel - abgekürzt SS - nannte. Diese Gruppe hatte allein die Aufgabe, den persönlichen Schutz Hitlers bei Wahlversammlungen, Veranstaltungen, Propagandamärschen usw. zu gewährleisten.

Diese kleine bescheidene Schutzstaffel erweiterte sich in den folgenden Jahren zu einer Organisation selbständiger Art, die sich bewußt von den Sturmabteilungen (SA) der NSDAP unterscheiden wollte. So trugen die Angehörigen dieser Organisation eine schwarze Uniform; ihre Gliederung entsprach der der SA.

Der ehemalige Generalstabschef der deutschen »Heeresgruppe Kronprinz« im 1. Weltkrieg, General Graf von der Schulenburg, schrieb in späteren Jahren, daß sich das Deutsche Reich eine Elitetruppe leisten sollte, die direkt dem Reichskanzler unterstellt bliebe und die ähnliche Aufgaben erfüllen müßte, wie vor Jahren die einstigen Garderegimenter des Kaisers.

Mit der Machtübernahme Hitlers im Januar 1933 konnte dieses Gedankengut in die Tat umgesetzt werden. Noch in diesem Jahr wurde mit der Aufstellung kasernierter Bereitschaften der SS begonnen. Diese neuen Verbände erhielten vorerst den Charakter einer polizeilichen Organisation.

Gleichzeitig begann 1933 die Aufstellung des Regiments »Leibstandarte Adolf Hitler«. Diese Einheit entsprach in Stärke und Bewaffnung einem normalen Infanterieregiment. Ihre Angehörigen waren junge Freiwillige, die über eine entsprechende Körpergröße (Gardemaß) und vollständige Gesundheit verfügen mußten. Das Führerkorps wurde fast ausschließlich von ehemaligen Frontoffizieren des 1. Weltkrieges gestellt.

Die »Leibstandarte« - ab jetzt nur so bezeichnet - fand Unterkunft in der ehemaligen preußischen Kadettenanstalt in Berlin-Lichterfelde. Die Bewaffnung und ihre Gefechtsausbildung erhielt die Standarte auf den Übungsplätzen des Heeres im Großraum Berlin.

Die Uniform war die schwarze Uniform der »Allgemeinen SS«, lediglich am linken Uniformärmel trug ein Band den Namen »Adolf Hitler«. Der schwar-

ze Uniformmantel kannte diesen Ärmelstreifen und die Hakenkreuz-Armbinde nicht.
Erster Führer der Standarte - das Wort Kommandeur wurde noch nicht gebraucht - war SS-Standartenführer Dietrich; im 1. Weltkrieg Feldwebel der kgl. bayerischen Tankabteilung (d.i. Panzerabteilung).
Die Hauptaufgabe der »Leibstandarte« blieb nach wie vor der persönliche Schutz des Reichskanzlers, seiner Minister sowie ausländischer Staatsbesucher. Ferner stellte die Standarte bei Nationalfeiertagen und ähnlichen anderen Anlässen die Ehrenformationen.
Das nächste Jahr 1934 brachte dann die Gründung der SS-Junkerschule in Bad Tölz sowie die Aufstellung der SS-Standarten »Deutschland« und »Germania« sowie eines SS-Pionier-Sturmbanns. (Letzterer entsprach einem Pi.Btl. des Heeres.) Standorte der genannten Verbände waren München, Hamburg-Langenhorn und Dresden.
Der deutsche Reichstag erließ am 16. März 1935 das Gesetz über die Wehrhoheit des Reiches. Das Gesetz hatte u.a. zum Inhalt die Erweiterung des Heeres auf 36 Divisionen sowie die Bildung einer Division der bewaffneten SS. Mit diesem Gesetz konnte eine zweite SS-Junkerschule in Braunschweig und ein SS-Nachrichten-Sturmbann in Unna/Westfalen gebildet werden.
Die Führung der zweiten Junkerschule übernahm der ehemalige Generalleutnant der Reichswehr Hausser. Er wurde in den nächsten Jahren nicht nur Ausbilder und Erzieher der späteren Offiziere der Waffen-SS, sondern auch Organisator dieser neuen militärisch-geschulten Truppe; von seinen Soldaten »Papa Hausser« genannt.
Das Jahr 1935 brachte das erste öffentliche Auftreten der »Leibstandarte«, als diese Truppe in schwarzer Uniform mit grauem Stahlhelm, mit Tornister und geschultertem Gewehr am 1. März 1935 nach der saarländischen Volksabstimmung in Saarbrücken einmarschierte.
Die nächsten beiden Jahre sahen dann eine weitere Angliederung an das Heer vor. So wurde 1937 die Einführung der feldgrauen Dienstuniform für die Truppenteile der SS-Verfügungsverbände und ein Jahr später das Tragen der Schulterklappen und der Waffenfarben des Heeres zur feldgrauen Uniform befohlen. Der Reichsführer-SS richtete 1938 die Inspektion der SS-Verfügungstruppe im SS-Hauptamt ein und ordnete später in den neuen ostmärkischen Wehrkreisen die Aufstellung des SS-Rgt. »Der Führer« an.
Denn nun war im März 1938 Österreich von der deutschen Wehrmacht unblutig besetzt worden. Die »Leibstandarte« konnte dabei ihre Beweglichkeit und ihre Zugehörigkeit zum Heer unter Beweis stellen. Sie wurde Anfang März in ihrem Standort Berlin mobil gemacht und nach Passau befohlen. Hier gehörte sie zum XV. AK. (mot.) des Generals Guderian und marschierte gemeinsam mit der 2. PD. am 13. März 1938 über Linz, St. Pölten nach Wien. Die »Leibstandarte« hatte dabei innerhalb von zwei Tagen eine Wegstrecke von 1000 km zurückgelegt.

Schon im Oktober desselben Jahres marschierte die »Leibstandarte« in feldgrauer Heeresuniform - lediglich auf dem linken Uniformärmel den Hoheitsadler und am Unterarm das Ärmelband »Adolf Hitler« - vom Erzgebirge aus in das Sudetenland ein und besetzte den Raum im Egerland.

Hitler unterzeichnete am 17. August 1938 - also noch vor dem Einmarsch in das Sudetenland - einen Erlaß, in dem es u.a. hieß:

»... die SS-Verfügungstruppe kein Teil der Wehrmacht oder der Polizei ist, sondern eine stehende, bewaffnete Truppe zu meiner Verfügung...«

Der Erlaß besagte ferner, daß die existierenden SS-Totenkopfverbände - deren Aufgabe es war, die Konzentrationslager zu führen, zu verwalten und zu bewachen - weder ein Teil der Wehrmacht noch der Polizei, sondern eine kasernierte Truppe der SS war.

Das letzte Friedensjahr brachte dann eine Vollmotorisierung der bisherigen SS-Verfügungstruppe, Ausrüstung mit schweren Waffen und Neubildung eines AR. in Jüterbog.

Die Friedensgliederung der SS-Verfügungstruppe im Spätsommer 1939 ergab folgendes Bild:

SS-Leibstandarte mit 3 Inf.Btle (mot.), 13.-15. Kp., Pi.-, Pz.Spähzug,
    Wach-Btl. in Berlin;
SS-Stand. »Deutschland« (Gliederung wie oben, ohne Pi.Zug)
    in München;
SS-Stand. »Germania« (Gliederung wie oben) in Hamburg-Langenhorn, Arolsen, Ellwangen;
SS-Stand. »Der Führer« (Gliederung wie oben) in Wien, Graz,
    Klagenfurt;
SS-Stand.zbV. mit zwei Kradschtz.Btle, Nachrichtenzug
    in Ellwangen und Dachau;
SS-AR. (mot.) mit 3 Abtlgn lFH in Jüterbog;
SS-Pi.Sturmb. mit 3 Kpn, 1 lei.Kolonne in Dresden;
SS-Nachr.Sturmb. mit 2 Kpn, 1 lei.Kolonne in Unna.

Der 2. Weltkrieg

Mit dem Befehl »Geheime Mobilmachung« am 26. August 1939 erfolgte die Inmarschsetzung der SS-Verbände in die Ostgebiete. Bereits vorher - unter der Tarnbezeichnung »Teilnahme an der 25-Jahrfeier der Schlacht von Tannenberg« - waren SS-Leibstandarte, das Rgt. »Deutschland«, das SS-AR., SS-Nachr.Sturmb. und neuaufgestellte SS-Nachschubverbände und SS-San. Kpn nach Ostpreußen transportiert worden. Die SS-Stand.zbV. in Ellwan-

gen wurde aufgelöst und die beiden Kradschtz.-Btle bildeten die neue SS-Aufkl.Abt., die gleichfalls nach Ostpreußen in Marsch gesetzt wurde. Diese Verbände wurden dem neugebildeten Pz.Verband Ostpreußen des Gm. Kempf unterstellt. SS-Gruf. Hausser, der ebenfalls nach Ostpreußen ging, übernahm keinen Befehl, sondern blieb als Beobachter bei der Truppe. Die genannten Einheiten nahmen an den Kämpfen des Pz.Verbandes am rechten Flügel der 3. deutschen Armee in Ostpreußen bis zur Kapitulation Polens teil.
Die übrigen SS-Rgter, Btle und Abtlgn traten mit Kriegsbeginn unter Befehl der Heeres-AOK: So SS-Stand. »Germania« zum AOK 14 in Südpolen, SS-Stand. »Der Führer« zum AOK 7 in Baden, der SS-Pi.Sturmb. und die Leibstandarte zum AOK 10 in Niederschlesien.
Mit Kriegsbeginn wurde im Raum Danzig aus den in Ostpreußen existierenden SS-Totenkopfverbänden die SS-Heimwehr »Danzig« in Regimentsstärke gebildet. Diese Truppe nahm an den Kämpfen um und in Danzig teil. Sie unterstand in diesen Tagen der aus Heeresteilen zusammengestellten Brig. des Gm. Eberhardt.
Nach dem Polenfeldzug begann eine Umgliederung und Neuaufstellung von SS-Verbänden. Die Leibstandarte wurde nach ihrer Rückführung nach Berlin in ein verstärktes IR.(mot.) umgerüstet. Die drei bisher selbständigen Rgter »Germania«, »Deutschland« und »Der Führer« wurden mit weiteren neuaufgestellten Divisionstruppen zur SS-Verf.D. (SS-Verfügungsdivision) zusammengestellt. Ab Oktober 1939 bildeten sich die SS-Totenk.D. (SS-Totenkopfdivision) und die SS-Pol.D. (Polizeidivision). Ferner entstanden in den nächsten Monaten zehn selbständige SS-Inf.Rgter, ein SS-Kav.R. (Warschau), eine SS-NA. sowie die SS-Infanterie- und SS-Unterführerschule in Radolfzell und Lauenburg/Pommern.
Das Führer-, Unterführer- und Mannschaftspersonal dieser neuen Einheiten entstammten zum Teil den SS-Totenkopfstandarten (Bewachung der KZ-Lager), der Schutzpolizei und Gendarmerie sowie den vielen Kriegsfreiwilligen. Dazu kamen bis zum Beginn des Westfeldzuges noch die SS-Ersatz-Sturmbanne in Berlin-Lichterfelde, Hamburg-Langenhorn, Breslau, Arolsen und Braunschweig, das Pi.-Ersatz-Btl. Dresden, das Nachr.Ersatz-Btl. in Nürnberg. Die bisher in Braunschweig bestehende SS-Junkerschule wurde nach Wien verlegt.
Bei Beginn des Westfeldzuges am 10. Mai 1940 - am Norwegenfeldzug waren keine Verbände der SS beteiligt - standen die SS-Verfügungs-D. und die Leibstandarte in vorderster Front. Die SS-Verf.D. fand in den ersten Kriegstagen in den Niederlanden Verwendung, die Leibstandarte bei der Pz.Gruppe Guderian. Nach den ersten zehn Feldzugstagen traf die SS-Totenk.D. dort ein. Die SS-Pol.D. lag in den Stellungen des Westwalls am Oberrhein. Die beiden SS-Divisionen und die Leibstandarte nahmen an den Kämpfen in den Niederlanden, Belgien und Nordostfrankreich (Schlacht um Dünkirchen) teil. Die zweite Phase des Feldzuges brachte die SS-Verf.- und SS-

Totenk.D. bis zur spanischen Grenze, die SS-Leibstandarte bis Lyon und die SS-Pol.D. bis Südwestfrankreich.
Nach dem Westfeldzug konnte aus den vielen Freiwilligen der Heimat, aus Dänemark, Norwegen, Finnland, Schweden und den Niederlanden die SS-Division »Wiking« gebildet werden. Hinzu kamen Freiwillige aus Frankreich und besonders aus Spanien. Diese standen allerdings in Verbänden des Heeres (»Blaue Division«). Erst ab 1942 wurden alle europäischen Freiwilligen auch aus Südost- und Osteuropa nur in Truppenteile der Waffen-SS eingestellt.
Der Begriff »Waffen-SS« - der von nun ab Bezeichnung dieser Truppengattung war - wurde zum erstenmal von Adolf Hitler selbst geprägt. Er sagte in seiner bemerkenswerten Ansprache vor dem Deutschen Reichstag am 19. Juli 1940 in Berlin:
»In diesem Kampf nun, meine Abgeordneten, hat das deutsche Fußvolk sich wieder als das erwiesen, was es immer war: als die beste Infanterie der Welt. Mit ihr wetteiferten alle anderen Waffen des Heeres: und vor allem die jungen Verbände der Panzer- und Motortruppen.
...Die Männer der Waffen-SS nahmen an diesem Ruhm teil!«

Vier Offiziere und ein Unteroffizier der Waffen-SS wurden nach dem Feldzug 1940 mit dem Ritterkreuz des Eisernen Kreuzes ausgezeichnet.
Jetzt erfolgte eine rasche Vergrößerung der Verbände. Die Leibstandarte wurde schon kurz nach dem Westfeldzug auf eine mot.Brigade vergrößert. Die SS-D. »Wiking« entstand ab Frühjahr 1941 als eine mot.D. aus nord- und westeuropäischen Freiwilligen.
Nur die Pol.D. aus Angehörigen der Polizei und Heerestruppenteile des Wehrkreises III (Berlin) unterstand nicht den Führungsämtern der SS, sondern bis zum Beginn des Ostfeldzuges dem Chef der Ordnungspolizei im Reichsministerium des Innern. Die Einheiten dieser Division trugen bis 1943 die feldgraue Uniform der Polizei, jedoch mit dem Hoheitszeichen der Waffen-SS. Die Dienstgrade entsprachen bis dahin den bisherigen Polizeidienstgraden.
Doch bevor diese Umrüstung und Umgliederung ihr Ende fanden, war ein neuer Kriegsschauplatz entstanden: Balkan. An diesem Feldzug nahmen die SS-Verf.D. und die Brig. Leibstandarte teil. Die erste Division unterstand dem XXXXI. AK.mot. der Pz.Gruppe Kleist, die von Rumänien aus nach Jugoslawien vorstieß und im Frontalangriff Belgrad nehmen sollte. Eine Vorausgruppe der 2./Kradschtz.Btl. »Das Reich« unter SS-Hpt.Sturmf. Klingenberg erreichte als Spitzentrupp der Pz.Gruppe bereits am 12. April Belgrad.
Die Leibstandarte gehörte dem XI. AK. der deutschen 12. Armee an. Dieses Korps bildete die Westgruppe der Armee, die vom Norden her nach Griechenland vordrang. Die Leibstandarte stieß über den Klisura-Paß auf Grevena vor. Hier wurde eine gesamte griechische Armee eingeschlossen. Nach de-

ren Kapitulation führte SS-Ob.Gruf. Dietrich auf deutscher Seite die Kapitulationsverhandlungen.
Noch während der Balkanfeldzug lief, begann auf Hochtouren der deutsche Aufmarsch gegen Rußland. Bis Mitte April 1941 waren an den Ostgrenzen des Reiches die ersten Verbände der Waffen-SS und der Pol.D. eingetroffen. Als am 22. Juni 1941 der Feldzug gegen die »Rote Armee« begann, standen von Süd nach Nord in Front bzw. als Reserveverbände dicht dahinter:
Leibstandarte und SS-D.»Wiking« bei 6. Armee;
SS-D.»Das Reich« bei Pz.Gruppe 2 (XXXXVI. AK.mot.);
SS-D.»Totenkopf« bei Pz.Gruppe 3 (XXXXI. AK.mot.);
Pol.D. OKH-Reserve (L. AK.).
Die drei motorisierten Divisionen und die Leibstandarte waren vom ersten Feldzugstag am Krieg gegen die Sowjetunion dabei. Die Verbände der Waffen-SS nahmen an den wichtigsten Frontabschnitten am Vormarsch ihrer Heeresgruppen teil. Sie konnten - dank ihrer modernen und besseren Ausrüstung an Fahrzeugen und Waffen - den motorisierten Truppen des Heeres gleichziehen und waren diesen oft voraus.
Nachfolgend ihr Einsatz in Stichworten:
Heeresgruppe Süd: Die beiden Verbände der Waffen-SS waren in den ersten Tagen Reserveeinheiten, wurden aber bald in vorderster Front eingesetzt. Bereits Mitte Juli stand die Leibstandarte allen anderen Divisionen der Heeresgruppe weit voraus und befand sich der ukrainischen Hauptstadt Kiew am nächsten, wurde aber dann nach Südwesten eingedreht, um den Kessel bei Uman zu schließen. Einen Monat später nahm die SS-D.»Wiking« Dnjepropetrowsk und die Leibstandarte eroberte Chersson an der Dnjeprmündung. Bei der Kesselschlacht von Kiew war neben SS-D.»Wiking« auch die vom Mittelabschnitt eingetroffene SS-D.»Das Reich« beteiligt, während die Leibstandarte - inzwischen auf Stärke einer PD. erweitert - zum Asowschen Meer vorstieß, Taganrog und Rostow an der Donaumündung nahm.
Heeresgruppe Mitte: Die SS-D.»Das Reich« gehörte zur Pz.Gruppe Guderian und nahm mit dieser an der Kesselschlacht um Minsk teil, stieß weiter in den Raum Smolensk vor und hatte um Jelnja schwere Verteidigungskämpfe gegen überlegene Kräfte der »Roten Armee« zu bestehen. Als die Pz.Gruppe zur Kesselschlacht um Kiew nach Süden einschwenkte, stieß die Division bei Paritschi über die Dessna bis ostwärts Priluki vor. Wenige Tage vor Ende der Kesselschlacht ging es nach Nordosten, um am »Unternehmen Taifun« - dem Angriff auf Moskau - teilzunehmen. Dabei wurde die Division im Schwerpunkt der 4. Pz.Armee eingesetzt und gehörte zu den Divisionen, die Moskau am nächsten standen. Im rückwärtigen Gebiet der Heeresgruppen Süd und Mitte war mittlerweile die neugebildete SS-Kav.Brig. 1 eingetroffen, die in den Pripjetsümpfen zum Kampf gegen Partisanen ihren Einsatz fand.
Heeresgruppe Nord: Die SS-D.»Totenkopf« unterstand der 16. Armee und stieß in den ersten Feldzugswochen über die Düna nach Nordosten Richtung

Ilmensee vor. Bis Jahresende erreichten die Einheiten das Wald- und Sumpfgebiet des Waldaigebirges südostwärts des Sees. Dann hinderte der rasche und eiskalte Wintereinbruch am weiteren Vormarsch. Die SS-Pol.-D., zur 18. Armee, zeitweise zur 4. Pz.Armee gehörend, machte den Vormarsch durch das Baltikum und Nordrußland bis in die südlichen Vororte Leningrads mit. Die Division - teilweise in Kampfgruppen eingesetzt - hatte schwere Verluste zu verzeichnen.

Die Erfolge der Deutschen Wehrmacht im ersten Jahr des Krieges gegen die Sowjetunion bewogen viele Deutsche und Ausländer, in die Reihen der Waffen-SS einzutreten. So wuchs die Zahl der Soldaten dieser Truppe innerhalb der Jahre 1941 und 1942 von 220000 auf 330000 Mann. Die ausländischen Freiwilligen wurden 1941 in sogenannte SS.-Legionen zusammengefaßt, aus denen ab 1942 die neuen SS-Divn. entstanden. So existierten im Kriegsjahr 1942 u.a. die SS-Legionen »Flandern«, »Wallonien«, »Nederlande«, »Frankreich« ferner das »Freikorps Danmark« und die beiden SS-Btle »Estland« und »Lettland«. Diese neuen Verbände kamen im Kriegsjahr 1942 ausnahmslos an der Ostfront - entweder im Verband schon bestehender Divn oder selbständig - zum Einsatz.

Die Divisionen der Waffen-SS, die Brigaden, Legionen und selbständigen Truppenteile nahmen an allen Frontabschnitten im Osten in vorderster Front teil. Im Norden kämpften weiterhin die SS-Pol.D. bei Leningrad und am Wolchow, die SS-D. »Totenkopf« im Kessel von Demjansk sowie die baltischen Legionen gleichfalls vor Leningrad und am Wolchow. Im Mittelabschnitt verblieb die SS-D. »Das Reich« und im Südabschnitt stieß die SS-D. »Wiking« bei Rostow über den Don und kämpfte sich bis Ende August auf die Höhen des Kaukasus vor. Die Leibstandarte war im Juli nach Frankreich verlegt, um hier zur modernsten PD. des deutschen Heeres umgerüstet zu werden.

Der Jahresanfang 1943 zeigte auch bei den Truppen der Waffen-SS - genau wie bei denen des Heeres, der Luftwaffe und Kriegsmarine - daß eine Vermehrung der Truppe nicht mehr allein aus Freiwilligen möglich war. Bei der Werbung für die Waffen-SS wurden in der Heimat teilweise Druck auf die zur Musterung Anstehenden ausgeübt und die Volksdeutschen in den besetzten Gebieten zwangsweise zur Waffen-SS eingezogen. Desweiteren erfolgten nun zunehmend Rekrutierungen aus den nicht-germanischen Völkern wie Albanern, Esten, Finnen, Galiziern, Kosaken, Letten, Litauer, Muselmanen, Russen, Ukrainer und Weißruthenen.

Die Zusammensetzung der 1942/43 entstandenen neuen Divisionen der Waffen-SS war ab 1943 aus den Bezeichnungen der einzelnen Großverbände abzulesen. So kam - besonders nach 1943, als die rasante Vermehrung der Waffen-SS begonnen hatte - die Zusammensetzung der einzelnen Divisionen zum Ausdruck. Es führten die Divisionen, die vorwiegend aus Freiwilligen der »germanischen« Rasse bestanden, die Bezeichnung »Freiwillige D.«. Die

Divisionen mit fremdvölkischen Soldaten wurden dagegen als »Waffen-Gren.D.-SS« bezeichnet.

Die Aufstellung der Divisionen der Waffen-SS nach 1942 zeigte ungefähr dasselbe Bild in Zusammensetzung, Waffen usw. wie es von den entsprechenden Divisionen des Heeres bekannt war. Doch war immer wieder feststellbar, daß Gliederung und Bewaffnung stärker und umfangreicher als bei den Heeresdivisionen sich darstellten. Dieser Tatbestand konnte bedingt als gerechtfertigt angesprochen werden, da oft die Divisionen der Waffen-SS als »Feuerwehr« bei brenzlichen militärischen Lagen zum Einsatz kamen.

Im Zuge der Vermehrung der Waffen-SS entstand im Juli 1942 das erste Generalkommando mit Bezeichnung SS-Pz.K. Der Stab wurde mit entsprechenden Korpstruppen auf dem Truppenübungsplatz Bergen zusammengestellt. Erster Kommandierender General wurde SS-Ob.Gruf. Hausser. Das Gen.Kdo. verlegte im Dezember 1942 nach Toulon/Südfrankreich; doch wurde es bereits im Januar 1943 an die Ostfront gerufen.

Das Gen.Kdo. übernahm den Frontabschnitt im Raum Charkow, mußte aber angesichts einer drohenden Einschließung die Stadt am 15. Februar 1943 räumen. Die »Rote Armee« stieß weit nach Westen vor. Entgegen allen Befehlen Hitlers gingen die drei Divisionen des Korps - Leibstandarte, »Das Reich« und »Totenkopf« - nicht zurück, sondern umgingen Charkow nach Osten und griffen die Stadt an, die am 14. März 1943 zurückerobert werden konnte. Das war nach langem der erste deutsche Erfolg im Osten!

Der zweite geschlossene Einsatz der drei Divisionen erfolgte beim »Unternehmen Zitadelle«, der letzten von deutscher Seite begonnenen Offensivschlacht. Das Ziel des Angriffs sollte die Abschnürung des sowjetischen Frontbogens bei Kursk sein, der weit nach Westen wie eine Beule in die deutsche Front ragte. Die Heeresgruppe Süd mußte in Zusammenarbeit mit der von Norden her vorstoßenden Heeresgruppe Mitte diese Frontbeule eindrücken.

Der am 5. Juli 1943 begonnene Angriff beider Heeresgruppen sah bei der südlichen Heeresgruppe das SS-Pz.K. - im Juni noch in II. SS-Pz.K. umbenannt - mit seinen drei SS-PDs am rechten Flügel der 4. Pz.Armee. Die drei Divn konnten schon am zweiten Offensivtag die feindliche HKL durchstoßen und bis 18 km Tiefe nach Nordosten vordringen. Doch die »Rote Armee« - die schon lange von dem »Unternehmen Zitadelle« wußte - hatte ihre Panzertruppen zum Gegenangriff längst in Bereitstellung stehen. So kam es Mitte Juli bei Prochochowka zur größten Panzerschlacht des 2. Weltkrieges, die auf deutscher Seite von den drei Divn des II. SS-Pz.K. durchfochten wurde. Dann mußte nicht nur das Korps, sondern die gesamte Heeresgruppe die Schlacht abbrechen.

Das II. SS-Pz.K. hatte zwischen 5. und 19. Juli 1943 insgesamt 1447 Gefallene, 6198 Verwundete und 138 Vermißte (Gefangene) zu beklagen. Die drei Divn des Korps - die ersten der Waffen-SS überhaupt - wurden fortan auseinandergerissen und kämpften teilweise unter Heeres AKs an verschiedenen Frontabschnitten.

Am Jahresende 1943 zählte die Waffen-SS bereits sieben Gen.Kdos: Das I. SS-Pz.K. war am 27. Juli 1943 in Berlin-Lichterfelde gebildet worden, das II. SS-Pz.K. bestand schon, das III. Pz.K. entstand am 15. April 1943 in Grafenwöhr, das IV. SS-Pz.K. wurde am 30. August 1943 in Poitiers aufgestellt (diese Aufstellung wurde abgebrochen, das Gen.Kdo wurde dann VI. SS-K.), das V. SS-Geb.K. wurde in Berlin zusammengestellt, das VI. SS-K. trat am 8. Oktober 1943 in Grafenwöhr (s. IV. SS-Pz.K.) zusammen und das VII. SS-Pz.K. entstand am 3. Oktober 1943.

Das Jahr 1943 brachte neben diesen Gen.Kdos eine Vielzahl von neuen Divn und Brigaden, so daß man nun nicht mehr von einer »Elitetruppe« sprechen konnte, da die Zahl der Offiziere, Unteroffiziere und Mannschaften bis Jahresende 1943 auf 540000 und ein Jahr später auf 910000 anwachsen sollte.

Zur letzten Zahl gehörten bereits 40000 ehemalige Soldaten der Luftwaffe aus aufgelösten Fliegergeschwadern oder Luftw.Feld-Divn sowie 5000 ehemalige Angehörige der Kriegsmarine aus ebenfalls aufgelösten Dienststellen.

Der Reichsführer-SS befahl am 22. Oktober 1943 die Durchnumerierung aller Verbände der Waffen-SS bis hinunter zu den selbständigen Sturmbanneinheiten (Btl.-Stärke). Am Jahresende 1943 befanden sich im Einsatz:

1.	SS-PD. Leibstandarte	Ostfront
2.	SS-PD. »Das Reich«	Ostfront
3.	SS-PD. »Totenkopf«	Ostfront
4.	SS-Pol.D.	Ostfront
5.	SS-PD. »Wiking«	Ostfront
6.	SS-Geb.D. »Nord«	Finnland
7.	SS-Geb.D. »Prinz Eugen«	Balkan
8.	SS-Kav.D. »Florian Geyer«	Ostfront
9.	SS-PD. »Hohenstaufen«	Frankreich
10.	SS-PD. »Frundsberg«	Frankreich
11.	SS-Pz.Gren.D. »Nordland«	Ostfront
12.	SS-PD. »Hitlerjugend«	Frankreich
13.	SS-Geb.D. »Handschar«	Heimatgebiet
14.	SS-Gren.D. (Galizien 1)	Heimatgebiet
15.	SS-Gren.D. (Lettland 1)	Ostfront
16.	SS-Pz.Gren.D. »Reichsführer-SS«	Frankreich
17.	SS-Pz.Gren.D. »Götz von Berlichingen«	Frankreich.

So waren die bisher 17 aufgestellten Großverbände - selbständige Brigaden, Regimenter und Sondereinheiten nicht gezählt - mit Masse als Frontdivisionen im Osten im Einsatz. Daneben gab es noch sechs Divisionsstäbe mit der Bezeichnung »Befehlshaber der Waffen-SS«. Diese Kommandobehörden waren für die Technischen Dienste, Schulen und Ersatztruppen der Waffen-SS zuständig. Ihre Befehlsbefugnisse beschränkten sich auf das Hinterland der von der Deutschen Wehrmacht besetzten Gebiete. Das waren Böhmen-Mähren, Finnland, General-Gouvernement, Holland, Norwegen und Ungarn.

Das Kriegsjahr 1944 zeigte die Einheiten der Waffen-SS an allen Frontabschnitten Europas. Erst Mitte des Jahres - nach Beginn der alliierten Invasion in der Normandie - standen die besten Divisionen in diesem Gebiet im Kampf gegen britische, kanadische, amerikanische Heerestruppen und litten noch mehr unter den Luftangriffen der feindlichen Kampfflieger.

Schon am Tage der Invasion - 6. Juni 1944 - erhielt die 12. SS-PD. Marschbefehl zum Vorgehen nach Rouen. Genau 24 Stunden später wurde die im Raum Avranches stehende 17. SS-Pz.Gren.D. nach St. Lô und Carentan befohlen, den Schwerpunkten der alliierten Angriffe. An diesem Tag schossen die Kampfwagen der 12. SS-PD. die ersten 28 Feindpanzer ab. Von Mitte bis Ende Juni trafen auf dem Schlachtfeld der Normandie noch 2., 9. und 10. SS-PD. und etwas später die 1. SS-PD. ein.

Die Masse dieser Verbände - zur 7. deutschen Armee, die SS-Ob.Gruf. Hausser befehligte, gehörend - wurden Anfang August im Kessel von Falaise von den überlegenen alliierten Korps eingeschlossen und auf engstem Raum zusammengedrängt.

Bei diesen Abwehrkämpfen bewährte sich ganz besonders die 12. SS-PD. mit den jüngsten Soldaten der Wehrmacht. Sie konnte am 8. August den ersten Angriff des II. kanadischen AK. durch Abschuß von 47 Panzern aufhalten. Doch dieser Kampf zeigte blutige Verluste auch auf deutscher Seite. Die 12. SS-PD. hatte zwar in wenigen Tagen 278 feindliche Kampfwagen vernichtet, aber zählte selbst nicht mehr als 500 Soldaten, die nur noch über 20 eigene Panzer und wenige Geschütze verfügten.

Ein britischer General schrieb später:

»Die SS-D. Hitlerjugend kämpfte mit einer Zähigkeit und einem Ingrimm, wie sie während des ganzen Feldzuges nicht wieder angetroffen wurde.«

Als die 7. Armee am 15. August 1944 endgültig um Falaise eingeschlossen wurde, befanden sich im Kessel das I. SS-Pz.K. und vom rechten Flügel der eingeschlossenen Armee im Raum nördlich Falaise bis zum linken Flügel zwischen Argentan und Chambois standen zwischen Heeres- und Fallsch.Jäg.Divn in Front: 12. SS-PD., 9. SS-PD., 10. SS-PD., 2. SS-PD., 17. SS-Pz.Gren.D. Als zwei Tage später der Ausbruch der 7. Armee nach Südosten gelang, hielten die letzten 60 Mann der 12. SS-PD. in Falaise aus, bis keiner mehr lebte.

Damit war der Weg für die Alliierten bis zur Reichsgrenze frei!

Der Reichsführer-SS hatte durch seine Befehlsstelle der Waffen-SS, dem SS-Führungs-Hauptamt, neue Kommandostellen bilden lassen. So entstanden im September das AOK der 6. SS-Pz.Armee, ferner die Generalkommandos

des IX., XI., XII., XIII. und XIV. SS.K., wobei das IX. auch als Geb.K. bezeichnet wurde.
Nach dem Zusammenbruch der Ostfront kam die Front erst wieder an der ostpreußischen Grenze, im Raum Warschau und vor Oberschlesien zum Stehen. Der Zusammenbruch der Westfront trieb die deutschen Truppen auf die Reichsgrenzen zurück mit Ausnahme der Niederlande und Elsaß-Lothringen.
Das nächste Schlachtfeld sollte der Raum zwischen Eindhoven und Arnheim, zwischen Maas, Waal und Rhein werden. Hier gelang den Alliierten am 16. September 1944 das »Unternehmen Market Garden«, der Absprung von zwei US-, je einer britischen und polnischen Luftlandedivision im Rücken der deutschen Front. Der deutsche Gegenangriff - dabei XII. SS-K. mit 9. und 10. SS-PD. - zerschlug in weniger als zwei Wochen das alliierte Luftlandeunternehmen.
Die Dislokation am 9. November 1944 zeigte folgende Räume, in denen die Divisionen der Waffen-SS standen und kämpften:

1. SS-PD.	in Neuaufstellung Raum Siegburg,
2. SS-PD.	Bereitstellung in der Eifel,
3. SS-PD.	Kampf um Warschau,
4. SS-Pz.Gren.D.	Einsatz bei Szolnok/Ungarn,
5. SS-PD.	Kampf um Modlin und Warschau,
6. SS-Geb.D.	Transport von Oslo in die Saarpfalz,
7. SS-Geb.D.	Kampf um Nisch-Kraljevo,
8. SS-Kav.D.	Einsatz um und in Budapest,
9. SS-PD.	Auffrischung im Raum Siegen,
10. SS-PD.	Kampf zwischen Jülich und Aachen,
11. SS-Pz.Gren.D.	Kampf in Kurland,
12. SS-PD.	Auffrischung im Weserland,
14. SS-Gren.D.	Neuaufstellung in Neuhammer,
15. SS-Gren.D.	Neuaufstellung um Konitz,
16. SS-Pz.Gren.D.	Einsatz in Oberitalien,
17. SS-Pz.Gren.D.	Kampf im Saargebiet,
18. SS-Pz.Gren.D.	Aufstellung in der Batschka,
19. SS-Gren.D.	Kampf in Kurland,
20. SS-Gren.D.	Neuaufstellung in Neuhammer,
21. SS-Geb.D.	Kampf an der Drina,
22. SS-Kav.D.	Einsatz um und in Budapest,
25. SS-Gren.D.	Aufstellung in Westungarn,
27. SS-Gren.D.	Aufstellung in der Lüneburger Heide,
28. SS-Pz.Gren.D.	Auffrischung in Südhannover,
29. SS-Gren.D.	Einsatz in Oberitalien,
30. SS-Gren.D.	Einsatz an der Oberrheinfront,
31. SS-Gren.D.	Einsatz am Plattensee,
33. SS-Gren.Br.	Auffrischung Raum Konitz,

34. SS-Gren.Br.	Aufstellung in den Niederlanden,
36. SS-Pol.Br.	Partisaneneinsatz Slowakei,
Indische Legion:	Aufstellung Königsbrück,
Br. Dirlewanger:	Kampf in Warschau,
Osttürkische Standarte:	Aufstellung in der Slowakei.

Der letzte große Einsatz der Verbände sollte die Ardennenoffensive bringen, mit der sich die deutsche Führung noch einmal die Kriegswende erzwingen wollte. Im Schwerpunkt dieser Offensive stand die neugeschaffene 6. SS-Pz.Armee unter Befehl des SS-Ob.Gruf. Dietrich. Die Armee sollte am rechten Flügel der Heeresgruppe des Feldmarschalls von Rundstedt die alliierte Front in der Hocheifel aufsprengen und über Malmédy in Richtung Antwerpen vorstoßen.
Die Armee setzte hierzu am rechten Flügel das LXVII. AK. mit vier IDs und einer Fallsch.Jäg.D. als Schwenkungsfront ein. Das I. SS-Pz.K. hatte mit (von rechts nach links) 12. und 1. SS-PD. und der 150. SS-Pz.Brig. die feindliche Front zu durchbrechen und mit Ziel Malmédy vorzugehen. Dann hatte sich das II. SS-Pz.K. mit 2. und 9. SS-PD. in die Lücke zu schieben und weit nach Nordwesten vorzustoßen.
Doch wider Erwarten stellte das tiefverschneite und eisige Bergland der Eifel ein großes, kaum überwindbares, Hindernis für die schweren Kampfwagen dar, sondern auch der Feindwiderstand war härter und verbissener als erwartet. So blieb praktisch das I. SS-Pz.K. zwischen Elsenborn und Malmédy liegen. Das II. SS-Pz.K. konnte noch Raum durch die Wälder bis zur Ourthe gewinnen und die 1. SS-PD. besetzte Stavelot. Dann war aber jede Kraft erschöpft.
Mit Besserung des trüben und naßkalten Winterwetters schlug die alliierte Luftwaffe mit laufenden Bomben- und Tieffliegerangriffen zurück. In den Weihnachtstagen 1944 war die deutsche Angriffskraft erloschen und Feldmarschall von Rundstedt mußte den Rückzug hinter die Grenze befehlen.
Hitler war über das Versagen seiner SS-Verbände enttäuscht, löste die 6. SS-Pz.Armee ab und befahl ihre Verlegung nach Ungarn. Hier erhielt sie dann den Befehl, im Januar 1945 den Vorstoß in Richtung Budapest zu führen. Starke Kräfte der »Roten Armee« hatten die ungarische Hauptstadt eingeschlossen. Die Stadt wurde von je einer Heeres-PD., -Pz.Gren.-D. und ID. sowie von 8. und 22. SS-Kav.D. verteidigt.

Der Angriff der 6. SS-Pz.Armee vom Nordwesten her schlug nicht durch; dann griff die Armee - darunter 3. und 5. SS-PD. - von Südwesten an. Dieser Angriff brachte beide PDs sowie die benachbarte 3. PD. des Heeres noch einmal bis zur Donau vor - aber weiter ging es nicht. (Hitler war derart erbost, daß er der Leibstandarte befahl, den Ärmelstreifen mit seinem Namen abzutrennen.)
Die 6. SS-Pz.Armee mußte sich danach dem allgemeinen Rückzug der deutschen Osttruppen anschließen. Die ihr unterstellten I. und II. SS-Pz.K. (1.,

2., 3. und 12. SS-PD.) zogen sich in den Raum Wien zurück und kapitulierten hier.

Die übrigen Divisionen der Waffen-SS standen an allen Frontabschnitten dieser letzten Kriegswochen von Pommern bis Sachsen, von der Nordsee bis zu den Alpen, in Italien und auf dem Balkan. Die 11. SS-Pz.Gren.D. mußte sich mit anderen Verbänden in Berlin einschließen lassen. Mit ihr zusammen kämpften die Freiwilligen aus Frankreich, Norwegen, Niederlande und Spanien - bis über den Dächern der zerstörten Häuserblocks der Reichshauptstadt die »roten Fahnen« wehten.

Die Waffen-SS war die Waffengattung, die nach den U-Bootfahrern prozentual zur Gesamtstärke die meisten Verluste verzeichnete - das sollte nicht vergessen werden!

Die höheren Kommandobehörden

SS-Führungshauptamt

Die oberste Kommandobehörde der Waffen-SS im Heimatkriegsgebiet - in etwa der Dienststelle der Befehlshaber des Ersatzheeres entsprechend - war das SS-Führungshauptamt.
Stellenbesetzung am 9. November 1944:
    Chef des SS-Führungshauptamts: O.Gruf. Jüttner
    Chef des Kommandoamts: Gruf. Petri
    (unterstellt: Verwaltungsamt, Amt f. Reit- u. Fahrwesen, Amt f. Kraftfahrwesen, Nachschubamt, Amt f. Führer- und Unterführerausbildung mit 4 Junker-, 2 Unterführer- und 9 Waffenschulen sowie 2 Truppenübungsplätze)
    Inspektionschef Ausbildungswesen: O.Gruf. Knoblauch
    Inspektionschef Nachrichtenwesen: Brig.F. Keilhauer
    Inspektionschef Sanitätswesen: Gruf. Dr. Genzken.

Oberkommando der 6. SS-Panzerarmee

Das Oberkommando dieser einzigen Armee der Waffen-SS wurde am 24. September 1944 im Wehrkreis VI aus den Stäben des bisherigen Wehrmachtbefehlshabers Belgien-Nordfrankreich, dem Gen.Kdo. XII. AK. und Teilen der Waffen-SS gebildet.
Stellenbesetzung am 10. Dezember 1944:
    OB: Ob.Gruf. Dietrich
    Chef d. Gen.St.: Brig.F. Kraemer
    Ia (1. Gen.St.Offz.): Ob.Sturmb.F. Mayer.

Generalkommandos der Waffen-SS

Aufstellung und Kommandierender General am 10. Dezember 1944:
- I. SS-Pz.K.: Aufstellung 27. Juli 1943 in Berlin-Lichterfelde, Kdr. Gen.: O.Gruf. Keppler;
- II. SS-Pz.K.: Aufstellung im Juli 1942 in Bergen als SS-Pz.K., umbenannt im Juni 1943 in II. SS-Pz.K., Kdr.Gen.: O.Gruf. Bittrich;
- III. SS-Pz.K.: Aufstellung 15. April 1943 in Grafenwöhr, Kdr.Gen.: O.Gruf. Steiner;
- IV. SS-Pz.K.: Aufstellung 30. August 1943 in Poitiers, Kdr.Gen.: O.Gruf. Gille;
- V. SS-Geb.K.: Aufstellung am 1. Juli 1943 in Berlin, Kdr.Gen.: O.Gruf. Krüger, F.W.;
- VI. SS-AK.: Aufstellung am 8. Oktober 1943 in Grafenwöhr, Kdr.Gen.: O.Gruf. Krüger, W.;
- VII. SS-Pz.K.: Aufstellung am 3. Oktober 1943 in Berlin, wurde am 30. Juni 1944 in IV. SS-Pz.K. (neu) umbenannt, (Kdr.Gen. siehe dort);
- IX. SS-Geb.K.: Aufstellung im Juli 1944 in Kroatien, Kdr.Gen.: Gruf. Sauberzweig;
- X. SS-AK.: Aufstellung im Januar 1945 aus XIV. SS-AK., ohne Fronteinsatz aufgelöst;
- XI. SS-AK.: Aufstellung am 24. Juli 1944 in Ottomachau, Kdr.Gen.: O.Gruf. Kleinheisterkamp;
- XII. SS-AK.: Aufstellung am 1. August 1944 in Schlesien, Kdr.Gen.: O.Gruf. von Gottberg;
- XIII. SS-AK.: Aufstellung am 1. August 1944 in Breslau, Kdr.Gen.: Gruf. Simon;
- XIV. SS-AK.: Aufstellung im November 1944 am Oberrhein, umbenannt im Januar 1945 in X. SS-AK.;
- XV. SS-Kosaken-K.: Aufstellung am 1. Februar 1945 in Kroatien, Kdr.Gen.: Glt. von Pannwitz;
- XVIII. SS-AK.: Aufstellung im Dezember 1944 am Oberrhein, Kdr.Gen.: Gruf. Reinefarth.

Der ranghöchste Offizier der Waffen-SS in dieser Zeit war Ob.Gruf. Hausser als Oberbefehlshaber der Heeresgruppe G in Elsaß-Lothringen.
Die Dienstrangbezeichnung lautete stets mit der Vorsilbe SS- (z.B. SS-Ob.Gruf.); diese Vorsilbe wurde überall weggelassen.

Die Divisionen

1. SS-Panzerdivision »Adolf Hitler«

Diese Division war die Nachfolgerin der ersten bewaffneten Einheit der späteren Waffen-SS. Die Truppe entstand nach der Machtübernahme Hitlers im Jahre 1933 als »Leibstandarte Adolf Hitler«. Die militärische Ausbildung dieser regimentsstarken Einheit erfolgte in den Kasernenanlagen der ehemaligen preußischen Kadettenanstalt in Berlin-Lichterfelde und auf den Truppenübungsplätzen des Heeres im Wehrkreis III (Berlin).
Mit Beginn des 2. Weltkrieges unterstand die vollmotorisierte Standarte dem Oberkommando der 10. Armee als Einsatzreserve. Im Polenfeldzug marschierte sie aus dem Raum Oels der 17. ID., später der 4. PD. über Warthe und Bzura bis in das Gebiet um Modlin und Warschau nach.
Der Westfeldzug sah die »Leibstandarte« aus dem Raum Rheine antretend im Rahmen der 227. ID. im Vormarsch durch Holland bis in den Raum Scheveningen. Danach dem XXXIX. AK.mot. der Pz.Gruppe des Generals Guderian unterstellt, nahm die Truppe am Angriff über Arras auf Boulogne und Dünkirchen teil, wobei sie sich mehrfach auszeichnete. Die 2. Phase des Westfeldzuges 1940 brachte die »Leibstandarte« über Somme, Marne und Seine bis in den Raum westlich von Lyon, nach wie vor der Pz.Gruppe Guderian unterstellt.
Nach dem Westfeldzug erfolgte im August 1940 die Verstärkung der Standarte auf eine motorisierte Brigade unter der alten Bezeichnung »Leibstandarte«.
Der nächste größere Einsatz der Brigade begann am 6. April 1941 im Balkanfeldzug. Die Brigade trat aus dem Gebiet um Küstendil in Bulgarien zum Angriff über Skolpje, Prilep, Bitolj, Petras, Pyrgos bis Tripolis an. Der Kdr. der »Leibstandarte« nahm hier die Kapitulation der griechischen Armee entgegen.
Schon wenige Tage später erfolgte die Verlegung der Brigade nach Südpolen und von hier ging es Anfang Juli 1941 unter Befehl der Pz.Gruppe von Kleist - der späteren 1. Pz.Armee - zum Vormarsch nach Südrußland. Die »Leibstandarte«, oft als Spitzenverband der Pz.Gruppe eingesetzt, stieß über Luczk und Dubno in Richtung Zwiahel und Schitomir vor und erreichte als erster Großverband des deutschen Heeres den Raum westlich von Kiew. Von hier mußte die »Leibstandarte« kehrt machen, um die Infanterieeinheiten in der Kesselschlacht von Uman zu unterstützen.
Vom August 1941 ging es im rasanten Vormarsch weiter über Konstantinowka und Perwomaisk zum Dnjepr, der bei Berislaw überwunden wurde. Nach kurzen Abwehrkämpfen bei Kamenka und Balki setzte die Brigade im Rahmen des XIV. Pz.K. südlich Stalino über den Mius. Die motorisierten Kolonnen drangen bis Anfang Dezember nördlich von Rostow vor. Mit Beginn

der sowjetischen Winteroffensive erfolgte das Absetzen zum Mius. Hier blieb die »Leibstandarte« im Grabenkampf bis Ende Mai 1942.
Danach erfolgte der Abtransport in die Normandie, wo am 15. Juli 1942 die bisherige Brigade zur SS-Pz.Gren.D. »Leibstandarte« umgerüstet wurde. Die Umbildung nahm bis Januar 1943 die neue Division in Anspruch. Die Gliederung der »Leibstandarte« ergab jetzt folgendes Bild:
SS-Pz.Gren.R. 1 und 2, ferner je ein Pz.- und AR., je eine AA, Pz.Jäg.Abt., Sturmgesch.Abt., Flak- und NA., eine Pi.Btl. und die Versorgungstruppen.
Die neue Pz.Gren.D. »Leibstandarte« verlegte im Februar 1943 zur Heeresgruppe »B« an die Südfront. Hier nahm sie an der Schlacht um Charkow teil und eroberte im kühnen Angriff die ukrainische Hauptstadt zurück. Nach der Schlacht verblieb die Pz.Gren.D. bis Anfang Juni im Raum Charkow. Dann begann das »Unternehmen Zitadelle«, wobei die Pz.Gren.D. »Leibstandarte« die Stoßgruppe der 4. Pz.Armee bildete, die im schweren Kampf die russischen Grabenlinien durchbrach und bis Prochochwka vorstieß, wo es zur größten Panzerschlacht des 2. Weltkrieges kam. Dabei kämpften die Bataillone und Abteilungen der »Leibstandarte« gegen die massierten Panzerkolonnen des II. und V. sowjetischen Garde-Pz.K. Doch die Sowjets waren stärker. Als ihre Armeen Mitte Juli 1943 bei Orel durchbrachen und die Heeresgruppe Mitte zu umfassen versuchten, wurde die Schlacht um Kursk abgebrochen.
Die »Leibstandarte« wurde sofort aus der Front gezogen und im Eiltransport nach Oberitalien verlegt - denn hier galt es, das italienische Heer zu entwaffnen, nachdem Mussolini gestürzt war und Marschall Badoglio den Alliierten die Kapitulation anbot.
Das gesamte II. SS-Pz.K. war in Oberitalien eingetroffen. Die Verbände der »Leibstandarte« sammelten sich in Tirol, traten dann den Marsch über den Brenner, nach Mailand und Oberitalien an. Hier wurden bis Mitte September zwischen Modena, Bologna, Florenz, Padua, Verona und Mailand 106000 italienische Soldaten entwaffnet.
Nach Herstellung allgemeiner Ruhe in Oberitalien konnte die Division an eine Reorganisation denken. Vorübergehend wurde Ende September das verstärkte 1. Pz.Gren.R. zum Einsatz gegen serbische Banden abgegeben.
Mit Wirkung vom 22. Oktober 1943 - alle Divisionen, Regimenter, Bataillone usw. der Waffen-SS wurden an diesem Tag durchnumeriert - wurde die »Leibstandarte« umbenannt in 1. SS-PD. Die bisher der Division unterstellten Einheiten bekamen gleichfalls die Nr. 1. (Die im September und Oktober 1944 neu-unterstellten Werfer-Abt. und das Feld-Ers.Btl. erhielt dann ebenfalls die Nr. 1.)
Ende Oktober 1943 erfolgte eine neue Verladung der Division in die Transportzüge, die die Truppe bis November in den Raum um Schitomir brachte. Hier gehörte die Division zur 4. Pz.Armee. Bis Jahresende standen die Män-

ner der »Leibstandarte« in den Kämpfen um Brusilow, nördlich Radomyschl, um Tschepowitschi und westlich von Berditschew.
Das neue Jahr 1944 sah die Division weiterhin im Südabschnitt der Ostfront. Die »Leibstandarte« nahm an den Kämpfen im Raum Swenigorodka, Pogrebischtschew und Winniza teil. Dann wurden die Einheiten zum Einsatz der um Tscherkassy eingeschlossenen Divisionen eingesetzt. Mit der 1. deutschen Pz.Armee wurde die Division um Kamenez-Podolsk (Hube-Kessel) selbst eingeschlossen und brach im Rahmen der 1. Pz.Armee über Winniza, Proskurow bis Tarnopol durch.
Hier wurde die »Leibstandarte« angehalten und zur Wiederauffrischung nach Belgien verlegt. Doch viel Zeit blieb nicht; denn als am 6. Juni 1944 die alliierte Invasion in der Normandie ihren Anfang nahm, war der nächste Einsatz der Division vorprogrammiert.
Die »Leibstandarte« traf in den ersten Julitagen an der Front um Caen ein und brachte hier im Zusammenwirken mit der 12. SS-PD. und je einer Heeres-PD. und -ID. den Angriff der 2. britischen Armee zum Stehen.
Doch als es den Alliierten gelang, bei Avranches durchzubrechen und die deutsche 7. Armee um Falaise einzuschließen, befand sich die »Leibstandarte« gleichfalls im Kessel. Die Division hatte Befehl, als Rammbock den Kessel in Richtung Chambois aufzubrechen. Der anschließende Rückzug brachte die Division bis in den Raum Aachen.
Danach wurde die »Leibstandarte« aus der Front gezogen und nach Westfalen zur Wiederauffrischung verlegt. Die Regimenter und selbständigen Btle und Abtlgn wurden voll aufgefüllt, das PR. erhielt die neuesten Kampfwagen vom Typ »Königstiger«. Nach kurzen Verbandsübungen ging es wieder nach Westen in die Eifel.
Die neugebildete 6. SS-Pz.Armee sollte im Schwerpunkt der Ardennenoffensive südlich Monschau und Elsenborn die Front der Alliierten mit den Infanteriedivisionen aufbrechen. Durch die Lücke mußten I. und II. SS-Pz.K. mit vier SS-PDs stoßen. Hierfür erhielt die 1. SS-PD. Befehl, über Malmédy und der Maas bis Antwerpen vorzustoßen. Dabei sollten Fallschirmjäger der Panzerspitze die Straßen durch die Wälder freikämpfen. Doch schon am ersten Tag kamen die Infanterieverbände kaum voran, so daß Panzergrenadiere der 1. SS-PD. den Weg für das SS-PR. öffneten. Die dichten Wälder und schlechten Wege hinderten das Regiment am zügigen Vormarsch, so daß die »Königstiger« nur kleckerweise zum Einsatz kamen.
Schließlich, nach mehrtägigen verlustreichen Gefechten, erreichten die Kompanien des SS-PR. 1 Stavelot und La Gleize. Weiter ging es nicht mehr, so daß am Weihnachtstag 1944 die Schlacht abgebrochen werden mußte. Die letzte deutsche Offensive im 2. Weltkrieg war zum Fehlschlag geworden.
Die gesamte 6. SS-Pz.Armee wurde aus der Front gezogen und am Monatsende Januar 1945 eilig nach Ungarn verlegt, um hier das von der »Roten Armee« eingeschlossene Budapest zu entsetzen. Doch auch dieser Angriff mißlang. Die 1. SS-PD. stand ab März im wechselvollen Kampf am Plattensee

und bei Simontornys; dann ging es im Rückzug über Veszprem, Varoslöd und Herend nach Österreich in das Gebiet westlich von Wien. Hier standen die Kampfgruppen der einstigen »Leibstandarte«, als sie am 8. Mai 1945 kapitulieren mußten.

Kommandeure:
O.Gruf. Dietrich; Brig.F. Wisch; Brig.F. Kumm; Ob.F. Mohnke.

2. Panzerdivision »Das Reich«

Die im Deutschen Reich in verschiedenen Garnisonen verstreut liegenden Verbände der SS-Verfügungstruppen wurden schon im August 1939 alarmiert und nach Ostpreußen verlegt. Bei Beginn des Polenfeldzuges am 1. September 1939 unterstanden diese Einheiten dem Pz.Verband Ostpreußen des Gm. Kempf. Die Bereitstellung zum Angriff erfolgte nördlich Mlawa. Der Frontalangriff auf die Festung Mlawa scheiterte unter Verlusten. Der Verband wurde dann über Rozan nach Süden vorgezogen und erreichte das Gebiet südwestlich von Siedlce.
Nach dem Feldzug wurden die vier SS-Standarten »Deutschland«, »Das Reich«, »Germania« und »Der Führer« mit der Art.Standarte und den Nachrichten-, Pionier-, Pz.Abw.Sturmbannen sowie den Nachschubeinheiten nach Westdeutschland zusammengezogen. Hier entstand am 1. April 1940 die sogenannte SS-Verfügungs-D., der erste Großverband der Waffen-SS, dessen Führung Gruf. Hausser übernahm.
Mit Beginn des Westfeldzuges am 10. Mai 1940 stand die neue Division als Spitzeneinheit der 18. Armee und eroberte schon am ersten Feldzugstag die niederländischen Forts der Grebbe-Linie und besetzte Arnheim. Am dritten Feldzugstag erreichte das Regiment »Germania« die belgisch-niederländische Grenze bei Antwerpen und drang im Kampf gegen französische Truppen über die Landenge Zuid-Beverland nach Vlissingen. In den letzten Maitagen nahm die Division, zwischen Lille und Cassel vorstoßend, an der Schlacht um Dünkirchen teil.
Die Division ging in der zweiten Feldzugsphase am 14. Juni über die Marne, stieß von hier tief nach Südwestfrankreich vor und erreichte am 21. Juni 1940 die spanische Grenze. Nach dem Feldzug verblieb die Division als Besatzungstruppe in Nordfrankreich. Dort mußte die Standarte »Das Reich« zur Neuaufstellung weiterer Großverbände abgegeben werden. Dafür wurde die Division voll motorisiert.
Mit Beginn des Balkanfeldzuges am 6. April 1941 unterstand die SS-D. »Das Reich« - so war die SS-Verfügungs-D. im Herbst 1940 umbenannt worden

- der Pz.Gruppe von Kleist. Die Verbände der Division fuhren an der Spitze der Pz.Gruppe und drangen als erste Einheit der Wehrmacht in Sarajewo und Belgrad ein.
Noch während die letzten Wochen des Feldzuges andauerten, wurde die Division verladen und an die Ostgrenze des Reiches verlegt. Sie gehörte zur Pz.Gruppe Guderian, später 2. Pz.Armee. Die Division stieß im Rahmen des XXXXVI. AK.mot. über den Bug nördlich Wlodawa und erreichte nach drei Wochen bereits den Dnjepr bei Schklow. Hier gerieten die SS-Verbände auf die zum Gegenangriff Richtung Mogilew-Smolensk angetretene 13. Sowjetarmee. Damit begann die für beide Seiten verlustreiche Sommerschlacht um Smolensk.
Die Pz.Gruppe Guderian geriet Ende Juli in Gefahr, von den sowjetischen Truppen eingeschlossen zu werden. Dabei verteidigte die SS-D.»Das Reich« unter schweren eigenen Verlusten den Frontbogen nordwestlich von Jelnja. Als die Schlacht Mitte August ausklang und die deutschen Truppen erneut zur Offensive übergingen, wurde die Pz.Gruppe Guderian nach Süden zur Schlacht um Kiew abgedreht. Die Division stand dabei am rechten Flügel der Pz.Gruppe und stieß westlich Romny tief nach Süden bis in den Raum ostwärts Priluki vor.
Noch während die Schlacht andauerte, mußte »Das Reich« zur neu in die Front eingeschobenen Pz.Gruppe 4 verlegt werden, um sich im Verband des LVII. Pz.K. zum »Unternehmen Taifun« - Angriff auf Moskau - bereitzustellen. Der am 2. Oktober 1941 begonnene Sturm auf die Hauptstadt der Sowjetunion konnte zwar in den ersten Tagen Boden gewinnen, kam aber nur mühsam infolge der eingesetzten Schlechtwetterperiode - Schlamm, Morast, später Schnee und Eis - voran.
Ein Bericht dieser Tage lautete:
»Es hatten sich die Abteilungen und Bataillone der SS-D.»Das Reich« herangearbeitet, die allen anderen Divisionen weit vorausstanden. Die Division verblieb trotz der Witterungsungunst im Vormarsch und nahm Gshatsk. Hier blieb sie vorerst einmal stecken und stand sechs Tage allein im Kampf gegen zwei komplette russische Armeen!«
Die Witterung beeinträchtigte fortan alle Bewegungen. Erst kam der Schlamm, da blieben die Fahrzeuge stecken; dann kamen Eis und Schnee, da ging es nur zu Fuß weiter. Erst am 18. November trat die 4. Pz.Armee zwischen Wolokolamsk und Naro Fominsk zum Schlußangriff auf Moskau an. Die Division erreichte acht Tage später den Fluß Istra dicht vor Moskau. Da zeigten die Temperaturen Minus 35 Grad! Weiter ging es entlang der Wolokolamsker Chaussee. Das Regiment »Deutschland« stieß trotz erbitterten Widerstand des Gegners entlang der Straße Rsachdestwo-Lenino vor. Der Kdr. des Regiments »Der Führer«, Ob.Sturmb.F. Kumm, schrieb:
»Die Männer des Regiments glauben, die Tage an einer Hand abzählen zu können, bis sie in Moskau eindringen werden. Bei klarem Frostwetter sind die Türme der Stadt ohne Fernglas zu erkennen. ...«

Doch es ging nicht weiter. Am 6. Dezember 1941 begann der sowjetische Großangriff zur Zerschlagung der Heeresgruppe Mitte. Die überlegenen Streitkräfte der »Roten Armee«, bestens für den Winterkrieg ausgerüstet, überrannten schon in den ersten Tagen die deutschen Frontlinien und trieben die Verbände des Heeres weit nach Westen zurück. Die SS-D. »Das Reich« wurde im Frühjahr 1942 aus der Front der Heeresgruppe Mitte gezogen und in das Protektorat zur Auffrischung verlegt. Fast jedes Regiment bzw. Standarte, Bataillon bzw. Sturmbann hatten 2/3 des bisherigen Personalbestands verloren.

Nach der Wiederaufstellung im Sommer 1942 auf den Truppenübungsplätzen in Bergen und Fallingbostel und den entsprechenden Ausbildungs- und Verbandsübungen ging es als Besatzungstruppe nach Nordfrankreich. Hier unterstand die Division dem AOK 15 und erhielt am 9. November 1942 ihre Umbenennung in SS-Pz.Gren.D. »Das Reich«.
Die Division - zu der die Pz.Gren.Standarten »Deutschland«, »Der Führer« und »Langemarck«, ferner das PR. »Das Reich« sowie die übrigen Truppenteile einer Pz.Gren.D. des Heeres gehörten - verblieb weiterhin als Besatzungstruppe in Nordfrankreich unter Oberbefehl der 15. Armee. Die Standarte »Langemarck« wurde im Sommer 1943 aufgelöst.
Der Abtransport aus Frankreich erfolgte im Februar 1943 zur Heeresgruppe Süd nach Rußland. Hier wurde die Division dem II. SS-Pz.K. unterstellt und nahm an der Wiedereroberung von Charkow teil. Danach wurde sie mit den Divisionen »Leibstandarte« und »Totenkopf« beim »Unternehmen Zitadelle« (Schlacht um Kursk) eingesetzt, wo sie sich hervorragend schlug, aber auch schwere Verluste - besonders an Panzern - verzeichnete.

Es erfolgte eine kurze Auffrischung im rückwärtigen Gebiet der Heeresgruppe Süd und ab August ein erneuter Einsatz im Rahmen der 4. Pz.Armee zwischen Stalino und Poltawa. Während des allgemeinen Rückzuges zum Dnjepr geschah die Umnumerierung aller Verbände der Waffen-SS.
Die Division erhielt am 22. Oktober 1943 die endgültige Bezeichnung 2. SS-PD. »Das Reich«.
Die Division nahm an dem im Herbst begonnenen Rückzug der Heeresgruppe Süd über Kiew und Schitomir bis zur Einschließung der 1. Pz.Armee um Kamenez-Podolsk (Hube-Kessel) teil. Nach erfolgtem Ausbruch um Winniza wurde die Division im März 1944 zur Vollauffrischung in den Raum Toulouse/Südfrankreich verlegt. Lediglich eine gemischte Kampfgruppe der Division blieb unter Führung Stab Pz.Gren.R. 3 noch einige Wochen an der Ostfront zurück.
Nach Beginn der Invasion erfolgte die Eilverlegung in die Normandie. Hier nahm die Division an den schweren Abwehrschlachten teil, wurde mit den Truppen der 7. Armee im Kessel von Falaise eingeschlossen und nach Ausbruch aus der Umschließung zur Wiederauffrischung in das rückwärtige Gebiet und ab Oktober 1944 bis in den Raum um Paderborn verlegt.

Der nächste Großeinsatz für die Division erfolgte in der Ardennenoffensive ab 16. Dezember 1944. Die SS-PD. »Das Reich« stand bei Beginn des deutschen Großangriffs in zweiter Linie, wurde aber bald an den linken Flügel der 6. SS-Pz.Armee eingeschoben, nachdem hier die Infanteriedivisionen der ersten Linie nur unter schweren Verlusten Boden nach Westen gewinnen konnten. Die Division selbst hatte in den Kämpfen - bei denen das tiefverschneite Bergland der Ardennen ein großes Hindernis darstellte - schwere Verluste, konnte aber bis zum Weihnachtstag 1944 ca. 25 km nach Westen hin an Boden gewinnen.
Doch als die Witterung aufklarte und die alliierte Luftwaffe eingesetzt werden konnte, blieb jeder weitere Angriff im Bombenhagel stecken. »Das Reich« mußte wie alle anderen Großverbände den Rückzug in die Ausgangsstellungen der Eifel antreten. Von hier erfolgte dann im Januar 1945 die Verlegung der gesamten 6. SS-Pz.Armee nach Ungarn. Der im Februar angesetzte Großangriff zur Befreiung des eingeschlossenen Budapest mißlang.
Die »Rote Armee« kam den sich zurückziehenden deutschen Truppen sofort nach. Die Division wich nach Nordwesten zurück und geriet am 8. Mai 1945 im Großraum Linz/Österreich in Gefangenschaft.

Kommandeure:

O.Gruf. Hausser; Ob.F. Bittrich; Brig.F. Kleinheisterkamp; Brig.F. Keppler; Gruf. Krüger, W.; Gruf. Ostendorff; Ob.Sturmb.F. Tychsen; Gruf. Lammerding; Ob.F. Baum; Stand.F. Lehmann; Brig.F. Vahl.

3. SS-Panzerdivision »Totenkopf«

Der Reichsführer-SS befahl unter Zustimmung des OKH im Oktober 1939 die Aufstellung einer eigenen Division aus den im Deutschen Reich stationierten »Totenkopfverbänden«. Die Division erhielt damit ihren Namen, den sie bis Kriegsende trug. Nach entsprechenden Grund-, Ausbildungs- und Verbandsübungen sowie Schulung von Führern und Unterführern konnte die Division im März 1940 als einsatzbereit angesehen werden und wurde als Reserve des OKH nach Westdeutschland verlegt.
Mit Beginn des Westfeldzuges am 10. Mai 1940 wurde die Division der Pz.Gruppe Hoth nachgeführt, dann dem XXXIX. AK.mot. unterstellt und an der belgisch-französischen Grenze in vorderster Front eingesetzt. Die Division kämpfte ab 20. Mai nördlich von Arras und später südwestlich von Lille.
Die zweite Feldzugsphase sah die Division unter Befehl der Pz.Gruppe Guderian im Vormarsch nach Südostfrankreich. Die Truppe erreichte den

Raum um Lyon; wurde von hier zur Pz.Gruppe von Kleist verlegt und rückte im »Eiltempo« zur spanischen Grenze vor, die sie am 25. Juni 1940 bei Irun erreichte.
Nach Rückverlegung in die Heimat erfolgte die Umrüstung der Truppe zu einer motorisierten Division. Diese Umrüstung war im April 1941 beendet und die »Totenkopf-D.mot.« wurde im Mai in den Raum um Tilsit/Ostpreußen verlegt und unterstand hier als Reserveverband der Pz.Gruppe 4.
Schon in den ersten Tagen des Feldzuges gegen die Sowjetunion wurde die »Totenkopf-D.« der Pz.Gruppe in den Raum Dünaburg zur Sicherung des dortigen Brückenkopfes nachgeführt. Dabei hatte die Division bereits in den ersten Tagen sehr schwere Verluste, die besonders durch die kühnen Angriffe leichter russischer Kampfwagen eintraten. Die Verluste zwangen die Divisionsführung zur vorläufigen Auflösung eines Regiments.
Die Kämpfe im Brückenkopf Dünaberg dauerten bis Ende der ersten Juliwoche an, dann hatte sich die Pz.Gruppe 4 freie Bahn geschaffen. Die SS-D. »Totenkopf« wurde an den rechten Flügel verlegt und erkämpfte sich mühsam den Weg über Sebesch nach Dno. Hier stand sie am äußersten rechten Flügel der Heeresgruppe Nord und mußte mühsam die Verbindung zur linken Flügeldivision der Heeresgruppe Mitte halten.
Als in diesen Tagen die benachbarte 8. PD. zeitweise vom Gegner eingeschlossen wurde, mußte die Division eine regimentsstarke Kampfgruppe zur Befreiung der Panzerverbände abstellen. Ende des Monats Juli blieb der deutsche Vormarsch vorerst am Mschaga-Abschnitt liegen. Die Division gewann Raum um Schimsk. Erst Mitte August konnte der Vormarsch weitergehen. Die »Totenkopf-D.« brauchte vier Tage, um die 260 km lange Wegstrecke aus der Gegend bei Luga bis Cholm südwestlich des Ilmensees zurückzulegen. Von hier erreichte die Division in den letzten Augusttagen das Kampffeld, in dem sie die nächsten Monate bleiben sollte: Demjansk.

Als das Jahr 1941 ausklang, befand sich die Division ca. 40 km südostwärts des Ilmensees auf den Waldaihöhen. Der harte und eisige Winter zwang die Truppe zum Kampf um zerschossene Dorfhütten und gefrorene Schützengräben. Hier blieb die Truppe liegen, auch als den sowjetischen Verbänden die Einschließung des gesamten II. deutschen AKs im Februar 1942 gelang. Beim »Unternehmen Fallreep« - die Gewinnung einer Verbindung der eingeschlossenen Divisionen mit der übrigen Front - stand die »Totenkopf-D.« in vorderster Linie beim Ausbruch nach Westen. Es war am 19. April 1942, als die Stoßtrupps der Division über den Lowatj setzten und Verbindung mit der vom Westen herangekommenen 5. Jäg.D. aufnahmen. Der »Kessel Demjansk« war wieder mit der Front der Heeresgruppe Nord verbunden; der Frontabschnitt trug fortan den Namen »Landbrücke«.
Die »Totenkopf-D.« wurde im Sommer 1942 aus dem Frontabschnitt der Heeresgruppe Nord herausgelöst und zur Wiederauffrischung und Umrüstung zu einer Pz.Gren.D. nach Südfrankreich verlegt.

In den ersten Wochen des Jahres 1943 brachten die Transportzüge die frisch aufgefüllte und ausgerüstete Division in den Südabschnitt der Ostfront. Dort wurden die Regimenter dem II. SS-Pz.K. unterstellt. Die Division nahm im Rahmen des Korps an der Wiedereroberung von Charkow teil.

Das Korps wurde bis zum April im Raum nordostwärts Poltawa zusammengezogen und für die geplante Offensive »Unternehmen Zitadelle« bereitgestellt. Das Korps wurde schließlich an den rechten Flügel der 4. Pz.Armee verlegt, wobei die »Totenkopf-D.« - sie hatte 104 Kampfwagen zur Verfügung - wiederum die Verbindung zur rechts benachbarten Armee-Abt. Kempf (168. ID.) halten sollte.

Bei dem am 5. Juli 1943 begonnenen Großangriff konnte die erste Feindstellung überwunden werden, doch vor der zweiten Linie blieben die Panzer der Division stecken. Erst am zweiten Tag konnte auch diese Stellung durchbrochen werden; allerdings war der rechte Nachbar nicht mitgekommen. Die »Panther«-Panzer der Division standen am Abend dieses Tages 18 km von der Ausgangsstellung entfernt.

Schon am dritten Schlachttag trafen starke Feindkräfte der 5. Garde-Pz.-und der 69. Sowjetarmee auf dem Schlachtfeld ein und verhinderten vorerst den deutschen Angriff. Regen hemmte weiter den Angriff, der bis zum 11. Juli bis nach Prochochowka voranging. Dann ratterten ca. 10000 sowjetische Kampfwagen dem II. SS- und III. Pz.K. entgegen. Am nächsten Tag lagen 220 abgeschossene sowjetische und 150 verbrannte deutsche Panzer auf dem Schlachtfeld.

Weiter ging es nicht. Das II. SS-Pz.K. wurde am nächsten Tag - ohne die Division »Totenkopf« - aus der Front gezogen und nach Oberitalien zur Entwaffnung der italienischen Armee transportiert.

Die Division wurde im August 1943 in den Raum Stalino verlegt, von da ging es dann zum Dnjepr zurück, der bis Oktober nordwestlich von Dnjepropetrowsk verteidigt wurde. Als starke sowjetische Truppen im Oktober über den Fluß setzten, kam es zu wochenlangen Kämpfen um Kriwoj Rog, bei denen sich Abwehr- und Angriffsunternehmungen abwechselten. Die Division focht im Rahmen des LVII. Pz.K. der 1. Pz.Armee.

Mit der am 22. Oktober 1943 erfolgten Durchnumerierung der Verbände der Waffen-SS erhielt die Division ihre endgültige Bezeichnung: 3. SS-PD. »Totenkopf«.

Das neue Kriegsjahr 1944 sah die neue PD. in fortwährenden Absetzbewegungen durch das Gebiet um Tscherkassy und Kischinew. Als dann die sowjetische Großoffensive Ende Juni 1944 den Zusammenbruch der Heeresgruppe Mitte zur Folge hatte, wurde die 3. SS-PD. im Juli zur Heeresgruppe Mitte verlegt und von dieser zur Verteidigung von Bialystock und ab August 1944 von Modlin eingesetzt. Hier blieb die Division bis Jahresende in Verteidigungsstellung.

Nachdem das Oberkommando der 6. SS-Pz.Armee von der Westfront nach Ungarn verlegt wurde, um das eingeschlossene Budapest zu entsetzen, wurde

auch die 3. SS-PD. aus ihren Stellungen in und um Modlin abgelöst und folgte dem SS-Pz.AOK nach Ungarn.
Dort unterstand die Division dem IV. SS-Pz.K. Das Korps griff am 18. Januar 1945 (von rechts nach links: 3. PD., 5. und 3. SS-PD.) südlich von Stuhlweißenburg nach Nordosten an. Die 3. SS-PD. stieß dabei über Seregelyes bis nach Adony an der Donau südlich von Budapest durch. Weiter ging es nicht; am 27. Januar 1945 wurde die Schlacht abgebrochen und Budapest seinem Schicksal überlassen.
Der im März 1945 begonnene Rückzug der 6. SS-Pz.Armee führte die Division durch den Großraum Wien nach Linz in Oberösterreich zurück. Hier hörte die Geschichte der 3. SS-PD. auf.

Kommandeure:
O.Gruf. Eicke; Brig.F. Prieß; Brig.F. Becker; Ob.F. Deisenhofer.

4. SS-Polizei-Panzergrenadierdivision

Der Reichsführer-SS und Chef der deutschen Polizei befahl nach Ausbruch des 2. Weltkrieges die Aufstellung einer Division aus Offizieren, Unteroffizieren und Polizisten der Ordnungs- und Schutzpolizei. Diese im Oktober 1939 in Südwestdeutschland zur Aufstellung gekomme Truppe gehörte weiterhin der Polizei an; deshalb trugen ihre Angehörigen die Polizeiuniformen und wurden mit den Polizeidienstgraden angesprochen. Das OKH - und hier besonders der Wehrkreis III (Berlin) - mußte das AR. 300 und die Divisionstruppen, wie Pi.Btl., NA. usw., alle mit Nr. 300, an diese Division abgeben. Name der neuen Einheit lautete: Polizei-D.
Die Division wurde nach entsprechender Ausbildung an die Oberrheinfront verlegt und der 7. deutschen Armee unterstellt. Der Stellungskrieg am Oberrhein in den ersten Kriegsmonaten stellte keine militärischen Anforderungen an die Truppe. Im Winter 1939/40 wurde die Division aus den bisherigen »Westwall«-Stellungen abgelöst und nach rückwärts in den Raum Tübingen, Reutlingen und Nürtingen zur weiteren Ausbildung verlegt.
Mitte Mai 1940, als der Westfeldzug in seiner ersten Phase im Gange war, wurde die Division alarmiert und nach Luxemburg und Südostfrankreich verlegt und dem XXV. AK. der 12. Armee unterstellt. Die Armee bereitete sich auf den zweiten Teil der Offensive vor. Die Pol.D. stand nach Beginn des Angriffs am 9. Juni in Reserve, wurde aber bald in Front neben den aktiven 10. und 26. ID. in vorderster Linie eingesetzt. Das Korps näherte sich bereits nach fünftägigem Angriff von Nordwesten her dem Festungsbereich Verdun. Als das Gebiet von den Nachbarkorps genommen wurde, drehte die

Pol.D. zur Verfolgung des fliehenden Gegners nach Süden ein, bis das Signal ertönte: »Das Ganze halt!«
Bei Beginn des Ostfeldzuges im Juni 1941 befand sich die Division noch im Westen, wurde aber Mitte Juli in Transportzügen zur Heeresgruppe Nord gefahren. Hier wurde sie Ende Juli dem LVI. AK.mot. im Raum Luga zugeführt. Das Korps hatte Befehl, mit den anderen Verbänden der Pz.Gruppe 4 nach Leningrad zu stoßen.
Der Vormarsch der Division durch urwaldähnliches Gelände gewann zwar Boden, aber langsam. Ende August konnte die 2. sowjetische Milizdivision geschlagen werden und in der ersten Septemberwoche kämpfte sich die Division auf Krassnowardeissk vor. Die Verluste der Pol.D., die sie besonders bei der Einnahme von Luga zu verzeichnen hatte, waren schwer. Jetzt unterstand die Pol.D. dem L. AK., das mit seinen beiden Divisionen (269. ID.) über Krassnowardeissk direkt auf Leningrad angreifen mußte. Nach dem Fall dieses Verkehrsknotenpunktes griff die Pol.D. Puschkin, das frühere Zarskoe Selo, Prachtresidenz der einstigen Zaren, an. Das SS-Pol.R. 2 eroberte mit Unterstützung einer Kampfgruppe der 1. PD. die Zarenschlösser.
Es war der letzte Erfolg der Heeresgruppe Nord vor Leningrad!
Mitte Oktober begann die Witterung umzuschlagen und vier Wochen später erstarrte das Land um Leningrad in Schnee und Eis; nun war keine Kriegführung mehr möglich. Das L. AK. erhielt Befehl, die Millionenstadt von Süden her abzuriegeln. Zu den ihm unterstellten Divisionen gehörte die SS-Pol.D. Sie hielt ihre Front dicht südwestlich der Millionenstadt, die die Polizisten durch ihre Ferngläser beobachten konnten.
Bei 40° unter Null war nur noch Stellungskrieg möglich.
Der nächste Einsatzraum der Division wurde das Sumpf- und Waldgebiet westlich des Wolchow. Als es den Sowjets gelang, im Februar 1942 den Wolchow zu überschreiten und bis weit nach Ljuban vorzustoßen, wurde die Division aus der Leningradfront abgezogen und eilig an diesen bedrohten Frontabschnitt geworfen. Bei dem angesetzten deutschen Gegenangriff zur Abriegelung der Kesselfront griff die Pol.D. von Spasskaja Polistj nach Süden in Richtung Mostki an und schloß mit den von Süden her angreifenden deutschen Kampfgruppen den Kessel um die Armee des Generals Wlassow. Danach wurde die Pol.D. wieder an die Front nach Leningrad verlegt und befand sich Anfang Januar 1943 südostwärts der Stadt an der Newa.
Das war der letzte Einsatzraum der Pol.D. im Nordabschnitt der Ostfront...
...denn seit September 1942 entstand auf dem SS-Truppenübungsplatz Heidelager (Debica) bei Krakau eine neue Division, die anstelle der bisherigen Pol.D. treten sollte.
Es wurden vorerst zwei Pol.Pz.Gren.Rgter 1 und 2 mit je drei Btle aus bisherigen Besatzungsverbänden in Polen gebildet. Dazu kamen ein AR. mit sechs Battrn, eine AA., Flak-Abt., Sturmgesch.- und NA. Diese Truppe erhielt am 1. Juni 1943 die Bezeichnung Pol.Pz.Gren.D. und am 22. Oktober 1943 wurde die Division endgültig in 4. SS-Pol.Pz.Gren.D. umbenannt.

Die Verbände der neuen Division wurden bereits im Dezember 1943 zur Heeresgruppe E transportiert und im Großraum Saloniki ausgeladen. Da verblieb die 4. SS-Pol.Gren.D. im Bereich der Oberfeldkommandatur 395. Die noch in Nordrußland eingesetzten Teile der einstigen Pol.D. wurden noch in den Rückzugskämpfen der Heeresgruppe Nord aus dem Raum Leningrad zur Luga gebraucht; von hier zur Auffrischung um Pleskau zurückverlegt und im April 1944 nach Griechenland verlegt.
Die bisher von der Pol.D. getragene Polizeiuniform wurde nun mit der Uniform und den entsprechenden Dienstgraden der Waffen-SS getauscht!
Die neue komplette 4. SS-Pz.Gren.D. verlegte im August 1944 in den Großraum Belgrad und wurde fortan zur Partisanenbekämpfung im Raum Skolpje und im Banat eingesetzt. Einen Monat später begann der Einsatz gegen die auf Ungarn vorrückenden Kräfte der »Roten Armee«. Die Division unterstand dabei zeitweise dem IV. und LVII. AK. der 6. bzw. 8. deutschen Armee. Wechselvolle Kämpfe entbrannten während dieses Einsatzes besonders im Brückenkopf Szolnok.
Die schwer angeschlagene Division wurde im Januar 1945 aus der Ungarnfront abgelöst und nach Pommern zur kurzen Wiederauffrischung verlegt. Viel Zeit blieb nicht, denn die Sowjets waren bereits bis Pommern und zur Ostseeküste vorgestoßen. Während Teile der Division ihren Einsatz um Burtin, Stolp und Konitz fanden, kämpften andere Einheiten um Gotenhafen, der Oxhöfter Kempe und bei Hela. Die Reste der Division wurden im Schiffstransport noch Mitte April nach Swinemünde überführt und von hier unter Zuführung der Reste der 23. SS-Gren.D. zum Abwehrkampf um Eberswalde, Oranienburg und Neubrandenburg eingesetzt.

Kommandeure:

Gruf. Pfeffer-Wildenbruch; Brig.F. Mülverstedt; Brig.F. Krüger, W.; Brig.F. Wünnenberg; Ob.F. Schmedes; Brig.F. Vahl; Brig.F. Schmedes; Stand.F. Harzer; Ob.F. Dörner.

5. SS-Panzerdivision »Wiking«

Noch während der Westfeldzug im Mai/Juni 1940 auf »vollen Touren« lief, meldeten sich hunderte von jungen Männern aus Dänemark, Norwegen, Holland und Belgien zum freiwilligen Dienst in der deutschen Wehrmacht. Diese wurden schließlich im Herbst und Winter 1940/41 in die neugebildeten SS-Rgter »Nordland« und »Westland« eingegliedert. Nach immer weiteren Meldungen, entschloß sich die Reichsführung-SS, diese Einheiten auszubau-

en und im April 1941 eine motorisierte Freiwilligen-Div. zu bilden, die den Namen »Wiking« erhielt.
Die neue Division wurde schon wenige Wochen später nach Südostpolen transportiert, im Raum Lublin ausgeladen; hier der Pz.Gruppe 1 unterstellt. Bei Beginn des deutschen Angriffs gegen die Sowjetunion wurde die Division bereits vom ersten Kriegstag an in vorderster Front eingesetzt. Als am zweiten Feldzugstag die sowjetischen Grenzstellungen durchbrochen waren, begann der ungestüme Vormarsch nach Osten.
Die Division »Wiking« - dem XIV. AK.mot. unterstellt - stand bereits am achten Kriegstag südlich von Schitomir. Weiter ging es nach Südosten und am Ende des ersten Feldzugsmonats erreichten die motorisierten Verbände die Gegend um Taratscha, dicht westlich des riesigen Dnjeprs. Hier mußte die Division nach Süden eindrehen, um die deutsche Kesselfront um Uman nach Südwesten und Westen zum Dnjepr hin abzusichern.
Dann ging der Vormarsch - jetzt unter III.AK.mot. - zum Dnjepr weiter. Die Division eroberte in der ersten Augustwoche Krementschug und genau acht Tage später Dnjepropetrowsk. Die Division nahm nicht an der Kesselschlacht um Kiew teil, da das III.AK.mot. (am 3. Oktober in Pz.K. umbenannt) das Asowsche Meer zum Angriffsziel befohlen bekam. Dieses Ziel konnte zwar erreicht und sogar der Durchbruch zur Krim erzielt werden; dann aber brach der russische Winter ein. Die Truppe mußte sich auf die Miusfront zurückziehen und in notdürftig ausgehobenen Stellungen zum Grabenkrieg übergehen.
Nach Wiederauffrischung und Zuführung von Ersatz stand die Division »Wiking« im Frühjahr 1942 vollmotorisiert zur deutschen Sommeroffensive bereit. Sie gehörte zum LVII. Pz.K. der 1. deutschen Pz.Armee an, die den Befehl hatte, mit der benachbarten 17. Armee den Kaukasus zu stürmen.
Die Division überschritt kämpfend am 21. Juli 1942 den Donez und rückte in Richtung Rostow weiter. Schon drei Tage später rollten die Fahrzeuge der Division durch die Stadt und über den breiten Don weiter nach Süden. Damit tat sich vor den Augen der deutschen und europäischen Freiwilligen eine Landschaft mit unendlich weiten Steppen auf, die man in Mitteleuropa nicht kannte.
Die Division ging über den Kuban bei Kropotkin, stieß über Armawir nach Süden bis in das Ölgebiet von Maikop vor. Hier standen die Soldaten im Vorgebirge des gewaltigen Kaukasusgebirges. Nachdem das rechte Nachbarkorps Ende August 1942 den bedeutenden Schwarzmeerhafen Noworossisk eroberte hatte, befahl die Armee den Angriff des LVII. Pz.K. und das XXXXIV. AK. über den Kaukasus hinweg zur Eroberung von Tuapse.
Dieser Angriff ab Ende August 1942 lief sich in wochenlangen hin- und herwogenden Kämpfen um kleine Gebirgsdörfer, engen Straßen - die von den motorisierten Fahrzeugen nicht befahren werden konnten - steilen Bergen und steinigen Hochflächen schließlich fest. Ein Vorankommen über die Höhen, die ab Oktober von Eis und Schnee bedeckt wurden, war nicht mehr

möglich. Der deutsche Stoß zum Hafen von Tuapse wurde im Spätherbst angehalten; die Truppe grub sich ein.
Die Division wurde im Oktober 1942 - während des Abwehrkampfes im Kaukasus - in 5. SS-Pz.Gren.D. »Wiking« umbenannt.
Da erhielt die Division den Verlegungsbefehl nach Osten. Mit der 13. PD. sollte sie Anfang Oktober Grosny nehmen. Die Geschichte der Division berichtete:
> »SS-Gruppenführer Steiner weiß dagegen, daß der sowjetische Riegel, der die Straße von Grosny zum Kaspischen Meer sperrt, beseitigt werden muß. Er teilt daher die Division in vier Kolonnen ein. Die »Nordland« muß beiderseits des Flusses Kurp auf Malgobek vorstoßen. Die Panzerabteilung erhält Befehl, in der feindlichen Verteidigung einen Brückenkopf zu erzwingen. Die »Westland« muß in Verbindung mit ihr den Feind in Ssagopschin ausschalten. Die Pioniere müssen ebenfalls längs des Kurp vorgehen...«

Das war der Plan; doch der Gegner war stärker. Als der Angriff der Division in der eiskalten Nacht zum 26. September 1942 morgens 5.00 Uhr begann, schlug der Feind zurück. Seine massierte schwere Artillerie und die Schützen in den gutausgebauten Bergstellungen brachten den Vorstoß der Division trotz Anfangserfolgen zum Erliegen.
Die Division wurde angehalten. Jetzt galt es, die Verbindung zum LII. AK. bei Mosdok nicht abreißen zu lassen. Es ging nun nicht mehr weiter und sollte auch nicht mehr. Denn, als die Sowjetarmee im Januar 1943 begann, die 6. deutsche Armee um und in Stalingrad einzukreisen, war der Kaukasus nur noch Nebenkriegsschauplatz geworden.
Der anschließende Rückzug führte »Wiking« über den Manytsch nach Nordwesten bis in den Raum Isjum und Charkow. Die Division unterstand hier dem XXIV. Pz.K. der 1. Pz.Armee. Die Division lag im April 1943 als Reserve der Armee südwestlich von Sslawjansk. Sie verfügte in dieser Zeit nur noch über 31 Kampfwagen und sechs Sturmgeschütze.
Nach Scheitern des »Unternehmens Zitadelle« begann der sowjetische Großangriff zur Zerschlagung der südlichen deutschen Heeresgruppen. Die Division mußte sich im Rahme der 8. Armee bis zum Dnjepr zurückziehen.
Die gesamte Armee geriet ab Januar 1944 zwischen Nikopol, Tscherkassy und Uman in den Großangriff der »2. Ukrainischen Front«. Als dann noch die Panzerkräfte der »1. Ukrainischen Front« antraten und beide Panzerspitzen sich vereinigten, war die Masse der 8. deutschen Armee im Raum um Korssun eingeschlossen. Neben vier IDs, Teilen von drei weiteren IDs befanden sich auch die 5. SS-PD. »Wiking« - am 22. Oktober 1943 zur PD. umbenannt - und die SS-Brig. »Wallonien« im Kessel. Hitler verbot den Ausbruch; erst nachdem alle Gegenangriffe von außen gescheitert waren, erging am 15. Februar 1944 der entsprechende Befehl.
Die PD-»Wiking« stand am linken Flügel des Ausbruchskeils. Sie griff bei eiskaltem Winterwetter die feindlichen Stellungen bei Komarowka an, stieß

nach Südwesten auf Potschapinzy durch, teilte sich in zwei Kampfgruppen. Diese arbeiteten sich über das verschneite Höhengelände bis Lissjanka heran und trafen hier auf die Panzerspitze der vom Westen gekommenen 1. PD. Noch einmal mußte die schwer angeschlagene Division zur Befreiung von eingeschlossenen deutschen Truppen antreten. Die große Offensive der »Roten Armee« war bis Kowel vorgedrungen und kesselte verschiedene Truppenteile, besonders auch der rückwärtigen Dienste ein. Da wurde die 5. SS-PD. von Norden her zum Entsatz befohlen. Es gelang den SS-Männern unter Führung ihres neuen Div.Kdrs, Gruf. Gille, Kowel zu befreien. Der Kdr. erhielt für diese Leistung als erster Soldat der Waffen-SS die höchste deutsche Kriegsauszeichnung, die Brillanten zum Eichenlaub mit Schwertern des Ritterkreuzes.

Nun wurde die Division zwischen Mai und Juli 1944 zum Truppenübungsplatz Debica zurückgezogen, um neuaufgefrischt und mit Waffen, Material und Fahrzeugen komplett ausgerüstet zu werden. Schon im August 1944 stand sie wieder in vorderster Front. Diesmal beim Kampf um Modlin. Hier blieb sie in der Verteidigung unter Befehl des IV. SS-K. bis zum Jahresende. Dann wurde sie eilig zum Jahresanfang 1945 - wie viele der SS-PDs - nach Ungarn verlegt. Die 6. SS-Pz.Armee sollte Anfang Januar das eingeschlossene Budapest befreien. Die Division trat am 18. Januar 1945 zur letzten deutschen Offensive an. Sie stand zwischen der 3. Heeres-PD. und der links benachbarten 3. SS-PD.»Totenkopf«. Die russischen Truppen wurden von dem deutschen Angriff überrascht. Die Regimenter und Abteilungen der »Wikinger« überwanden den ersten Feindwiderstand nördlich des Plattensees, drangen nach Osten vor, eroberten die Stadt Sarosd und stießen nach Nordosten auf Adony. Hier vereinigten sich die Angriffsspitzen mit denen der 3. SS-PD. Doch weiter ging es nicht mehr. Am 27. Januar 1945 wurde der Angriff angehalten.

Denn nun begann der Gegenangriff der »Roten Armee«. Die deutschen Verbände zogen sich nördlich des Plattensees zurück, erreichten Österreich. Die Kampfgruppen der 5. SS-D. wichen nach Nordwesten zurück und standen bei Graz als die Kapitulation in Kraft trat.

Kommandeure:

O.Gruf. Steiner; Gruf. Gille; Ob.F. von Scholz; Stand.F. Mühlenkamp; Stand.F. Ullrich.

6. SS-Gebirgsdivision »Nord«

Mit der Aufstellung dieser Division noch vor Beginn des Ostfeldzuges war die zweite »Welle« in der Entstehungsgeschichte der Kampfdivisionen beendet. Die Bildung und Zusammenstellung der anderen Großverbände der Waffen-SS erfolgte nach Beginn der Kämpfe gegen die »Rote Armee« in der Sowjetunion sowie gegen die Bandenverbände auf dem Balkan und schließlich zur Abwehrvorbereitung einer alliierten Invasion in Westeuropa.

Nach Beendigung des Norwegenfeldzuges im Juni 1940 wurde zur Sicherung des Berglandes von der Waffen-SS die sogenannte SS-Kampfgruppe »Nord« aus oberbayerischen und ostmärkischen SS-Einheiten zusammengestellt. Es entstanden zwei SS-Geb.Jäg.Rgter mit einigen Nachschubkompanien.

Nach Beginn des Ostfeldzuges wurde SS-Kampfgruppe »Nord« zu einer Brigade erweitert und im August 1941 nach Mittelfinnland, später nach Nordfinnland, verlegt. Die Brig. »Nord« fand ihren Einsatz beim Vormarsch der deutschen Heeresverbände auf Alakurtti. Später kamen die Kämpfe beim Vorstoß über den Tuntskoj-Fluß in Richtung Kandalakscha und zwischen Wojtafluß und Lyssaja hinzu.

Als das Kriegsjahr 1941 sein Ende fand, kam auch der Vormarsch der deutschen Truppen in Finnland zu Stehen. Die Truppe mußte sich im steinharten Boden des europäischen Nordens zur Verteidigung einrichten. Die letzten Wochen waren dazu benutzt worden, die bisherige Brig. zur SS-D. »Nord« zu erweitern.

Als im Sommer 1942 eine Neueinteilung der Frontabschnitte zwischen deutschen und finnischen Kräften erfolgte, gehörte die SS-D. »Nord« mit der gerade eingetroffenen 7. deutschen Geb.D. dem XVIII. Geb.K. der 20. Geb. Armee an. Diese Korps hatte den bisherigen Abschnitt des III. finnischen AK. im Raum Louhi als Einsatzgebiet übernommen.

Doch in diesen arktischen Sommermonaten hatte die bisherige Division ihr »Gesicht« geändert. Sie war in eine Geb.D. umgewandelt worden und bestand im Sommer 1942 aus zwei Geb.Jäg.Rgter, einem Geb.AR. mit vier Abtlgn, je einem mot.Schtz.Btl., Pi.Btl., AA., Flak-Abt. und NA. sowie Versorgungseinheiten. Die fehlende Pz.Jäg.Abt. entstand auf dem Truppenübungsplatz Wildflecken aus der Heeres-Pz.Jäg.Ers.Abt. Hilversum.

Die Division verblieb im Kampfabschnitt westlich von Louhi im sogenannten Kiestinki-Abschnitt, auch als sie am 22. Oktober 1943 die offizielle Bezeichnung 6. SS-Geb.D. »Nord« erhielt und ihre beiden Geb.Jäg.Rgter die Nrn 11 und 12.

Als sich im Sommer 1944 der Abfall Finnlands abzeichnete und die bisherigen Waffengefährten vorerst teilweise, später ganz auf Seiten der »Roten Armee« kämpften, begann im September 1944 die Operation »Birke«, der Rückzug der deutschen Truppen aus Finnland.

Die Geb.D. »Nord« räumte Anfang September 1944 ihre jahrelang gehaltene Stellung in der Kiestinki-Front und zog sich im steten Kampf mit den sofort nachstoßenden finnischen und russischen Truppen über Kuusamo und Rovanniemi nach Munio in die Karasuanto-Stellung zurück. Dabei hatten die Nachhuten der Division oft harte und verlustreiche Kämpfe mit den mo-

torisierten Truppen des Gegners durchzufechten, denen es immer wieder gelang, die eigenen Kolonnen zu überholen und einzukreisen.
Es konnten die deutschen Truppen in Finnland einigermaßen in Ordnung die alte finnisch-norwegische Grenze erreichen. Die Geb.D. »Nord« marschierte über Skibodden nach Narvik und wurde im Bahntransport nach Oslo gefahren. Von hier stiegen die SS-Männer auf Schiffe um, die sie noch bis Mitte Dezember 1944 nach Jütland brachten. Dort erfolgte eine kurze Auffrischung, Eingliederung neuen Ersatzes und Zuführung neuer Waffen. Dann ging es erneut im Bahntransport durch ganz Westdeutschland. Die SS-Gebirgsjäger verließen erst im Raum Pirmasens die Tranportzüge wieder.
Die Division wurde der 1. deutschen Armee - und hier dem LXXXX. AK. - unterstellt. Die Gebirgsjäger wurden praktisch aus den Eisenbahnwaggons heraus in die Schlacht gegen die zur Mosel und Rhein vorrückenden Truppen der US-Armee geworfen.
Die Kampfgruppen der Geb.D. »Nord« kämpften um Wingen, Wimmenau, Melch, Baerenthal und zwischen Bitsch und Rothbach. Im Februar 1945 kam es zu Rückzugsgefechten im Raum Reipertsweiler und Hanauerweiher. Der nächste Monat brachte eine Verlegung in das Gebiet südostwärts von Trier und anschließend Kämpfe um Simmern an der Mosel, bei Brodenbach und im Osburger Hochwald. Mehrmals wurde die Division zersprengt und ihre Kampfgruppen fochten für sich allein.
Nun folgte das Absetzen über den Rhein südlich von Boppard. Die Division zählte am 1. April 1945 noch 20000 Mann mit 600 Pferden und Mauleseln, 350 Kraftfahrzeuge, 6 Gebirgskanonen (ohne Munition), 3 Pakgeschütze, 1 Sturmgeschütz, 2 erbeutete US-Panzer und 200 amerikanische Kriegsgefangene.
Die Division wurde erneut verschoben in den Raum Limburg/Lahn. Es folgten Abwehrkämpfe und die Absetzbewegungen über Usingen und Assenheim. Die Division wurde nun in Kampfgruppen aufgesplittert, die ihre letzten Gefechte in und um Lindheim, Waldensburg und Leisenwald durchkämpften. Als die Kapitulation in Kraft trat, standen die Letzten der 6. SS-Geb.D. »Nord« im Büdinger Wald im Taunusgebirge.
Die Allerletzten gehörten dem einstigen SS-Schi-Btl. 506 an. Es waren freiwillige norwegische Soldaten, die seit September 1943 im Rahmen der Division kämpften. Dieses Btl. gewann noch freien Weg zur Autobahn Nürnberg-Bayreuth und streckte am Tag der Kapitulation in Reit im Winkel die Waffen.

Kommandeure:

Stand.F. Hermann; Stand.F. Demelhuber; Stand.F. Schneider; Brig.F. Kleinheisterkamp; Stand.F. Debes; O.Gruf. Krüger, F. W.; Gruf. Brenner; Stand.F. Schreiber.

7. SS-Gebirgsdivision »Prinz Eugen«

Mit der Aufstellung dieses Großverbandes begann die Geschichte der Divisionen, in die nach Beginn des Ostfeldzuges volksdeutsche Bürger aus Südost- und Osteuropa sowie später nichtdeutsche Freiwillige aus diesen besetzten Gebieten einberufen wurden.

Die Dienststelle des Höheren SS- und Polizeiführers Südosteuropa begann ab Februar 1942 Volksdeutsche des großserbischen Raumes für eine neue SS-Division einzuberufen. Die Zusammenstellung der neuen Einheit, darunter zwei Geb.Jäg.Rgter, erfolgte bis Oktober 1942 im serbischen Banat. Die Division erhielt den Namen »Prinz Eugen« und wurde am 1. November 1942 dem Befehlshaber der deutschen Truppen in Serbien unterstellt.

Die Division war an diesem Tag neben der 22. ID. - die auf der Insel Kreta lag - der einzige militärische Großverband auf dem gesamten Balkan. Da gab Hitler am 17. Dezember 1942 den Befehl: »...die Bandenbewegung von Grund auf zu zerschlagen!«

Die Ausführung dieses Befehls erfolgte in dem »Unternehmen Weiß«, das am 20. Januar 1943 seinen Anfang nahm. Es galt durch eine großangelegte Umfassungsbewegung die Landstriche Südkroatiens und Bosniens zu befreien, in denen sich die Tito-Partisanen weit ausgebreitet hatten und jeden deutsch-italienischen Nachschubverkehr praktisch lahmlegten.

Die Division »Prinz Eugen« trat aus dem Raum Karlovac-Prijedor-Banja Luka zum Angriff an. Nach neuntägigen harten und verlustreichen Angriffen stürmte die Division das schwerbefestigte Bihać. Drei Tage später wurde die 7. Banija-Partisanendivision südostwärts von Bihać geschlagen und Bosnisch-Petrovac erobert. Weiter ging der Verfolgungskampf im steinigen Bergland und Ende Februar stürmten die volksdeutschen Gebirgsjäger Bosanso-Grahowo und warfen das I. bosnische Partisanenkorps in das Satorgebirge zurück.

Nach einigen Wochen des Stellungskrieges und der weiteren Auffrischung an Menschen und Material, nahm die Division am »Unternehmen Schwarz« teil, das am 15. Mai 1943 begann und das die Einschließung von ca. 20000 Partisanen unter persönlicher Führung von Tito zum Ziel hatte. Ein Bericht über das Gelände dieses Kampfes:

»Vorwiegend tiefe, canonartige Schluchten, durch die wilde, kaum überquerbare Bergflüsse dröhnten; dazwischen nur spärlich mit Gewächs bedeckte Plateaus von etwa 50 km Länge und 30 km Breite...«

Die Schlacht im Gebirge Montenegros führte zum Erfolg; doch Tito selbst konnte mit ca. 3000 Mann entkommen. So ging der Einsatz der Division noch monatelang weiter und stellte an die Soldaten enorme Forderungen bis zur körperlichen Entkräftung. Die Division - die im Oktober 1943 ihre endgültige Bezeichnung 7. SS-Geb.D. »Prinz Eugen« erhielt; die beiden Geb.Jäg.Rgter bekamen die Nrn 13 und 14 - war im September 1943 zum Küstenschutz in die Gegend um Split verlegt wurden.

Eine neue Verlegung erfolgte im Dezember 1943 als Besatzungstruppe von Sarajewo; doch schon einen Monat später ging es erneut zum Einsatz gegen Partisanen in Kroatien. In diesem Gebiet kämpfte die Division in den nächsten sieben Monaten einen fast aussichtslosen Krieg gegen die immer stärker - dank britischer und sowjetischer Unterstützung an Menschen und Material - werdenden Partisanen-Großverbände des Marschalls Tito.

Die Division wurde im August 1944 eilig erneut nach Serbien transportiert, da die sowjetischen Truppen die Grenzen des einstigen Königreiches Jugoslawien überschritten und die rumänische Armee zum Gegner übergelaufen war. Damit trat ein neuer Gegner auf, nämlich die »Rote Armee«.

Die Division kämpfte bis Dezember 1944 im Rahmen des V. SS-K. der 2. Pz. Armee. Hierbei hatte sie im November/Dezember 1944 sehr schwere Verluste an Menschen und Material in den wochenlangen Kämpfen in und um Nisch.

Das Jahr 1945 sah den ungestümen Vormarsch der »Roten Armee« nach Bulgarien und Jugoslawien sowie die Aufgabe Griechenlands durch die deutsche Wehrmacht. Damit mußte sich nun auch die 7. SS-Geb.D. dem allgemeinen Rückzug der deutschen Heeresgruppe »E« anschließen. Die Division unterstand dabei nacheinander dem XXXXIV., LXXXXI., XXI. und LXIX. AK.

Der Rückmarsch erfolgte durch das altbekannte Kampfgebiet Kroatien; für viele Angehörige der Division ihr Heimatland. Im März und April 1945 erreichte die Truppe Agram und zog dann weiter nach Norden. Ende April wurde die Zvonimir-Stellung aufgegeben, das Drautal erreicht, Cilli und das Miestal durchschritten und über die Südostgrenze Kärntens gegangen. Hier war der Krieg beendet.

Es begann die Zeit der Gefangenschaft in den Händen der Tito-Partisanen, aus der nur die wenigsten zurückkehren sollten.

Kommandeure:

O.Gruf. Phleps; Brig.F. von Overkamp; Brig.F. Kumm; Ob.F. Schmidhuber.

8. SS-Kavalleriedivision »Florian Geyer«

Die Division war der zweite und letzte Großverband der Waffen-SS, der im Kriegsjahr 1942 seine Aufstellung fand. Allerdings existierte bereits seit 1940 eine SS-Kav.Brig. - auch SS-Kav.Brig. »Fegelein« benannt.

Kurz nach Kriegsausbruch wurde SS-Stand.F. Fegelein zum Chefreiterführer der Allgemeinen-SS ernannt. Er stellte aus den bisherigen Reiterverbänden der SS zwei Reiter-Standarten auf, die als AA. der bisher bestehenden Divisionen der Waffen-SS gedacht waren. Doch als diese Divisionsverbände vollmotorisiert wurden, entfiel die Verwendung. Die in Warschau und Lublin liegenden zwei Standarten wurden im Februar 1941 in SS-Kav.R. 1 und 2 umbenannt.

Diese beiden Rgter wurden durch Pionier-, Nachrichten-, Flak- und Versorgungseinheiten bis Oktober 1941 zur Brigade verstärkt. Doch zu dieser Zeit standen die Reiter-Rgter bereits im Einsatz; denn kurz nach Beginn des Ostfeldzuges wurden sie hinter der Heeresgruppe Mitte im Pripjetsumpfgebiet eingesetzt. Die Reiter spürten in diesem Gelände - das für die motorisierten Truppen nicht bezwungen werden konnte - sowjetische Kampfgruppen und die ersten Partisanenverbände auf.

Die große Bewährung der Kav.Brig. kam im Winter 1941/42, als die Reiter bei Eis und Schnee als einzige bewegliche Truppe oft in die Frontlücken der auseinandergerissenen IDs eingeschoben wurden. Die Brigade hatte damit großen Anteil am Zusammenhalt der Front im Großraum Rshew.

Im Frühjahr 1942 wurde die Kav.Br.»Fegelein« aus der Front genommen - es waren nur noch wenige hundert Reiter - und zum Truppenübungsplatz Debica bei Krakau gebracht. Dort entstand am 21. Juni 1942 die Umbildung der Brigade zur SS-Kav.D., die in Gliederung und Ausrüstung besser war als die der aufgelösten 1. Kav.D. des Heeres.

Die Division bestand jetzt aus drei Kav.Rgter (die später die Nrn 15, 16 und 17 erhielten), sowie aus Radf.-, Pz.Jäg.-, Flak- und NA., Pi- und FEB, AR. (mot.) 18 und Nachschubtruppen. Bei der Durchnumerierung aller Verbände der Waffen-SS erhielte die Div. folgende Bezeichnung: 8. SS-Kav.D.»Florian Geyer« und die ihr unterstellten Truppenteile außer den Kav.Rgtern alle die Nr. 8.

Doch schon kurz nach ihrer Aufstellung ging es wieder an die Front. Unter den Reitern befanden sich viele Volksdeutsche aus Ungarn, die von den großen Gestüten und Höfen dieses Landes stammten.

Die 8. Kav.D. fand im Oktober 1942 Verwendung im rückwärtigen Gebiet der Heeresgruppe Mitte im Raum Smolensk. Im November ging es erneut zum Frontabschnitt um Rshew, wo die sowjetischen Panzertruppen die Bahnlinie Rshew-Ssytschewka unterbrochen hatten. Die 8. SS-Kav.D. verlegte in den Raum nördlich Bjeli. Am 7. Dezember 1942, als der Schnee 40 cm hoch lag, griff die Division im Zusammenwirken mit der 19. und 20. PD. des Heeres die vorgedrungenen sowjetischen Kräfte der 30. Sowjetarmee an und schloß mit den von Süden kommenden Verbänden den Kessel um die Feindarmee. Die Schlacht um Bjeli klang nach sechs Tagen aus.

Als der Frontbogen um Rshew im März 1943 von den deutschen Truppen geräumt wurde, verlegte die Division als Reserve der 2. Pz.Armee in das Gebiet um Orel. Von hier aus erfolgte im April eine weitere Verlegung nach Bobruisk, wo die Kav.D. erneut eine Auffrischung erlebte. Die Monate Juli und August 1943 sahen die Division im ständigen Einsatz gegen Partisanen-

verbände im rückwärtigen Gebiet der Heeresgruppe Mitte, wobei die Reitergruppen erneut im Pripjetgebiet ihren Einsatz fanden.
Der September 1943 brachte die 8. SS-Kav.D. in Front der 8. Armee bei der Schlacht westlich von Charkow. Nach einer Verlegung zur benachbarten 1. Pz.Armee - gleichfalls westlich des Dnjepr - machte die Division die Rückzugskämpfe der Armee bis Dezember 1943 mit.
Das Jahr 1944 sah die Kav.D. als Besatzungstruppe in Ungarn. Hier wurde eine Reorganisation ihrer Verbände durchgeführt, neuer Ersatz und neue Waffen trafen ein. Die Wiederauffrischung wurde bis Ende März im Großraum Budapest beendet. Von da verlegte die Division nach Esseg/Kroatien, kämpfte zeitweise gegen Partisanengruppen der Tito-Armee.
Die Ablösung und die Verlegung an die Front nach Siebenbürgen folgte im August 1944. Jetzt wurde die Division im Kampf gegen die von Rumänien aus nach Ungarn vorrückenden Sowjetarmeen eingesetzt. Sie mußte sich im November 1944 unter Befehl des IX. SS-Geb.K. dem Rückzug nach Budapest anschließen.
Die ungarische Hauptstadt wurde am 24. Dezember 1944 - dem »Heiligen Abend« - von Divisionen dreier sowjetischer Armeen eingeschlossen. Die Männer der Division nahmen nun als Grenadiere - Pferde gab es kaum noch - am Kampf um Häuser- und Straßenviertel im Ostteil der Stadt teil. Die deutschen Truppen räumten im Januar 1945 diesen Stadtteil und zogen sich über die Donau nach Buda zurück. Als Anfang Februar 1945 die letzte Munition verschossen war und der Gegenangriff deutscher Panzertruppen weit vor der Stadt liegen blieb, kapitulierte am 11. Februar 1945 die Besatzung von Budapest.
Damit klang die Geschichte der 8. SS-Kav.D. »Florian Geyer« aus.

Kommandeure:

Gru.F. Fegelein; Brig.F. Bittrich; Stand.F. Lombard; Brig.F. Rumohr.

9. SS-Panzerdivision »Hohenstaufen«

Die Aufstellung dieser Division erfolgte in der früheren Kadettenanstalt in Berlin-Lichterfelde am 1. Februar 1943. Es waren vorerst Angehörige der Ersatzverbände »Leibstandarte«; doch zur Auffüllung wurden Freiwillige aus allen Teilen des Reiches einberufen. Schon kurz nach Bildung der Führungsstäbe verlegten die Einheiten nach Mailly-le-Camp bei Reimes und ab April 1943 nach Ypern. Hier erhielt die neue PD. ihren Namen »Hohenstaufen«. Die Gliederung erfolgte in selber Stärke wie die der bisherigen PDs der

Waffen-SS. Das PR. und die übrigen Divisionseinheiten erhielten die Nrn 9; die Pz.Gren.Rgter die Nrn 19 und 20.
Nach der erfolgten Aufstellung wurde die PD. als Reserveeinheit dem Heeresgruppenkommando »D« unterstellt und im März 1944 zur Verfügung des AOK 19 in Südfrankreich befohlen.
Hier verblieb die Division nur wenige Tage und verlegte im Eiltransport im April 1944 zur 4. Pz.Armee nach Südrußland. Die Einheiten der Division verließen die Transportzüge in der Gegend von Tarnopol und mußten »Hals über Kopf« die um Kamenez-Podolsk eingeschlossenen deutschen Verbände entsetzen. Der Frontaufenthalt im Osten dauerte nur drei Monate - denn im Westen hatte die Invasion begonnen. Eine erneute Eilverlegung erfolgte noch im Juni in den Bereich des II. SS-Pz.K.
Der Korpsstab - selbst erst aus Polen angekommen - hatte die Vorausabteilungen der 9. und 10. SS-PD. zur Verfügung, die sofort gegen das VIII. britische AK. zum Gegenangriff übergingen. Die Briten waren am 28. Juni 1944 von Tilly aus zum Angriff auf Caen angetreten. Teile der Division vertrieben die Briten von den Höhen um Gavrus und verhinderten damit die Einnahme Caens.
Als es den US-Truppen gelang, Ende Juli/Anfang August die deutsche Front bei Avranches aufzusprengen und tief nach West- und Mittelfrankreich durchzubrechen, stand die Division im Raum Mortain, um am deutschen Gegenangriff teilzunehmen. Dieser Angriff schlug nicht mehr durch. Es gelang den Alliierten sogar, die gesamte deutsche 7. Armee - darunter auch das II. SS-Pz.K. - im Kessel von Falaise Mitte August einzuschließen. Die 9. SS-PD. stand dabei im harten, verlustreichen Kampf zwischen Mortain und Domfront. Die SS-Männer konnten unter schweren Verlusten durch die feindlichen Linien brechen, um sich erneut im Gegenangriff zu bewähren, als es galt, weitere deutsche Verbände aus der Umschließung zu befreien.
Ende August wurde die 9. SS-PD. zur Auffrischung in den Raum um Arnheim verlegt. Sie blieb im Rahmen des II. SS-Pz.K. und unterstand bis 16. September 1944 als Reserveeinheit der Heeresgruppe »B«. Es war der Tag, an dem das großangelegte britisch-kanadische Luftlandeunternehmen im Großraum Arnheim begann.
Feldmarschall Model, OB der Heeresgruppe, befand sich zu dieser Stunde gerade auf dem Gefechtsstand des II. SS-Pz.K. Er setzte sofort nach Erhalt der Meldung vom Fallschirmabsprung der Briten die zuerst erreichbare Kampfgruppe der 9. SS-PD. unter Sturm.F. Spindler in Marsch und gab der Division den Befehl:

> »...sammelt im Raum Velp und stellt sich so bereit, daß von dort aus ein Angriff gegen den bei Oosterbeek westlich Arnheim gelandeten Feind angetreten werden kann!«

Unter Führung von Ob.Sturmb.F. Harzer griffen die Männer der Division - ihre »Panther«-Panzer befanden sich noch in den Transportzügen irgendwo in Westdeutschland - vermischt mit Soldaten der Luftwaffe und Matro-

sen der Ersatztruppenteile - am 20. September die bei Arnheim gelandeten Briten an und rangen systematisch deren Widerstandsnester nieder. Arnheim fiel am 22. September in die Hände der Kampfgruppen von 9. und 10. SS-PD.
Zwei Tage später hatte sich die deutsche Front zwischen Hertogenbusch (rechts) bis Maastricht (links) gefestigt. Die 9. SS-PD. lag dabei am rechten Flügel der neuen Abwehrfront. Die Division verblieb hier in Front bis Anfang Oktober und wurde dann zur Wiederauffrischung und Ausrüstung mit neuen »Panthern« nach Westfalen zurückgezogen. Anfang Dezember - im dichten Schneetreiben - ging es über eisglatte Straßen in die Eifel zur Bereitstellung für die Ardennenoffensive.
Bei Beginn der Offensive lag die Division vorerst in zweiter Linie. Doch als sich der Angriff des I. SS-Pz.K. bereits in den ersten Tagen festlief, wurden die Einheiten der 9. SS-PD. nach vorn befohlen und an den linken Flügel der 6. SS-Pz.Armee eingesetzt. Doch auch hier ging es kaum voran und am »Heiligen Abend« wurde jeder weitere Angriff der Verbände eingestellt.
Der Befehl zur Verlegung der gesamten 6. SS-Pz.Armee nach Ungarn brachte auch die Einheiten der 9. SS-PD. bis in den Raum nördlich des Plattensees. Nachdem der Angriff zur Donau und die Befreiung von Budapest mißlang, ging es ab Anfang März nach Österreich zurück. Die Division unterstand in den letzten Kriegswochen bis zur Kapitulation dem XXII. AK. der 2. Pz.Armee.

Kommandeure:

Brig.F. Bittrich; Brig.F. von Treuenfeld; Ob.F. Stadler; Ob.F. Bock.

10. SS-Panzerdivision »Frundsberg«

Der Aufstellungsbeginn für die 10. SS-Pz.Gren.D. wurde auf den 15. Februar 1943 festgesetzt. Der neue Großverband entstand in Kasernen und Truppenübungsplätzen Südwestfrankreichs. Die Einheiten verblieben bis April als Reservetruppe dem Heeresgruppenkommando »D« direkt unterstellt. Die Division erhielt den Ehrennamen »Karl der Große«.
Nach Beendigung der Ausbildung und den ersten Verbandsübungen im Regimentsrahmen wurde die Division dem AOK 1 unterstellt; damit war sie eine Kampfdivision geworden und wurde als Besatzungstruppe weiterhin in Südwestfrankreich und ab September 1943 im Großraum Marseille eingesetzt.
Es war Hitler selbst, der mit der Divisionsbezeichnung nicht einverstanden war und am 3. Oktober 1943 die Umbenennung in 10. SS-Pz.Gren.D. »Frundsberg« befahl. Schon einen Monat später verlegte die Division nach Nordfrankreich in den Bereich der 15. Armee und verblieb hier bis April. In

den letzten Wochen erfolgte die Umgliederung der Division in eine PD. und ihre Umbenennung in 10. SS-PD.
Da wurde sie zum Gen.Kdo. II. SS-Pz.K. der 1. Pz.Armee im Südabschnitt der Ostfront verlegt. Die Division kämpfte im April 1944 im Großraum Tarnopol, machte im Mai und Juni den Rückzug der Armee bis in den Raum Lemberg mit.
Von hier erfolgte dann Ende Juni 1944 die Eilverlegung in die Normandie. Die ersten Einheiten wurden bereits in den letzten Junitagen - ohne Fahrzeuge und schwere Waffen - in die begonnene Schlacht um Caen eingesetzt. Die anderen Truppenteile wurden in Paris und Metz ausgeladen und mußten zum großen Teil im Fußmarsch unter laufenden feindlichen Luftangriffen den ersten Kampfgruppen der Division nachgeführt werden.
Als die 7. deutsche Armee im Kessel von Falaise eingeschlossen wurde, befand sich bis Mitte August die 10. SS-Pz.D. am linken Flügel der Armee im Raum Domfront. Beim Ausbruch der Armee aus dem Kessel Mitte bis Ende August 1944 schützten die SS-Männer oft als Nachhut Teile der Armee. Die Division verlor hierbei die Mehrzahl ihrer Panzer und Geschütze und wurde mit der 9. SS-PD. zur Wiederauffrischung in die Niederlande verlegt.

Dort erfolgte Mitte September 1944 das großangelegte britisch-kanadische Luftlandeunternehmen zur Besetzung der Rheinbrücken. Die Verbände der Division wurden nun rasch zum Gegenangriff gegen die von den Briten besetzten Brücken in und um Arnheim angesetzt. Die Kampfgruppen der Division traten am 22. September 1944 zum Sturm auf die letzten von britischen Fallschirmjägern gehaltenen Brücken in Arnheim und Oosterbeck an. Damit war die Schlacht um Arnheim beendet.
Der folgende Rückzug brachte die 10. SS-PD. im Rahmen des LXXXVIII. AK. der 15. deutschen Armee bis in den Raum Düren zurück. Hier erfolgte im November eine kurze Atempause; dann ging es zur Eifel. Der Einsatz in der Ardennenoffensive fand nicht statt; denn bevor der Angriffsbefehl für die Division eintraf, erfolgte die Eilverlegung in das Elsaß zur Teilnahme am geplanten Unternehmen »Nordwind«.
Doch noch auf dem Transport wurde die Division angehalten, um im Eiltransport nach Pommern zur neuaufgestellten 11. Armee zu verlegen. Schon einen Monat später unterstand die 10. SS-PD. der 9. Armee an der Oderfront. Da wurde die Division zusammen mit 4. SS-Pol.-, 28. SS-D. und SS-Pz.Verband »Holstein« dem XXXIX. Pz.K. am rechten Flügel der 11. Armee unterstellt. Auftrag des Korps war der Schutz der Seenge zwischen Madü- und Plönesee. Ein geplanter Angriff zur Verbesserung der HKL schlug nicht durch; die »Rote Armee« war stärker.
Nach dem Fehlschlag der begrenzten deutschen Angriffsoperation im Raum Arnswalde wurde die Division erneut verlegt; diesmal ging es weiter nach Süden zur 4. Pz.Armee in die Lausitz. Die Division unterstand direkt als Einsatzreserve dem OKH und wurde nach erfolgtem Durchbruch russischer

Panzertruppen zwischen Cottbus und Spremberg Mitte April 1945 nach Spremberg vorgeführt.
Damit begann das letzte Kapitel der Divisionsgeschichte. Die SS-Männer krampften sich in den Ruinen Sprembergs bis zum 22. April 1945 fest. Dann wurden sie einfach von sowjetischen Panzern überrollt. Die Division löste sich auf. Nur einzelne Kampfgruppen konnten sich nach Westen und Südwesten durchschlagen. Einige davon gelangten bis Dresden, andere erreichten das Erzgebirge und wieder andere Gruppen marschierten in Richtung Eger und Karlsbad.

Kommandeure:

Brig.F. Debes; Gruf. von Treuenfeld; Brig.F. Harmel.

11. SS-Freiwilligen-Panzergrenadierdivision »Nordland«

Das SS-Führungshauptamt begann ab Sommer 1943 die bisher einzeln und verstreut kämpfenden SS-Freiwilligenverbände zu größeren Truppeneinheiten zusammenzustellen. So wurden die seit Beginn des Ostfeldzuges selbständig im Rahmen des Heeres operierenden Legionen »Norwegen« und Freikorps »Danmark« im Frühjahr 1943 aus der Frontlinie genommen und zum Truppenübungsplatz Grafenwöhr gebracht.
Hier entstand im Juli 1943 die erste Freiwilligendivision der Waffen-SS, die den Namen »Nordland« erhielt. Es wurde gebildet aus dem bisherigen norwegischen Freiwilligen R. 1 das neue SS-Pz.Gren.R. 23 »Norge« und aus dem dänischen Freiwilligen-R. 1 das neue SS-Pz.Gren.R. 24 »Danmark«. Weiter entstand die SS-Pz.Abt. 11 »Hermann von Salza« sowie alle fehlenden Divisionseinheiten mit der Nr. 11.
Die Division wurde nach entsprechender Ausbildung im September in den Bereich des Wehrmachtbefehlshabers Kroatien verlegt, aber im Dezember 1943 wieder in den Nordabschnitt der Ostfront gebracht, wo die nordeuropäischen Freiwilligen seit 1941 schon kämpften.
Die Division wurde direkt an die Front des Oranienbaumer Brückenkopfes gefahren und übernahm die Stellungen der 10. Luftw.Feld.D. Hier begann am 14. Januar 1944 die sowjetische Großoffensive zur Befreiung von Leningrad. Allein sieben Schützen- und zwei PDs der »Roten Armee« griffen nach einem Trommelfeuer von 100000 Granaten in wenigen Stunden die Stellungen von vier deutschen Divisionen an.
Die Männer von »Nordland« konnten am ersten Tag ihre HKL verteidigen; doch am zweiten Schlachttag mußten sie weichen, da die sowjetischen Pan-

zer bereits in ihrem Rücken standen. Im Verband des III. SS-Pz.K. ging es bis Ende Januar an die Narwa zurück, wobei die SS-Einheiten sich noch einmal um Kingisepp festkrallten. Dann begann das Absetzen in die sogenannte »Narwa-Stellung«.
Damit hatte die Division ein Kampfgebiet erreicht, das bis Mitte September 1944 ihr Schlachtfeld bleiben sollte. Die Truppenteile der Division wurden je nach Schwerpunkt der sowjetischen Angriffe und Durchbruchsversuche an allen Abschnitten des sogenannten »Narwa-Brückenkopfes« eingesetzt. Erst als der Befehl zur Räumung Estlands eintraf, zogen sich die Regimenter, Abteilungen und Bataillone der Division befehlsgemäß zurück.
Die Truppenteile erreichten Mitte September 1944 die Düna bei Riga und gingen von hier nach Kurland, wo sie am 3. Oktober 1944 den Fluß überschritten und wenige Tage später in die Front nordwestlich von Doblen zur Abwehr des russischen Großangriffs eingesetzt wurden. Die Division nahm an der sofort begonnenen 1. Kurlandschlacht teil und behauptete sich in den Stellungen. Die Ende Oktober 1944 begonnene 2. Kurlandschlacht sah die 11. SS-Pz.Gren.D. im Abwehrkampf zwischen Skuodas und Vainode, wobei die Division mehrmals im Schwerpunkt sowjetischer Panzerangriffe stand. Die 3. Kurlandschlacht wurde auch noch durchgestanden - doch da war das Jahr 1945 angebrochen.
Die »Rote Armee« begann Ende Januar 1945 ihre Großangriffe gegen das Deutsche Reich, nachdem die Januaroffensive die sowjetischen Panzer bereits nach Schlesien gebracht hatte. Das III. SS-Pz.K. mit 11. und 23. SS-Pz.Gren.D. wurde aus der Front der Heeresgruppe Kurland gezogen und bis Februar 1945 an die Front nach Pommern verlegt.
Hier focht die Division im Rahmen der 3. Pz.Armee, als die sowjetischen Truppen die Oderfront durchbrachen und nach Pommern, Brandenburg und Sachsen vordrangen. Ende April 1945 kämpften sich die Reste der Division in den Großraum Berlin zurück und nahmen mit den unterstellten französischen Freiwilligen der Division »Charlemagne« an den Endkämpfen in der Reichshauptstadt teil. Die Kampfgruppen der 11. SS-Pz.Gren.D. fanden ihren Einsatz u.a. auf der Straße »Unter den Linden«, am Halleschen Tor, am Landwehrkanal, am Anhalter Bahnhof und in der Umgebung der Reichskanzlei. Erst als am 2. Mai 1945 der Befehlshaber von Berlin die Kapitulation anbot, war die Geschichte der 11. SS-Pz.Gren.D. beendet.

Kommandeure:

Brig.F. von Scholz; Brig.F. Ziegler; Brig.F. Krukenberg.

12. SS-Panzerdivision »Hitlerjugend«

Die Division wurde im Juli 1943 - nach Planungen vom 10. April 1943 - in Turnhout/Belgien als Pz.Gren.D., später am 21. Oktober 1943 auf ausdrücklichen Befehl Hitlers als PD. aufgestellt. Die Zusammenstellung der Einheiten erfolgte aus den Führerschulen der HJ und Stämmen der Leibstandarte. Deshalb erhielt die neue PD. am 22. Oktober den Namen »Hitlerjugend«. Alle Einheiten der Division bekamen die Nr. 12; lediglich die beiden Pz.Gren.Rgter trugen die Nr. 25 und 26. Die Pz.Jäg.Abt. 1 der Leibstandarte wurde der Division unterstellt, behielt aber ihre Nr. 1.

Die neue Division verließ im April 1944 die alten Unterkunftsorte und verlegte zur Verfügung des OKW in den Raum Evreux. Dort erhielt die Division am 6. Juni 1944 den Alarmbefehl, nachdem die Landung der Alliierten in der Normandie erkannt worden war.

Es war 7.00 Uhr, als ein erneuter Befehl zum sofortigen Abmarsch nach Rouen eintraf. Die Division marschierte über die Orne und stieß am Morgen auf der Straße Villers-Bocage nach Caen vor, das von den dort stehenden Luftwaffeneinheiten bereits geräumt worden war. Drei Tage später begann die Schlacht um Caen. Ein Bericht lautete:

»Es entbrannte westlich der Stadt der Kampf der 12. SS-PD. »Hitlerjugend«, die zur gefürchtetsten deutschen Division in diesen Tagen werden sollte, obwohl ihre Soldaten im Durchschnitt nicht älter als 18 Jahre zählten! Die Division hatte bereits bei ihrem ersten Fronteinsatz am 7. Juni 28 kanadische Panzer abgeschossen und 150 Gefangene eingebracht.«

Nun entspannten sich die tagelangen schweren Kämpfe zwischen Tilly und Caen, die von beiden Seiten schwere Verluste forderte. Als der feindliche Großangriff gegen Caen am 28. Juni begann, behauptete sich die Division erneut. Acht Tage lang hielten sich die Kampfgruppen der Division in der zerstörten Stadt und auf dem Flugplatz Carpiquet.

Am Morgen des 8. Juli 1944 brach die Abwehrfront. Zwei britische und eine kanadische Division griffen die Stellungen der 12. SS-PD. an. Doch von dieser existierten nur noch Kampfgruppen. Das I./SS-Pz.Gren.R. 25 kämpfte, bis der letzte Mann fiel. Vom III. Btl. desselben Regiments kamen nur noch 25 Mann davon, kein Offizier war darunter.

Feldmarschall von Rundstedt, Oberbefehlshaber West, sagte in einem späteren Tagesbefehl:

»Diese Soldaten besitzen die Begeisterung der jungen Regimenter von Langemarck, sind ihnen jedoch an Ausbildung weit überlegen. ...Es ist ein Jammer, daß diese gläubige Jugend in aussichtsloser Lage geopfert wird!«

Der anschließende Rückzug brachte die Kampfgruppen der Division bis Falaise und hier wurden diese mit der 7. deutschen Armee eingeschlossen. Die 12. SS-PD. verteidigte Falaise bis zum Schluß. Am letzten Tag der Schlacht

um die Stadt hielten noch 60 SS-Männer mit nur zwei Panzer aus. Gegen Mitternacht des 17. August lebte keiner mehr!
Nach erfolgtem Ausbruch aus dem Kessel verfügte die Division noch über zehn Kampfwagen und sechs Geschütze.
Dann wurde die Division aus der Front genommen und zur Eifel, später in den Raum um Bremen verlegt. Hier erfolgte bis Ende November eine Auffrischung der Verbände durch Zuführung von Ersatz, neuen Waffen und Fahrzeugen. Dann ging es erneut nach vorn.
Als am 16. Dezember 1944 die Ardennenoffensive begann, stand die 12. SS-PD. erneut in vorderster Front und stieß in den nächsten acht Tagen durch die schneebedeckten Wälder und über eisglatte Straßen, gegen heftigsten Widerstand der 1. und 30. US-D. kämpfend, bis in das Gelände dicht südlich von Malmédy. Doch weiter ging es nicht; jetzt war jede Kraft erlahmt. Die Maasübergänge bei Lüttich - das Ziel - konnten nicht mehr erreicht werden. Der im Januar 1945 begonnene Rückzug brachte die Division über Bastogne zur Reichsgrenze. Die 12. SS-PD. wurde aus der Front genommen und im Raum Köln wieder aufgefrischt, um Anfang Februar mit der 6. SS-Pz.Armee nach Ungarn zu verlegen.
Hier mußte die Division wechselvolle Kämpfe um Köbölkut und im Gran-Brückenkopf durchstehen. Dann erfolgte eine Verschiebung nach Ödin-Puszta und zum Sio-Kanal. Im März kam es zu Abwehrkämpfen um Stuhlweißenburg. Dann ging es über die Margarethen-Stellung zur Raab zurück. Von dort führte der Weg die Division nach Ödenburg, wo sie teilweise eingeschlossen, aber ausbrechen konnte. Im April 1945 erfolgten die Rückzugsgefechte zum Wiener Wald und schwere Kämpfe im Raum Altenmarkt.
Anfang Mai 1945 erreichte die Truppe die Enns, einige Kampfgruppen gelangten noch bis Linz. Dann war der Krieg für die 12. SS-PD. »Hitlerjugend« beendet.

Kommandeure:

Gruf. Witt; Brig.F. Meyer; Ob.F. Kraemer; Brig.F. Kraas.

13. SS-Waffen-Gebirgsdivision »Handschar« (Kroatische Nr. 1)

Hitler ordnete am 1. März 1943 die Aufstellung einer Division aus freiwilligen Kroaten an. Nach Einrichtung der deutschen Verwaltung in Kroatien und Bosnien hatten sich seit 1941 viele junge Männer freiwillig zum Dienst im Rahmen der Wehrmacht gemeldet. Die Aufstellung zu einem Divisionsverband verzögerte sich, da besonders der Zulauf an erwarteten Muselmanen ausblieb. So wurde der bisher bestehende Verband am 2. Juli 1943 in Kroati-

sche SS-Freiwilligen-Geb.D. umbenannt. Drei Monate später erfolgte am 22. Oktober eine erneute Namensänderung in 13. SS-Freiwillige Bosnisch-Herzogowinische Geb.D.
Doch da befand sich der Divisionsverband in Südfrankreich zur Vollendung der Zusammenstellung dieser Geb.D., die schließlich den Namen »Handschar« mit dem Zusatz »kroatische Nr. 1« erhielt.
Die Division wurde schließlich Ende Dezember 1943 und Anfang Januar 1944 nach Kroatien transportiert, um hier ab April 1944 unter Oberbefehl der 2. Pz.Armee aktiv am Kampf gegen die immer stärker und aktiver werdenden Partisanen eingesetzt zu werden.
Seit Anfang Juni 1944 drangen weitere Partisanenabteilungen aus Ostserbien und dem Sandschak nach Westserbien ein. Die Kampfgruppen der Division mußten nun einen erbitterten Kampf um Stützpunkte nordostwärts des Lim und auf dem Westufer der Drina führen.
Der monatelange Kampf im steinigen Gebirsland führte zu schweren Verlusten an Menschen und Material. Als die »Rote Armee« schließlich in Bulgarien und Rumänien eindrang, wurde die Division am südlichen Save-Ufer eingesetzt. Die Freiwilligen wehrten sich hier noch erbittert; doch als ab Oktober der Rückzug in die eigene Heimat begann - jetzt im Verband des IX. SS-AK. - ließ die Widerstandskraft der Divisionsverbände merklich nach. Die Divison mußte sich nun unter Führung des LXVIII. AK. der 2. Pz.Armee nach Ungarn zurückziehen. Es waren nur noch Reste des einstigen Großverbandes, die die nächsten drei Monate in der Abwehr gegen die nachrückenden motorisierten Verbände der »Roten Armee« fochten. Es gelang allerdings einigen Kampfgruppen bis Anfang Mai 1945 nach Kärnten durchzukommen, wo sie bei der Kapitulation in britische Gefangenschaft gerieten.

Kommandeure:
Gruf. von Sauberzweig; Ob.F. Hampel.

14. SS-Waffen-Grenadierdivision (Galizische Nr. 1)

Der Befehl zur Aufstellung einer Gren.D. aus Freiwilligen, die aus der Ukraine und Galizien stammten, erfolgte bereits am 28. April 1943. Doch erst im September 1943 entstand die kampfkräftige Division auf dem Truppenübungsplatz Heidelager in Debica bei Krakau. Es waren insgesamt 13500 Offiziere, Unteroffiziere und Mannschaften. Die Letzteren stammten in der Masse aus Volksdeutschen und Ukrainern des Raumes Lemberg. Die Umbenennung in 14. Waffen-Gren.D. (Galizische Nr. 1) erfolgte mit Wirkung vom 22. Oktober 1943. Die drei Rgter erhielten dabei die Nrn 29 bis 31.

Die Vollendung der Aufstellung erfolgte bis zum Sommer 1944 im Bereich der rückwärtigen Befehlsstellen der Heeresgruppe Süd, besonders in der Ostukraine. Hier wurde die Division nach Beginn der sowjetischen Großoffensive im Juni 1944 beschleunigt der 1. Pz.Armee unterstellt. Dabei geriet die Division in den Kessel bei Brody. Sie wurde mit dem gesamten XIII. AK. eingeschlossen.
Die Soldaten verteidigten sich besonders tapfer an der Straße zwischen Pidhirtsi und Zolotschiw. Dabei zeichneten sich die SS-Männer des Gren.R. 30 durch hervorragende Tapferkeit aus. Doch es kamen lediglich 3000 Mann der gesamten Division aus dem Kessel.
Die aus dem Kessel entkommenen SS-Verbände wurden schließlich zum Truppenübungsplatz Neuhammer zurückgeführt. Hier entstand ein neuer kampfkräftiger Großverband, der am 28. September 1944 als Besatzungstruppe in die Slowakei verlegte. Nach Vordringen der »Roten Armee« am Jahreswechsel 1944/45 erfolgte eine weitere Verlegung nach Sillein und hier eine Umbenennung in 14. Waffen-Gren.D. der SS (Ukrainische Nr. 1).
Wenige Tage später verlegte die Division in den Raum Preßburg und kämpfte sich im Rahmen des I. Kav.K. der 2. Pz.Armee bis in die Steiermark zurück. Hier gerieten die Kampfgruppen bei Tamsweg und Judenburg in amerikanische Gefangenschaft.

Kommandeur:
Gruf. Freitag.

15. SS-Waffen-Grenadierdivision (Lettische Nr. 1)

Die Division entstand aus der am 10. Februar 1943 in Lettland gebildeten »Lettischen Freiwilligen Legion«. Die Legion verfügte über die freiwilligen Rgtern 1 - 3. Bei der Neugliederung und entsprechender Durchnumerierung aller Verbände der Waffen-SS wurde der Verband zu einer Gren.D. »neuer Art« umgebildet und erweitert. Die bisherigen Gren.Rgter bekamen jetzt die Nrn 32 bis 34; die Division selbst die obige Bezeichnung mit dem Zusatz »Lettische Nr. 1«.
Die Division wurde im November/Dezember 1943 an den Nordabschnitt der Ostfront gebracht und hier dem XXXXIII. AK. der 16. Armee am Wolchow zugeführt. Doch als es den sowjetischen Truppen gelang, den rechten Flügel der Armee bei Newel einzudrücken und eine Trennung der Heeresgruppen Nord und Mitte befürchtet wurde, verlegte die Division in das Gebiet westlich von Welikije Luki an den rechten Flügel der Armee.
Die Division verblieb am rechten Flügel der 16. deutschen Armee, ab Januar 1944 im Abschnitt des VI. SS-AK. Nach dem Beginn der sowjetischen Groß-

offensive im Januar 1944 an der Leningrad- und Wolchowfront mußte sich auch die 16. Armee dem Rückzug der Heeresgruppe Nord anschließen. Die Division erreichte u.a. bis März 1944 den Raum um Pleskau, wurde dann im April 1944 nach Newel verschoben, wo sie in Stellung lag. Hier begann am 22. Juni 1944 der Großangriff der »Roten Armee«, der die beiden deutschen Heeresgruppen Mitte und Nord auseinanderriß.
Als Mitte Juli 1944 der Großangriff der sowjetischen Heeresgruppe »2. Baltische Front« gegen den rechten Flügel der 16. deutschen Armee begann und bei Nowosokolniki die deutsche Front zersprengte, wurde auch die 15. SS-Gren.D. in den Strudel des Rückzuges gerissen. Ende Juli gab es keine kampfkräftige Division mehr.
Die Heeresgruppe führte die Division aus der HKL nach Livland und von hier nach Westpreußen zurück. Dort erfolgte zwischen Oktober 1944 und Januar 1945 eine Neuaufstellung der 15. Waffen-Gren.D. in Westpreußen. Doch bevor die Neuaufstellung abgeschlossen werden konnte, waren sowjetische Panzer bereits zur deutschen Reichsgrenze vorgestoßen. Die Division wurde kurzfristig im Februar 1945 dem XVIII. AK. der 2. Armee in Westpreußen unterstellt, dann nach Ostpommern verlegt und hier im März der Korpsgruppe des Generals Tettau unterstellt, die im Rahmen der 3. Pz.Armee die pommerschen Grenzlande im Großraum Schneidemühl verteidigen sollte. Die 15. SS-Gren.D. zersplitterte hier in Kampfgruppen, die teilweise bis zur pommerschen Küste zurückkamen und davon gelangte sogar noch eine Gruppe bis Kurland - in die Heimat.

Kommandeure:

Ob.F. Heilmann; Stand.F. Graf von Pückler; Gruf. Pfeffer-Wildenbruch; Brig.F. Schuldt; Ob.F. Obwurzer.

16. SS-Panzergrenadierdivision »Reichsführer SS«

Diese Division wurde am 3. Oktober 1943 in Laibach aus der bisherigen SS-Sturm-Brig. »Reichsführer SS« aufgestellt. Ihre Vorgängerin war das Begleitbataillon des Reichsführers-SS, welches am 14. Februar 1943 nach Korsika als Besatzungstruppe gebracht wurde. Es waren die ersten deutschen Soldaten, die diese französische Insel betraten. Das Btl. wurde in den nächsten Monaten auf Brigadestärke vergrößert und stand am Tag der Kapitulation Italiens bei Sarténe im Süden der Insel, lediglich die Pz.Jäg.Abt. sicherte bei Bonifacio das Übersetzen der 90. deutschen Pz.Gren.D. von Sardinien nach Korsika. Als die italienischen Besatzungstruppen der Insel nicht kapitulierten, stürmte die Brig. die Hauptstadt Bastia.

Die Geschichte der bewaffneten SS-Verbände begann mit der Aufstellung einer Truppe, die ausschließlich zum Schutz des Reichskanzlers Hitler Dienst tun sollte. Ihre militärische Ausbildung erfolgte mit Unterstützung der Reichswehr. Der Begriff »Waffen-SS« existierte erst seit 1940, vorher nannten sich die militärischen Verbände dieser Organisation »SS-Verfügungstruppe«.
Der erste aufgestellte Sturm der Leibstandarte unter Untersturmführer Witt (gefallen am 12.06.1944 als Kdr. der 12. SS-PD. bei Caen) im Jahre 1934 im Kasernengelände Berlin-Lichterfelde.

Die Einheiten der SS-Verfügungstruppe sind in der Vorkriegszeit nur als Ehrenformationen und Sicherungseinheiten eingesetzt. Bild oben: Ehrenformation der SS-Standarte »Germania« beim Besuch des Herzogs von Windsor auf der Ordensburg Crössinsee. Bild unten: Hitler besichtigt die »Leibstandarte«. Neben ihm der Kdr. SS-Obergruppenführer Dietrich.

Einzug der »Leibstandarte« am 01.03.1935 in Saarbrücken (oben) und im Oktober 1938 im Sudetenland (Bild unten), jetzt bereits in feldgrauer Uniform.

Im Polenfeldzug sind die SS-Verfügungseinheiten bei verschiedenen Heeresdivisionen im Einsatz. Hier rücken SS-Kompanien hinter einem Panzerspähwagen in eine polnische Ortschaft ein.

Im Westfeldzug stehen alle bisher aufgestellten Verbände der SS-Verfügungstruppe und die Polizei-Division in vorderster Front. Das Bild zeigt Polizisten der Pol.D. in ihren Polizeiuniformen, die dem Gegner über den Rhein zuwinken; ein Attribut des »Sitzkrieges« vor Beginn der Westoffensive.

Übergang eines SS-Stoßtrupps über einen Fluß in Mittelfrankreich, Mai 1940 (Bild oben).

Siegesparade der »Leibstandarte« nach dem Westfeldzug in Berlin.

Kradschützen der »Leibstandarte« beim rasanten Vormarsch zum Olymp. Die »Leibstandarte« und die Division »Das Reich« nehmen am Balkanfeldzug teil, wobei »Das Reich« gegen die jugoslawische Armee und die »Leibstandarte« gegen die griechische und britische Armee kämpft.

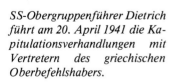

SS-Obergruppenführer Dietrich führt am 20. April 1941 die Kapitulationsverhandlungen mit Vertretern des griechischen Oberbefehlshabers.

Bei Beginn des Ostfeldzuges am 22. Juni 1941 stehen alle Divisionen der »Waffen-SS« in vorderster Front vom Nordabschnitt der Ostfront bis zum Südabschnitt. Ein Stoßtrupp der Vorausabteilung »Das Reich« beim Grenzübertritt am frühen Morgen des ersten Feldzugtages.

Motorisierte Verbände »Das Reich« auf Verfolgung des Gegners im Mittelabschnitt der Ostfront.

Ein Infanteriegeschütz der »Totenkopf-D.« nimmt russische Panzer im Urwald bei Staraja Russa unter Feuer.

Der frühe Einbruch des Winters 1941/42 bringt nicht nur an allen Frontabschnitten die deutsche Offensive zum Stehen, sondern durch die gewaltige Gegenoffensive der »Roten Armee« muß das deutsche Heer an allen Frontabschnitten zurückweichen. Bild oben zeigt die Schwierigkeit des Nachschubtransports im Südabschnitt der Ostfront und Bild unten den Ausschnitt des Schlachtfeldes bei Rshew.

Bei der Sommeroffensive des deutschen Heeres zum Kaukasus 1942 ist die SS-PD. »Wiking« in vorderster Front dabei und steht am Ende der Offensive allen Truppen der 1. Pz.Armee weit voraus. Bild oben: SS-Obergruppenführer Steiner, Kdr. der Division, in einem Deckungsgraben am Rande eines Sonnenblumenfeldes irgendwo in der Steppe. Bild unten: Eine 3,7-cm-Pak in Feuerstellung in 2000 m Höhe im Vorkaukasus.

Das neugebildete SS-Pz.K. reißt entgegen eines Befehls Hitlers am 7. März 1943 die Initiative an sich, dringt mit seinen drei Divisionen in Charkow ein und stabilisiert hier die Front in der Ukraine. (Bild oben.) Im Sommer 1943 will die deutsche Führung im »Unternehmen Zitadelle« - darunter auch die Panzerdivision der Waffen-SS (Bild unten) - das Kriegsglück wenden.

Die nord- und osteuropäischen Freiwilligenregimenter, später Brigaden und Divisionen der Waffen-SS kämpfen seit 1941 fast ausnahmslos im unwirtlichsten Abschnitt der gesamten Ostfront. Hier am Wolchow kann nur über Knüppeldämme der Nachschub rollen.

Der vom III. SS-Pz.K. gehaltene Frontabschnitt am Narwa-Brückenkopf setzt der »Roten Armee« im Nordabschnitt den größten Widerstand entgegen.

Freiwillige aus allen Teilen Europas werden in den letzten beiden Kriegsjahren in die Divisionen der Waffen-SS eingezogen und erfüllen mehr oder minder tapfer und opferbereit ihren Einsatz im Kampf gegen die »Rote Armee« oder gegen Partisanen besonders in Südosteuropa.
Bild oben: Soldaten der SS-Geb.D. »Prinz Eugen« kämpfen gegen Tito-Partisanen. Bild unten: Der Mufti von Jerusalem besichtigt eine SS-Einheit der Muselmanen.

Der nächste große Einsatz der SS-Divisionen erfolgte mit Beginn der alliierten Invasion in der Normandie. Hier steht die vom Gegner gefürchtete 12. SS-PD. »Hitlerjugend« im Zentrum der Schlacht um Caen (Bild oben). Oberbefehlshaber der in der Normandie kämpfenden 7. deutschen Armee ist im Sommer 1944 SS-Oberstgruppenführer Hausser (Mitte), der dienstranghöchste Offizier der Waffen-SS. Vor ihm ganz links General der Fallschirmtruppe Meindl.

Der letzte große Kampfeinsatz der SS-Panzerdivisionen erfolgt in der »Ardennen-Offensive« Dezember 1944. Bild oben: Sturmgeschütze der »Leibstandarte« im Angriff auf Malmédy. Bild unten: Bis zur Kapitulation stehen die Männer der Waffen-SS im Kampf. Hier ein zerschossener Schützenpanzer in den zerstörten Straßen von Berlin, Mai 1945.

Die letzte Ruhestätte für Abertausende von Soldaten der Waffen-SS ist ein bescheidenes Grab irgendwo in Europa - hier am Rande eines namenlosen Dorfes in der weiten Ukraine.

Doch dann mußten auf höheren Befehl deutsche Truppen Korsika räumen und die Insel den Franzosen überlassen. Die Sturmbrig. wurde Ende September 1943 nach Oberitalien verlegt und hier in Laibach am 3. Oktober 1943 zur Pz.Gren.D. erweitert. Ihre beiden Rgter bekamen die Nrn 35 und 36. Als die Alliierten im Oktober 1943 bei Anzio-Nettuno landeten, wurden rasch Btle der neuen Division an den Ostflügel des Brückenkopfes gebracht. Die Masse der 16. SS-Pz.Gren.D. wurde am Jahreswechsel nach Baden bei Wien zur Vollendung der Ausbildung verlegt, wobei einige Kampfgruppen nach Debreczen kamen.

Im Mai 1944 erfolgte der Rücktransport der gesamten Division nach Norditalien und ab Juni unterstand die Truppe der neugebildeten Armeegruppe von Zangen. Die Division fand ihren ersten Einsatz im Abschnitt Grosseto bei Livorno. Es war Aufgabe, eine eventuelle Landung der Alliierten von Elba aus abzuwehren.

Der erste Kampfeinsatz im neuen Frontabschnitt erfolgte ab 9. Juli 1944 um die Stadt Volterra südostwärts von Livorno. Die Division verlor allein in diesen Kämpfen 47 Offiziere. Der anschließende Rückzug führte am 19. Juli über den Arno in den Raum Carrara zurück. Hier kam es zu weiteren Abwehrkämpfen im Rahmen des XIV. Pz.K. der 14. Armee. Im Herbst 1944 lag die Division im Frontabschnitt des I. Fallsch.Jäg.K. zwischen Bologna und Florenz. Dabei verzeichnete die Division allein bei den schweren Kämpfen südlich Florenz noch einmal 823 Offiziere, Unteroffiziere und Mannschaften als Gefallene und Verwundete.

Das LXXXIII. AK. der 10. Armee war die letzte Kommandobehörde in Italien für die Division, die im Januar 1945 aus diesem Frontabschnitt gelöst und nach Ungarn gebracht wurde. Hier kämpften die Rgter im Raum Nagykanisza gegen die anrollenden Panzerdivisionen der »Roten Armee«. Die Division focht in den letzten Kriegsmonaten unter Befehl des Korpskommandos I. Kav.K. der 2. Pz.Armee. Sie machte im Rahmen des Korps den im April 1945 begonnenen Rückzug in die Steiermark mit und geriet hier bei Kriegsende in Gefangenschaft.

Kommandeure:

Ob.Sturmb.F. Gesele; Gruf. Simon; Ob.F. Baum; Ob.F. Deisenhofer.

17. SS-Panzergrenadierdivision »Götz von Berlichingen«

Die bisher selbständig operierenden SS-Pz.Gren.Brigaden 49 und 51 wurden im Spätherbst 1943 aus ihren jeweiligen Stellungen gezogen und nach Südwestfrankreich gefahren. Hier bildeten sie mit weiteren aus der Heimat zuge-

führten Einheiten, darunter Teilen der 10. Heeres-PD., die neue 17. SS-Pz.Gren.D. mit dem Namen »Götz von Berlichingen«.
Nach kurzer Ausbildung kam die Division im Dezember 1943 bereits zum V. SS-Geb.K., das im Rahmen der 2. Pz.Armee zum Krieg gegen Tito-Partisanen auf dem Balkan im Einsatz stand. Doch schon nach wenigen Wochen kehrte die Division nach Frankreich zurück und stand als OKW-Reserve in Südfrankreich.
Als am 6. Juni 1944 in der Normandie die alliierte Invasion begann, wurde die Division in Alarmzustand versetzt und in den nächsten Tagen in den Raum S. Lô verlegt. Zwei Tage später trafen die Voraustruppen auf dem Schlachtfeld bei Littry ein. Die Division wurde südlich Carentan in die vorderste Front gezogen und griff ungestüm nach Norden gegen drei US-Divn an. Später stand sie südlich St. Lô und stärkte die deutsche Abwehrfront. Als die Stadt am 20. Juli in die Hände der US-Truppen fiel, zählte die Division nur noch 1000 Mann in vorderster Linie.
Der Verband war ausgeblutet und wurde wenige Tage später aus der Front gezogen, um in der Champagne und im Großraum Paris aufgefrischt zu werden. Danach wurde die Division zur 1. deutschen Armee verschoben und kam ab September 1944 im Raum Metz zu neuem Einsatz.
Es war höchste Zeit, denn die 3. US-Armee hatte Mitte September 1944 ihren Großangriff gegen den Moselabschnitt begonnen. Die 17. SS-Pz.Gren.D. besetzte die Front in Metz und dicht nördlich davon. Hier konnte die Front bis Mitte November gehalten werden, dann brandete ein neuer Großangriff der Amerikaner los. Jetzt mußte sich die Division - außer dem Pz.Gren.R. 38, das in Metz vernichtet wurde - bis zur Reichsgrenze zurückziehen.
Der letzte deutsche Angriff im Westen erfolgte ab 1. Januar 1945 mit dem »Unternehmen Nordlicht«, das in Nordlothringen noch einmal das Schlachtenglück wenden sollte. Die 17. SS-Pz.Gren.D. stand in vorderster Front und griff am Neujahrstag über Wölfingen, Binningen auf Achern am rechten Flügel der 1. deutschen Armee an. Doch der Angriff blieb bereits am zweiten Tag in der Maginotlinie hängen.
Der sich anschließende Rückzug führte ab Februar 1945 die Division durch Baden, Nordwürttemberg und Bayern. Contwig, Waldfischbach, Allersweiler, Rohrbach, Bellheim und Germersheim waren erste Widerstandsorte. Weiter ging es in den Raum Mannheim, von hier über Heidelberg und den Odenwald. Kampfgruppen der Division schlugen sich durch die Umzingelung der US-Truppen bis Bayern durch und erreichten am 30. April 1945 den Raum München.
Doch hier in Oberbayern war der Krieg für die Division endgültig beendet.

Kommandeure:

Brig.F. Ostendorff; Ob.F. Baum; Stand.F. Binge; Ob.F. Deisenhofer; Stand.F. Lingner; Ob.F. Klingenberg; Stand.F. Bachmann.

Die Divisionen der Aufstellungsjahre 1944-1945

Die in den ersten Kriegsjahren zwischen 1939 und 1943 gebildeten Divisionen der Waffen-SS konnten »in etwa« dieselbe Gliederung, Ausrüstung und Personalstärke erreichen, wie die Divisionen des Heeres. Doch mit Fortgang des Krieges fehlte es dann dem Heer und der Waffen-SS nicht nur an lang ausgebildeten Personal, sondern an Waffen und Material. Deshalb konnten die ab 1944 aufgestellten Großverbände nicht die Stärke und Ausrüstung der vorher gebildeten Divisionen erreichen. Das besagt aber nicht, daß die Offiziere, Unteroffiziere, Mannschaften und Beamten dieser in den letzten Kriegsmonaten aufgestellten Divisionen dieselbe Einsatzfreude, Tapferkeit und den Opfermut besessen hätten, wie die Männer der Friedens- oder Kriegsdivisionen der ersten Tage.

Doch da die Geschichte der nun aufzuführenden Divisionen kaum länger als ein Jahr, ja oft nur Monate oder Wochen dauerte, sollen diese Großverbände nachfolgend in Kurzdarstellungen gewürdigt werden. Denn die Männer der 18. bis 38. Division der Waffen-SS »waren Soldaten, wie andere auch!«

18. SS-Freiwilligen-Panzergrenadierdivision »Horst Wessel«

Aufstellung am 25. Januar 1944 im Raum Agram-Cilli aus der bisherigen 1. SS-Gren.Br. mit den Rgtern 39 und 40. Von Juli bis Oktober 1944 als Reserveverband dem Wehrmachtbefehlshaber in Ungarn unterstellt. Ab November 1944 Einsatz bei der 6. Armee an der Südfront im Osten; danach zur 8. Armee in der Slowakei, ab Februar 1945 bei der 1. Pz.Armee in Oberschlesien und ab April 1945 nur noch als Kampfgruppen im Rahmen der 17. Armee beim Endkampf in Schlesien. Diese entkamen noch der Einschließung bei Neustadt und zogen sich neben drei weiteren IDs als letzte deutsche Truppe über die Pässe nach Böhmen zurück.

Kommandeure:
Ob.F. Trabandt; Stand.F. Bochmann; Stand.F. Petersen.

19. SS-Waffen-Grenadierdivision (Lettische Nr. 2)

Diese Einheit gehörte zu den ersten Freiwilligenverbänden aus dem Baltikum und entstand kurz nach Beginn des Ostfeldzuges in Lettland als 2. lettische

SS-Brig. Sie fand schon in den nächsten Monaten ihren Einsatz im Raum Leningrad, später am Wolchow und den übrigen Frontabschnitten der Heeresgruppe Nord. Sie wurde Ende 1943 aus der Front gezogen und am 7. Januar 1944 als 19. SS-Gren.D. aufgestellt.
Nach kurzer Ausbildungszeit stand sie mit ihren drei Rgtern und allen übrigen Divisionseinheiten erneut in Front. Die Soldaten kämpften im Rahmen der 16. Armee um Pleskau, später in Livland und ab Oktober 1944 in Kurland. Hier nahm die Division an allen sechs Kurlandschlachten teil und stand unbesiegt am Tag der Kapitulation südwestlich von Tukkum.

Kommandeure:

Brig.F. Schuldt; Gruf. Streckenbach.

20. SS-Waffen-Grenadierdivision (Estnische Nr. 1)

Die Aufstellung der Division erfolgte am 24. Januar 1944 im rückwärtigen Gebiet der Heeresgruppe Nord aus den bisher bereits - teilweise seit 1941 - bestehenden estnischen Freiwilligenverbänden. Die Division war wie eine normale ID. mit den SS-Gren.Rgtern 45, 46 und 47 gegliedert.
Ihr erster Fronteinsatz als Division erfolgte bereits ab März 1944 im Rahmen des III. SS-Pz.K. an der Narwafront. Nach dreimonatigem Kampf galt die Division als zerschlagen und wurde ab November 1944 in Neuhammer neu aufgestellt.
Nach Beginn der sowjetischen Großoffensive im Januar 1945 in Richtung Schlesien, wurde die Division beschleunigt in diesen Frontabschnitt verlegt und kämpfte seit Februar 1945 im Rahmen der 17. deutschen Armee. Sie zog sich ab Februar in den Raum Striegau zurück und wurde bei Neustadt von sowjetischen Vebänden eingeschlossen. Kampfgruppen schlugen sich aus der Umklammerung, gingen über die Grenze nach Böhmen und kamen bei Melnik, nördlich von Prag, in russische Gefangenschaft.

Kommandeur:

Brig. F. Augsberger.

21. SS-Waffen-Gebirgsdivision »Skanderberg« (Albanische Nr. 1)

Die Aufstellung erfolgte am 1. Mai 1944 im Raum Pac-Pristina-Prizren in Nordalbanien aus albanischen - in der Mehrzahl Mohamedaner - Freiwilligen mit zwei SS-Geb.Jäg.Rgter 50 und 51. Die Aufstellung konnte nicht zuende geführt werden, da die Division bereits ab Juni 1944 im Rahmen des XXI. AK. in Albanien zum Kampf gegen Partisanen eingesetzt wurde. Die Division verblieb im steten Kampf gegen diese Verbände, ab Oktober auch in Nordjugoslawien und im Dezember in Kroatien, jetzt unter V. SS-Geb.K. Die Auflösung der Division erfolgte im November 1944 und die noch bestehenden Einheiten wurden in die 7. SS-Geb.D. eingegliedert.

Kommandeur:
Brig.F. Schmidhuber.

22. SS-Freiwilligen Kavalleriedivision »Maria Theresia«

Die am 29. April 1944 aus kriegsfreiwilligen Ungarndeutschen in Ungarn aufgestellte Kav.D. bestand anfangs aus zwei Kav.Rgter - später wurde ein drittes Rgt. von der 8. SS-Kav.D. zugeführt - und den üblichen Divisionstruppen. Nach der bis August 1944 durchgeführten Grundausbildung erfolgte die Verlegung als Reserveverband in das rückwärtige Gebiet der Heeresgruppe Südukraine und ab Oktober zum Einsatz im Rahmen der 6. deutschen Armee, die im harten Abwehrkampf gegen die »Rote Armee« stand, die vom Osten und Süden her nach Ungarn eingebrochen war. Die Division nahm an den schweren Abwehrkämpfen teil und wurde am »Heiligen Abend« 1944 in der ungarischen Hauptstadt Budapest mit anderen Verbänden des Heeres eingeschlossen. Als der aussichtslose Kampf um die Stadt - nachdem auch alle deutschen Entlastungsangriffe scheiterten - am 12. Februar 1945 zuende ging, kamen nur noch wenige Soldaten der Division (kein Offizier war darunter) nach Westen durch.

Kommandeur:
Brig.F. Zehender.

23. SS-Waffen-Gebirgsdivision »Kama« (Kroatische Nr. 2)

Der neue Divisionsverband wurde am 10. Juni 1944 im Raum der Save, Bosna, Spreca und Drina in Kroatien aufgestellt. Die aus Kroaten bestehende Einheit stellte die SS-Geb.Jäg.Rgter 55 und 56 mit den notwendigen Divisionstruppen auf. Zum Einsatz kam der Verband nicht; denn schon am 24. September 1944 erfolgte die Auflösung. Die muselmanischen Soldaten wurden der 13. SS-Waffen-Geb.D. »Handschar« zugeführt und am 31. Dezember 1944 wurden die letzten Kader aufgelöst.

23. SS-Freiwilligen-Panzergrenadierdivision »Nederland«

Die neue Division mit der Nr. 23 entstand aus der seit Juni 1943 im Kampf stehenden SS-Freiwilligen-Legion »Nederland«, deren Offiziere und Mannschaften teilweise bereits seit 1941 im Norden der Ostfront im Einsatz gestanden hatten. Nach erfolgter Aufstellung verlegte die Division ab November als Reserveeinheit auf den Balkan und kehrte im Januar 1944 an die Ostfront zurück.
Die Division wurde Ende Januar 1944 im Brückenkopf Narwa mit den ersten Kampfgruppen, die an dieser Front eintrafen, in die Schlacht geworfen. Die Division, am linken Flügel des Narwa-Brückenkopfes eingesetzt, verteidigte bis Frühjahr 1944 die Stellungen trotz der Überlegenheit des Gegners.
Am 24. Juli 1944 begann der sowjetische Großangriff gegen die deutsche Narwa-Stellung. Zwei Tage später mußte die Division die Stadt Narwa räumen und zog sich in die »Tannenberg-Stellung« zurück. Dabei wehrte sich die Division »Nederland« erbittert und gab keinen Meter Boden preis. Mitte August stand die Front am Peipussee, wobei die Division den Schutz des Südflügels übernahm und sowjetische Angriffe gegen Dorpat abwehrte. Mitte September begann dann der Rückzug bis nach Kurland. Das III. SS-Pz.K., dem die Division seit Januar 1944 unterstellt war, wurde nach Pommern verlegt. Die Division kämpfte Mitte Februar 1945 zwischen Neudamm, Küstrin und Arnswalde, später südostwärts von Stargard, bei Köslin und um Stettin. Da war die Division nur noch eine Kampfgruppe stark, die sich zur Küste durchschlagen konnte.

Kommandeure:
Glt. (niederländ. Heer) Seyffarth; Brig.F. Wagner.

24. SS-Waffen-Gebirgsdivision »Karstjäger«

Die Aufstellung begann am 1. August 1944 im Adriatischen Küstenland. Die dort lebenden Volksgruppen stellten die Mannschaften für das SS-Karstjäg.R. 59, einer Art.Abt. und je einer Pi-. und Nachrichten-Kp. Vier Monate später wurde noch das Karstjäg.R. 60 gebildet; der Verband erreichte aber nie Divisionsstärke. Es wurde nur zeitweise zum Partisaneneinsatz verwandt und 1945 nach Istrien zurückgezogen, fand im Hinterland der Front Verwendung und ging am 5. Mai 1945 am Isonzo in alliierte Gefangenschaft.

Kommandeure:
Stand.F. Obwurzer; Ob.F. Heilmann.

25. SS-Waffen-Grenadierdivision »Hunjadi« (Ungarische Nr. 1)

Die bisher in den Reihen der Waffen-SS kämpfenden freiwilligen Soldaten aus Ungarn wurden ab 2. November 1944 auf verschiedenen Übungsplätzen im Reichsgebiet zusammengezogen und bildeten die neue SS-Gren.D., die aus den Gren.Rgtern 61, 62 und 63 sowie den übrigen Divisionseinheiten zusätzlich eines Ski-Btl. bestand. Die Zusammenziehung aller Verbände erfolgte auf dem Truppenübungsplatz Neuhammer bis Anfang 1945.
Nach Beginn der sowjetischen Offensive gegen Schlesien im Januar 1945 wurden Kampfgruppen der Division an die Front zum Einsatz gebracht. Geschlossen kämpfte die Division nicht; ihre Kampfgruppen (fremden Divisionen unterstellt) konnten über das Gebirge und durch Böhmen bis Anfang Mai 1945 in den Raum um Nürnberg kommen; einigen gelang noch der Weg ins Salzkammergut.

Kommandeure:
Stand.F. Müller; Ob.F. Heilmann.

26. SS-Panzerdivision

Die bisher selbständig operierende 49. SS-Pz.Gren.Brig. wurde am 10. August 1944 zur 26. SS-PD. aufgestockt, ohne je Divisionsstärke zu erreichen.

Die Division unterstand in diesen Wochen der 1. deutschen Armee in der Champagne. Doch bereits am 8. September 1944 erfolgte ihre Auflösung.

26. SS-Waffen-Grenadierdivision »Gömbos« (Ungarische Nr. 2)

Diese Division bildete sich im Janaur 1945 aus der 49. SS-Pz.Gren.Br. (siehe 26. SS-PD.). Sie unterstand dem Befehlshaber des Ersatzheeres im Heimatkriegsgebiet und kam nicht zum Fronteinsatz.

Kommandeur:
Stand.F. Gross.

27. SS-Panzerdivision

Die bisher im Westen eingesetzte SS-Pz.Brig. 51 wurde am 10. August 1944 in 27. SS-PD. umbenannt und als solche für wenige Tage unter Oberbefehl der 1. Armee in der Champagne eingesetzt. Doch bereits am 8. September 1944 wurde ihre Auflösung befohlen. Die Truppenteile kamen zur 17. SS-Pz.Gren.D.

27. SS-Freiwilligen Grenadierdivision »Langemarck«

Die 6. SS-Sturm-Brig. »Langemarck« - die bisher im Rahmen der Heeresgruppe Nord, zuletzt in Kurland - an der Front stand, war Ende Oktober 1944 in den Raum Soltau zurückgezogen worden. Hier wurde die Brig. zur 27. SS-Gren.D. mit den drei Rgtern 66, 67 und 68 und der Pz.Abt. 27 sowie allen Divisionstruppen zur Gren.D. aufgestockt.
Die neue Division ging im Februar 1945 an die Pommernfront und unterstand dem III. SS-Pz.K. der 11., später 3. Panzer-Armee. Die Division machte die Abwehrkämpfe in Westpreußen, später an der Oderfront mit. Sie mußte sich infolge hoher Verluste nach Stettin zurückziehen und geriet hier am Tage der Kapitulation in russische Gefangenschaft.

Kommandeure:
Stand.F. Schellong; Gruf. Berger.

28. SS-Freiwilligen-Grenadierdivision »Wallonien«

Die am 19. Oktober 1944 im Raum Südhannover zusammengestellte Division bestand aus zwei Gren.Rgtern 69 und 70 sowie aus den Divisionstruppen mit Nr. 28. Die Mehrzahl der Soldaten hatte bereits seit 1941 den Ostfeldzug erlebt, zuletzt im Rahmen der SS-Brig.»Wallonien«, die in Nordrußland im Einsatz stand.
Die Zusammenstellung der Division - die im Dezember noch zur Pz.Gren.D. umbenannt wurde - erfolgte bis Januar 1945. Danach kam die Division zur 11. deutschen Armee an die Pommernfront.
Die Division kämpfte unter Befehl des XXXIX. Pz.K. am rechten Flügel der Armee. Schon am 15. Februar 1945 nahm die Division am Angriffsunternehmen im Raum Stargard teil. Dieser Stoß blieb aber bereits ostwärts des Madüsees stecken. Die Rgter kamen nun zum III. SS-Pz.K., das erfolgreicher war und die Frontlinie zwischen Stargard und der Oder verteidigte. Stargard wurde am 4. März geräumt und der Rückzug zur Oder setzte ein.
Ende März 1945 fochten die »Wallonier« zwischen Greifenhagen und Stettin, dann wurde die schwer angeschlagene Division aus der vordersten Front genommen und als Reserveverband der Heeresgruppe Weichsel unterstellt. Die Rückzugskämpfe brachten die SS-Einheiten nach Brandenburg, wo die Masse in russische Gefangenschaft geriet. Nur wenige SS-Kpn konnten sich noch bis Dänemark durchschlagen.

Kommandeur:
Stand.F. Degrelle.

29. Waffen-Grenadierdivision »Rona« (Russische Nr. 1)

Die Division sollte im August 1944 in Italien aus der bisherigen Sturmbrig. »Rona« gebildet werden. Soldaten dieser Brig. waren russische Freiwillige. Doch bevor die Aufstellung abgeschlossen wurde, erfolgte schon im Oktober 1944 die Auflösung des Verbandes.

29. SS-Waffen-Grenadierdivision (Italienische Nr. 1)

Die bisher aus Freiwilligen des früheren italienischen Heeres gebildete SS-Gren.Brig. Italienische Nr. 1 sollte ab Februar 1945 zu einer normalen Gren.D. erweitert werden. Es entstanden in der folgenden Zeit zwei

Gren.Rgter und nur wenige Divisionstruppen. Die neugeplante Division konnte deshalb bis Kriegsende nicht eingesetzt werden und löste sich bei der Kapitulation von selbst auf.

Kommandeur:
Brig.F. Hansen.

30. SS-Waffen-Grenadierdivision (Weißruthenische Nr. 1)

Die bisher aus russischen, ukrainischen und weißrussischen Freiwilligen bestehende Schutzmannschafts-Brig. Sieglinge - die als Polizeikräfte in Weißrußland, später in Polen eingesetzt gewesen war - wurde am 1. August 1944 zu einer Division mit drei Gren.Rgter erweitert. Im Oktober 1944 erfolgte, als sich die »Rote Armee« Warschau näherte, der Abtransport der noch nicht fertigen Division nach Belfort.
Nach kurzem Einsatz im Frontabschnitt der 19. Armee am Oberrhein, meuterten plötzlich die Soldaten, erschossen ihre Offiziere und liefen zum Gegner über. Der Rest der Truppe wurde sofort aus der Front gezogen und nach Grafenwöhr transportiert. Hier erfolgte im Januar 1945 die Auflösung der Division und die Überführung der Soldaten zur »Wlassow-Armee«.

Kommandeur:
Stand.F. Sieglinge.

31. SS-Freiwilligen-Grenadierdivision »Böhmen-Mähren«

Die aufgelöste 23. SS-Waffen-Gren.D. »Kama« wurde am 1. Oktober 1944 im Raum Fünfkirchen/Ungarn zusammengezogen und aus ihrem Personal bildete das SS-Führungshauptamt die neue 31. SS-Gren.D. Von der alten Division wurden 1000 mohamedanische Bosniaken zur 13. SS-Geb.D. versetzt. Die Aufstellung dieser neuen Division wurde nach Zuführung Südtiroler in Marburg/Drau beendet.
Die Division kam ab November 1944 zur 2. ungarischen Armee nach Ungarn, später zur 2. Pz.Armee und nahm an den Rückzugskämpfen dieser Armee bis zur Südsteiermark teil. Im April 1945 wurde die Division noch nach

Schlesien verlegt und kämpfte die letzten Kriegswochen zwischen Striegau und Strehlen unter dem XVII. AK. der 17. Armee.

Kommandeur:

Brig.F. Lombard.

32. SS-Freiwilligen-Grenadierdivision »30. Januar«

Diese Division entstand mit zwei Gren.Rgtern und den übrigen Truppenteilen am 30. Januar 1945 auf dem Truppenübungsplatz Jamlitz, Kreis Lübben. Die Soldaten wurden aus verschiedenen Schulen und Rekrutendepots der Waffen-SS genommen; so u.a. aus dem Rekrutendepot Kurmark, dem SS-Art.Ausbildungs-R. Prag, der SS-Pi.Schule Hradischko und von der Kampfgruppe Schill in Brünn.
Der Einsatz dieser neuen Einheit erfolgte schon wenige Wochen später im Rahmen des V. SS-Geb.K. der 9. Armee im Raum Frankfurt/Oder. Die Division wurde rasch in die Rückzugskämpfe der Armee nach Brandenburg »geworfen«, kämpfte erbittert im Raum Müllrose und im Kessel Halbe südostwärts von Berlin; eine Kampfgruppe wurde bis Angermünde zurückgedrückt.
Die Division verzeichnete Ende März 1945 eine Kampfstärke von nur 2846 Mann und meldete bis dahin 407 Gefallene, 1447 Verwundete und 336 Vermißte. Nur wenige SS-Männer konnten sich noch bis zur Elbe durchschlagen.

Kommandeure:

Ob.F. Mohnke; Stand.F. Mühlenkamp; Stand.F. Kempin.

33. SS-Waffen-Grenadierdivision »Charlemagne«

Nach dem Westfeldzug 1940 meldeten sich Franzosen zum Dienst in der deutschen Wehrmacht. Das von ihnen gebildete Gren.R. 638 kämpfte 1941 vor Moskau, wurde danach in die Waffen-SS überführt und hier zur Brig. »Charlemagne« erweitert. Aus dieser Brig. entstand am 10. Februar 1945 die 33. Waffen-Gren.D. mit selben Namen.

Noch vor Vollendung der Division wurde diese zur 3. Pz.Armee gebracht, die bereits im schweren Abwehrkampf in und um Pommern stand. Die neue Division wurde am 25. März 1945 ostwärts von Neustrelitz verlegt und zog sich in schweren Kämpfen nach Köslin zurück. Hier wurde die Truppe eingeschlossen, Kampfgruppen schlugen sich teilweise bis Kolberg, Schwerin und Neustrelitz durch. Eine starke Gruppe unter Führung des Kdrs erreichte Berlin und wurde im Südosten der Stadt zur Abwehr der eindringenden Panzerverbände der »Roten Armee« verwandt. Die Franzosen konnten sich in allen Straßen- und Häuserkämpfen bewähren bis sie in der Reichskanzlei in Gefangenschaft gehen mußten. Die letzten zwei Soldaten, die das Ritterkreuz des Eisernen Kreuzes erhielten, waren Franzosen!

Kommandeur:

Brig.F. Krukenberg.

34. SS-Freiwilligen-Grenadierdivision »Landstorm Nederland«

Die von der Heeresgruppe Nord/Kurland zurückgebrachte SS-Gren.Brig. »Nederland« wurde im Februar und März 1945 in den Niederlanden zur Division mit den SS-Gren.Rgtern 83 und 84 erweitert. Ab April 1945 kam diese Division zum Kampfeinsatz am rechten Flügel der 15. deutschen Armee in den Niederlanden. Sie kämpfte sich im Rahmen des XXX. AK. von Eindhoven nach Arnheim zurück und geriet hier in alliierte Gefangenschaft.

Kommandeur:

Stand.F. Kohlroser.

35. SS-Polizei-Grenadierdivision

Diese neue Division wurde im Februar 1945 an der Oderfront aus den bisherigen Pol.Rgtern zbV. 1 und 2, der Pol.Brig. Wirth sowie zwei Volkssturm-Btle zusammengestellt. Die Rgter erhielten die Nrn 89 bis 91. Die fehlenden Divisionseinheiten wurden von Verbänden der bisherigen Ordnungspolizei gebildet. Der Einsatz dieses Verbandes erfolgte noch während der Aufstellung an der Oderfront. Mitte April mußte die Division ihre Kampfstellungen bei Lübben räumen und sich über Groß-Leuthen nach Cottbus zurückkämpfen. Im Kessel der eingeschlossenen 9. deutschen Armee zwischen Halbe und Baruth klang die Geschichte der Division aus.

Kommandeur:
Stand.F. Pipkorn.

36. SS-Waffen-Grenadierdivision

Die Division entstand ab 20. Februar 1945 an der Oderfront und setzte sich aus der bisherigen SS-Brig.»Dirlewanger« sowie aus Truppenteilen des Heeres (2./Pz.Jäg.Abt. 681, Pi.Btl. 687, GR. 1244 u.a.) zusammen. Die beiden neugebildeten Rgter und die Divisionstruppen kamen im Rahmen des V. AK. (4. Pz.Armee) in der Lausitz zum Einsatz und fanden dort ihren Untergang.

Kommandeur:
Ob.F. Dirlewanger.

37. SS-Freiwilligen-Kavalleriedivision

Diese dritte Kav.D. entstand aus den durchgekommenen Kampfgruppen der 8. und 22. SS-Kav.D., die in Budapest untergegangen waren. Dazu traten noch ungarische und rumänischen Hilfswillige. Die Aufstellung erfolgte im Raum Preßburg. Die Division kam sofort zum Einsatz, kämpfte zwischen Znaim und Raab nördlich Wien und geriet bei Zwettel in amerikanische Gefangenschaft.

Kommandeur:
Stand.F. Gesele.

38. SS-Grenadierdivision »Nibelungen«

Diese letzte Division der Waffen-SS wurde erst im April 1945 aus Offizieren und SS-Junkern der SS-Junkerschule Bad Tölz als Verband zusammengestellt. Die Junker (Offiziersanwärter) bildeten die Rgter 95, 96, 97, die Pz.Abt. und das AR. 38. Der Verband wurde als Reserve dem OKW in Süddeutschland unterstellt, kam aber nicht mehr zum Fronteinsatz.

Kommandeur:

Ob.F. Trabandt.

Anlagen

Träger höchster Tapferkeitsauszeichnungen

Eichenlaub mit Schwertern und Brillanten zum Ritterkreuz

Lfd. Nr.	Dienstgrad, Name, Dienststellung	Tag der Verleihung
12.	SS-Gruf. Gille, Kdr. 5. SS-PD.	17.04.1944
16.	SS-Ob.Gruf. Dietrich, K.G. I. SS-Pz.K.	06.08.1944

Eichenlaub mit Schwertern zum Ritterkreuz

26.	SS-Ob.Gruf. Dietrich, Kdr. 1. SS-PD.	14.03.1943
39.	SS-Ob.Sturmb.F. Dieckmann, Kdr. Pz.Gren.R. »Westland«	10.10.1943
47.	SS-Gruf. Gille, Kdr. 5. SS-PD.	20.02.1944
56.	SS-Ob.F. Schuldt, Kdr. 2. lett. SS-Brig.	25.03.1944
65.	SS-Brig.F. Prieß, Kdr. 3. SS-PD.	25.04.1944
71.	SS-Ob.Sturmf. Wittmann, 2./SS-Pz.Abt. 501	22.06.1944
77.	SS-Sturmb.F. Dorr, Kdr. SS-Pz.Gren.R. 9	09.07.1944
83.	SS-Gruf. Fegelein, Kdr. 8. SS-Kav.D.	30.07.1944
85.	SS-Ob.Gruf. Steiner, K.G. III. SS-Pz.K.	10.08.1944
90.	SS-Ob.Gruf. Hausser, OB. 7. Armee	26.08.1944
91.	SS-Stand.F. Meyer, Kdr. 12. SS-PD.	27.08.1944
94.	SS-Brig.F. Wisch, Kdr. 1. SS-PD.	30.08.1944
95.	SS-Stand.F. Baum, Kdr. 2. SS-PD.	02.09.1944
116.	SS-Brig.F. Harmel, Kdr. 10. SS-PD.	15.12.1944
119.	SS-Ob.Sturmb.F. Peiper, Kdr. SS-Pz.R. 1	11.01.1945
120.	SS-Ob.Gruf. Krüger, K.G. VI.-SS-Pz.K.	11.01.1945
129.	SS-Ob.F. Dörner, Kdr. 4. SS-Pol.D.	01.02.1945
132.	SS-Brig.F. Kumm, Kdr. 7. SS-Geb.D.	17.03.1945
140.	SS-Stand.F. Bochmann, Kdr. 18. SS-Pz.Gren.D.	26.03.1945
150.	SS-Ob.Sturmb.F. Weidinger, Kdr. SS-Gren.R. 4	06.05.1945
151.	SS-Ob.Sturmb.F. Wisliceny, Kdr. SS-Pz.Gren.R. 3	06.05.1945
152.	SS-Ob.F. Stadler, Kdr. 9. SS-PD.	06.05.1945
153.	SS-Ob.Gruf. Bittrich, K.G. II. SS-Pz.K.	06.05.1945

Ferner wurden hohe Tapferkeitsauszeichnungen an Soldaten der Waffen-SS verliehen:
74x Eichenlaub zum Ritterkreuz des Eisernen Kreuzes,
465x Ritterkreuz des Eisernen Kreuzes
     (darunter 29 x an ausländische Freiwillige),
11x Ritterkreuz des Kriegsverdienstkreuzes mit Schwertern.

Offiziers-Dienstgrade Waffen-SS und Heer (im Vergleich)

SS-Oberstgruppenführer (Ob.Gruf) = Generaloberst
SS-Obergruppenführer (O.Gruf) = General der Infanterie, Artillerie usw.
SS-Gruppenführer (Gruf.) = Generalleutnant
SS-Brigadeführer (Brig.F.) = Generalmajor
SS-Oberführer (Ob.F.) = Oberst
SS-Standartenführer (Stand.F.) = Oberst
SS-Obersturmbannführer (Ob.Sturmb.F.) = Oberstleutnant
SS-Sturmbannführer (Sturmb.F.) = Major
SS-Hauptsturmführer (Hpt.Sturmf.) = Hauptmann, Rittmeister
SS-Obersturmführer (Ob.Sturmf.) = Oberleutnant
SS-Sturmführer (Sturmf.) = Leutnant

Bei den Dienstgraden der Waffen-SS muß immer die Abkürzung SS- vorgesetzt werden; in diesem Abschnitt aus Platzgründen weggelassen.

Abkürzungs-Verzeichnis

AA	Aufklärungsabteilung
Abt.	Abteilung
AK.	Armeekorps
AOK	Armeeoberkommando
AR.	Artillerieregiment
Art.	Artillerie
Br.	Brigade
Brig.	Brigade
Brig.F.	Brigadeführer
Btl(e)	Bataillon(e)
Bttr.	Batterie
D.	Division
d.	der
Divn.	Divisionen
Ers.	Ersatz
Fallsch.	Fallschirm
FEB	Feldersatz-Btl.
Fl.	Flieger
Fl.D.	Fliegerdivision
Fl.K.	Fliegerkorps
Geb.	Gebirgs-
Geb.D.	Gebirgsdivision
Geb.Jäg.	Gebirgsjäger
Geb.K.	Gebirgskorps
Geb.Tr.	Gebirgstruppe
Gen.	General
Gen.St.	Generalstab
Glt.	Generalleutnant
Gm.	Generalmajor
Go.	Generaloberst
GR.	Grenadier-Rgt.
Gruf.	Gruppenführer
HJ	Hitlerjugend
HKL	Hauptkampflinie

Hpt.Sturmf.	Hauptsturmführer
Hptm.	Hauptmann
Ia	1. Gen.St.Offizier
ID.	Infanteriedivision
Inf.	Infanterie
IR.	Infanterieregiment
Jäg.	Jäger
Kav.	Kavallerie
Kdr.	Kommandeur
Kdr.Gen.	Kommandierender General
K.G.	Kommandierender General (bei Waffen-SS)
Kp(n)	Kompanie(n)
Kradschtz.	Kradschützen
lei.	leicht(e)
l.FH.	leichte Feldhaubitze
Lkw	Lastkraftwagen
Ll.	Luftlande-
Ln.	Luftnachrichten-
Luftw.	Luftwaffe
Luftw.Feld.D.	Luftwaffen-Felddivision
MG	Maschinengewehr
Mj.	Major
mot.	motorisiert
NA.	Nachrichtenabteilung
Nachr.	Nachrichten-
OB.	Oberbefehlshaber
Ob.	Oberst
Ob.	Ober- (Dienstgrad)
Oblt.	Oberleutnant
Oberstlt.	Oberstleutnant
Ofw.	Oberfeldwebel
Offz.	Offizier
OKH	Oberkommando des Heeres
OKL	Oberkommando der Luftwaffe
OKW	Oberkommando der Wehrmacht
OT.	Organisation Todt

PD.	Panzerdivision
Pi.	Pionier-
Pol.	Polizei
Pz.	Panzer
Pz.Abw.	Panzerabwehr
Pz.Gren.D.	Panzer-Grenadier-Division
Pz.Jäg.	Panzerjäger
Pz.K.	Panzerkorps
R	Regiment
RAD	Reichsarbeitsdienst
Radf.	Radfahr-
Res.	Reserve
Rgt.(er)	Regiment(er)
San.	Sanitäts-
Scharf.	Scharführer
SS	Waffen-SS
Stand.	Standart(en-)
Sturmb.	Sturmbann
Sturmf.	Sturmführer
Tr.	Truppe
u.a.	unter anderem
US	United States
Verf.	Verfügung(s-)
Vers.	Versorgungs-
z.b.V.	zur besonderen Verwendung